福建省寿宁县地方志丛书之六

田园芹洋

TIAN YUAN QIN YANG

黄立云 著

史迹逸闻 风景名胜

姓氏寻踪 水乡桥韵

村庄风貌 资源特产

风俗民情 寺庙庵堂

传说故事 艺文拾零

人物春秋 区域概况

图书在版编目（CIP）数据

田园芹洋/黄立云著．—北京：中国书籍出版社，2018.9
ISBN 978－7－5068－7009－2

Ⅰ.①田…　Ⅱ.①黄…　Ⅲ.①乡村—概况—寿宁县
Ⅳ.①K925.74

中国版本图书馆CIP数据核字（2018）第221650号

田园芹洋

黄立云　著

责任编辑　李　新
责任印制　孙马飞　马　芝
封面设计　中联华文
出版发行　中国书籍出版社
地　　址　北京市丰台区三路居路97号（邮编：100073）
电　　话　（010）52257143（总编室）　（010）52257140（发行部）
电子邮箱　eo@chinabp.com.cn
经　　销　全国新华书店
印　　刷　三河市华东印刷有限公司
开　　本　710毫米×1000毫米　1/16
字　　数　213千字
印　　张　13
版　　次　2019年1月第1版　2019年1月第1次印刷
书　　号　ISBN 978－7－5068－7009－2
定　　价　58.00元

芹洋全景 张翰斌 摄

双龙湖风光 龚健 摄

双龙湖风光 龚健 摄

双龙湖风光 袁晓昊 摄

芹洋麒麟墓流芳碑 黄立云 摄

芹洋茶园 卓仕尉 摄

广地全景 柳德甫 摄

双龙湖瀑布 黄立云 摄

双龙湖风光 张翰斌 摄

尤溪之鹅　黄立云 摄

广地一角　黄立云 摄

溪源新村 张培基 摄

双龙湖水库大坝 张培基 摄

央视《影像方志》摄制组在芹洋 黄立云 摄

芹洋锌橙 张翰斌 摄

传奇英雄黄大汉墓　黄立云 摄

山乡秋色 张培基 摄

尤溪丹溪桥 张翰斌 摄

连江县潘渡大桥（芹洋黄彦畴建）遗址 黄立云 摄

五彩溪源　卓仕尉 摄

远眺阜莽　卓仕尉 摄

阜莽樟树王 张培基 摄

石落红柿 柳德甫 摄

广地仙境　张培基 摄

芹洋新村 黄立云 摄

作者简介

黄文麟 福建莆田市秀屿人，1934 年 8 月生。历任福建省经济委员会副主任、中共南平地委书记、中共福建省委常委、秘书长、省人大常委会副主任。现任福建省企业和企业家联合会荣誉会长。

芹 洋 之 歌

1=D $\frac{4}{4}$

♩=68 赞美地

黄立云 词
李式耀 曲

芹洋芹洋，我美丽的家乡。一道登天的九岭，在
芹洋芹洋，我美丽的家乡。两条入海的溪流，在

村前耸入云端。旗山如旌旗招展，飞瀑在青山间鸣响。
村边日夜流淌。古樟历千年沧桑，碧波在星光中荡漾。

四野的茶橙，在天地之间溢彩飘香。啊！芹洋芹洋，
两岸的老廊桥，与山水相联古道绵长。啊！芹洋芹洋，

我的家乡，这里山青水秀，这里物华天宝，
我的家乡，这里山青水秀，这里地灵人杰，

芹洋超市千万家遍布在塞北江南，美丽的芹洋，我
义勇大夫三兄弟的故事千古传扬，美丽的芹洋，我

魂牵梦绕的地方。方，魂牵梦绕的地方！
魂牵梦绕的地

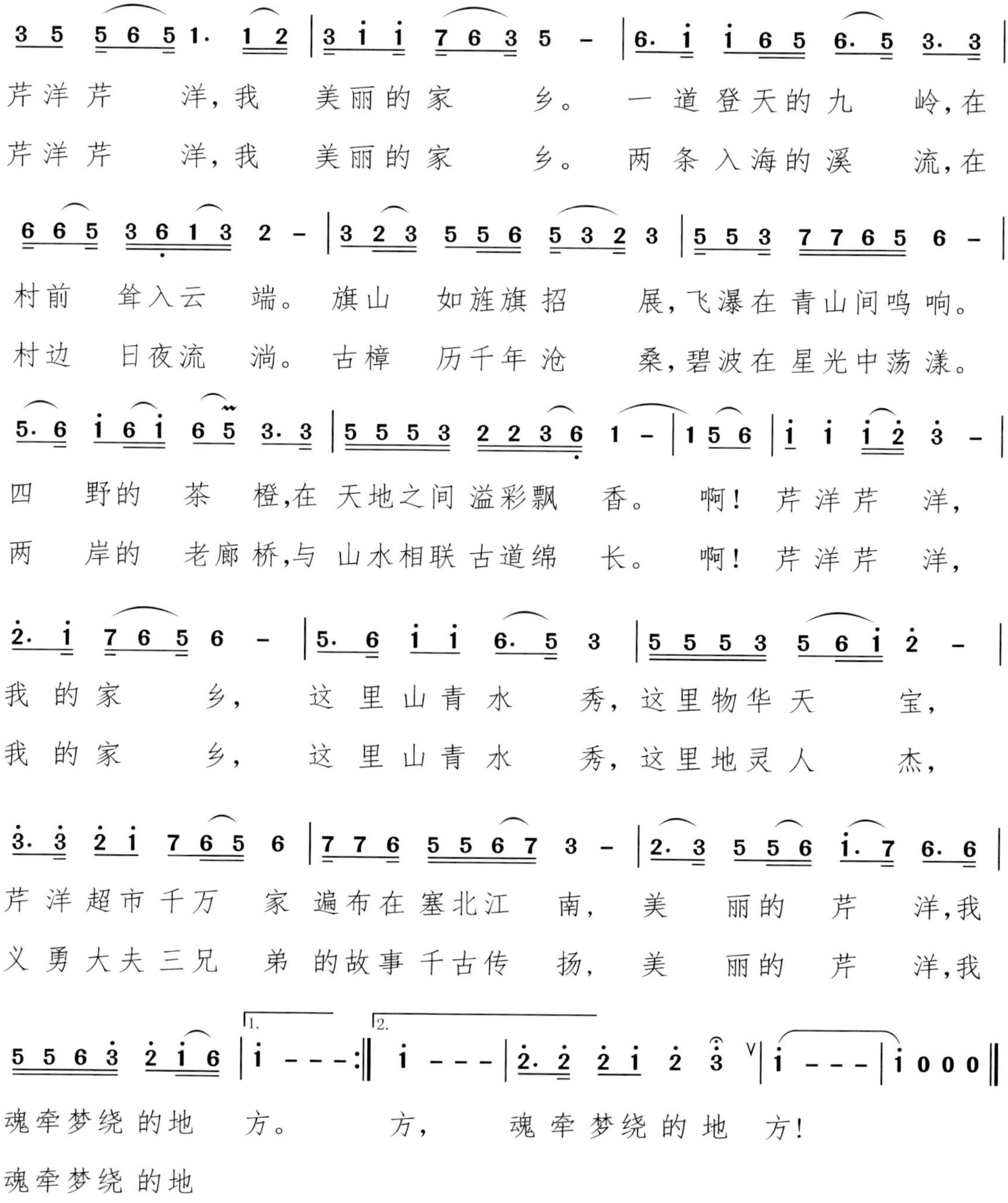

序

立云先生穷数年之力纂修芹洋乡志《田园芹洋》，稿成，以乡谊邀我作序，随后即收到他寄来的书稿及他近年撰著的其他几部寿宁志书和人物传记，供我参考。我对故乡史地素无研究，本不敢应命，但谁不爱自己的故乡，更何况自己又以习史治史为业，于公于私实无可推脱，故略述所感于后。

地方之有志，由来甚久。陈光贻先生曾在《稀见地方志提要》“自序”中叙其源流说：

方志其昺昉乎，始肇于《周礼》，《周官》外史掌邦国四方之志。若《晋乘》，《楚梼杌》之类，是则诸侯之成书也。自秦兼并四海分郡邑，汉因秦制置州县。迹既远，地名又数改易，是以采获旧闻，考迹《诗》《书》，推表山川，计书先上太史，副在丞相。汉自张禹属朱贡条记风俗，始有方域记。东汉有《汝南先贤》《襄阳耆旧》《关东风俗》诸传，其初惟扬明耆献，渐而方物有传。然一事一篇，而未集成一书也。晋常璩撰《华阳国志》，其书犹存，观其体例，有似今之方志焉。然其为偏方割据，纪载一国之全史，不可视为方志之肇端耳。自刘宋迄隋唐，记山川郡邑之书有志、乘、记、谱、编、录、图经、事类等名，于是方志之名始立，而不过记方域、山川、风俗、物产而已。及唐李吉甫撰《元和郡县图志》，兼及古迹，宋乐史撰《太平寰宇记》，又增人物、艺文。后来修郡县志皆仿其例，故自宋以后方志体例臻备。举凡舆图、疆域、山川、名胜、建置、职官、赋税、物产、乡里、风俗，人物、艺文、灾异，无不概载。其名称曰志，或曰记，实兼及图经、录、乘，至是方志渐符史体矣。元、明方志，大抵承宋志体例。

自宋以降，修志渐成风气，迨至明清，此风更盛，官修私纂，蔚为巨观，遂成中华典籍一大门类。省有通志，郡有郡志，府有府志，州有州志，县有县志，乡镇有乡镇志，至于山川、河道、湖沼、岛屿之志亦不鲜见。其中，各省、郡、府、州、县之志以官修为主，乡镇志则以私纂居多，名目亦不甚统一，有称乡志、镇志、村志、里志、场志、团志、坊志等，也有以湖沼岛屿之名名其书者。

芹洋位于福建寿宁西南大山深处，境内峰峦起伏，溪涧纵横，气候温润，属于典型的山区僻乡。这里开发甚早，宋崇宁三年（1104），即有朱姓先民在丰谷村肇基，距今已有近千年的历史。此后，李、苏、黄、叶、王、张、冯、吴、胡、杨、刘、蓝、蔡、罗、夏、谢、萧、周、许、范、陈、俞、林、赖、巫诸姓从各地陆续迁入，在芹洋境内依山傍水，开辟草莱，定居繁衍，逐渐形成一个个规模不等的聚落，最多时竟有百余个村落。截止 2017 年，芹洋乡辖芹洋、尤溪、溪源、可观、广地、阜莽、茗坑、九岭、山头、底洋、山底、修竹、上修竹、发竹坪、官路洋、甲藤岔、下坪碓等 17 个行政村，以及 64 个自然村，还有 31 个已荒废的村落。据统计，明景泰六年（1455）寿宁置县之前，芹洋人口不足千人。1953 年 4 月第一次全国人口普查时，芹洋人口已近万人。到 2016 年，芹洋乡人口已达 17817 人，其中男 9728 人，女 8089 人。

然而，芹洋迄今尚无一本值得参考的志书或专门记述史地人文变迁方面的书籍，即使是相关的记载也少得可怜。不用说，有关福建史地著作中找不到它的踪影，就是寿宁有限的地方文献中专门谈及芹洋的地方也不多见。我曾查阅过冯梦龙的《寿宁待志》、赵廷玑的《康熙寿宁县志》等，其中涉及芹洋、尤溪的内容，即少而零碎，可以说是被各种地方文献“遗忘的角落”。立云先生纂修的这本乡志书稿，是我读到的第一本记述芹洋邑情的专书。全书凡十二章，分述区域概况、史迹逸闻、风光名胜、姓氏寻踪、水乡桥韵、村庄风貌、资源特产、风俗民情、寺庙庵堂、传说故事、艺文拾零、人物春秋。举凡舆图、疆域、山川、名胜、古道、建置、职官、村落、姓氏、赋税、物产、乡里、风俗，人物、艺文、灾异，靡不备载。手此一编，既可为为政者参考覆按，亦可为像我这样的离乡者寄托乡愁之凭藉。

芹洋尤溪是生我养我的地方，是我父母的埋骨之地，十六岁之前我一直在这里生活、读书和劳作，后来负笈他乡，奔驰在外，但无论身处何时何地，这里始终是我魂牵梦萦的地方，这里的土丘溪涧，这里的云遮雾绕，这里的花草树木，这里的乡风民俗，这里一切的一切，如同亲人的身影伴着我，鼓舞着我。对我来说，立云先生书中胪举的那些村庄，如阜莽、茗坑、山底、尤溪、上修竹、修竹、溪源、发竹坪、广地、九岭等，大多数我都不止去过一次，至于尤溪，那是我的老家，芹洋是我早年求学的地方，就更不用说了；那些在群山中流淌的溪涧，如长濑溪、九岭溪、长溪等，不但熟知，而且到溪畔玩耍过；那些蜿蜒陡峭的古道，如官岭、九岭，更数不清爬过多少遍；那些木拱廊桥，如丹溪桥、里仁桥、文明桥、长濑溪桥，更是年少时嬉戏打闹的所在；那些寺庙庵堂，如黄山公庙、临水宫、栖林寺、仙山庵、九峰堂、天竺寺、东山庵、林树庵、天堂庵等，也大都随大人参拜过；那些特产，如茶叶、脐橙、油茶（榛油）、板栗、柿子、猕猴桃等，至今仍是我的最爱。至于书中写到的那些习俗，以及口口相传的传说，更是耳濡目染，再熟悉不过了。可是，我对故乡的了解仅此而已。我并不知道那些村庄的来历，那些溪涧的源流，那些古道修筑的年代及其用途，那些木拱廊桥是谁所营建，那些寺庙庵堂的兴废存续，那些特产的种植面积、产量及培育技术，那些习俗及传说的传承经历，甚至连我的老家尤溪之被誉为“廊桥之村”、“脐橙之村”以及在计划经济时代每年为国家交纳征购粮2800担，远超当年名噪全国的大寨所完成的征购粮2400担，我也是读了这本《田园芹洋》后才第一次知道。

也许是因为专业的缘故，我还算是比较留意故乡史地人文及其变迁之人，每次回乡，总设法留出更多的时间去亲近和了解故乡的历史与现实。故乡的溪流、丘壑、草木，以及故乡的气息、味道，是那样的熟悉，那样的亲切，但我目之所见，足之所至，耳之所闻，所能了解到的亦仅是“看得见的”故乡。我对故乡更深一层的了解，则得益于立云等先生多年不懈的努力。立云先生原本任职于县卫生局，并非地方史志研究的专门家，但他酷爱地方文史，业余曾参与编著《寿宁改革开放廿五年》《乡土寿宁》《时光掠影》《村名溯源》《人文斜滩》《知青岁月》《冯梦龙寿宁民间传说》等书，直到2008年由县卫生局副局长调任县地方志编纂委员会主任后，才得以从容擘画寿宁方志丛书的纂修，相继推出包括《寿宁待志校辑》《康熙寿宁县志注辑》《寿宁乡贤》《寿宁寺庙志》等在内的一批颇具份量的地方史地专书，于乡邦文化的承传可谓用心用力，功德无量。2014年11月，立云先生退休后，更全身心投入到他所规划的地方史志编纂大业，晨书冥写，露纂雪钞，无间寒暑，笔耕不辍。他在《天道酬善》一书的“后记”中说：

2014年11月我在“中国·寿宁冯梦龙文化高峰论坛”闭幕后退休，从此得以全身心投人《平溪镇志》《武曲镇志》《寿宁古诗词》《寿宁历代文选》《寿宁姓氏考》《天道酬善》等系列“方志丛书”的编著工作。我知道，像我这样埋头耕耘，不问收获，在当今社会实属另类。但我认准目标，决心不计得失地奋力前行。我坚信，只要持之以恒，滴水可以穿石，铁杵能磨成针。

立云先生的这种精神和信念是令人敬佩的，而支撑他这种精神和信念的，则来自他对家乡超乎寻常的挚爱，以及传承乡邦文化的使命感。虽然从专业的角度看，他编纂或主持编纂的系列方志丛书并非无瑕可指，但这些书无不倾注着他的这份挚爱和使命感，这也是他最令我感动的地方。

近些年，我常常回乡过节，探亲访友，亲眼目睹故乡已经发生的和正在发生的巨变。曾经闭塞的穷乡僻壤，如今已变成联通世界的牧歌田园；曾经靠山吃山的“泥腿子”，一批又一批走出大山，奔向更广阔的世界，并以艰辛创业所获回馈家乡；曾经因过度垦伐而光秃疲惫的土地，已被漫山遍野的脐橙、茶树覆盖，四季苍翠，花果飘香，生机盎然。人们不再为吃穿犯愁，也无需再为完成征购粮而罗掘俱穷，家家户户，食有肉，出有车，闾阎晏然，宛如陶渊明所描绘的“世外桃源”。这种看得见的巨变当然是令人欣慰的，但我更想借此机会表达的是对故乡的祝福，愿故乡的山更青水更秀，更愿栖息在这片土地上的所有父老乡亲永远平安喜乐！

周 武

2018 年 9 月 16 日

【作者简介】

周 武 寿宁县尤溪村人，1964 年生。历史学博士，2006 年入选首批上海市领军人才。现任上海社会科学院研究员、博士生导师，近代上海史创新型学科首席专家，《上海学》主编，兼任世界中国学研究所副所长，华东师范大学博士生导师等职。出版《中国遗书精选》《上海通史 · 晚清社会》《张元济：书卷人生》《圣约翰大学史》《二战中的上海》（主编）等，另有《梁启超社会思想研究》《张元济与近代文化》《以史经世：史学良知的当代之旅》《从江南的上海到上海的江南》《革命文化的兴起与都市文化的衍变》等论文百余篇。部分论著被译成英、俄、日等国文字。

目　录
CONTENTS

第一章　区域概况

芹洋历史悠久。早在北宋崇宁三年（1104），朱姓就在境内丰谷村肇基，距今已有914年历史。建县之前，政和县往官台山银场的古道就从芹洋境内穿过。明景泰六年（1455）寿宁建县，芹洋属南门十都芹洋堡。斯时，全县设六个铺递以传递官府文书，其中就有芹洋铺、尤溪铺。崇祯年间，芹洋境内有25个甲，规模较大的村庄有芹洋、广地、修竹等。

一、地理环境

芹洋乡位居寿宁县西南腹地，东毗清源乡，南邻斜滩镇，北界托溪乡，西与平溪镇、下党乡接壤。乡政府驻地芹洋村，海拔458米，土地面积88平方千米。2016年，辖17个行政村，95个自然村，4902户，17817人。境内流行两种方言。以九岭溪为界，溪东流行的是闽东语系，即寿宁话；溪西流行的是闽北语系，即闽腄语。

境内四季分明，夏无酷暑，冬无严寒，为中亚热带季风性山地气候。年均气温17℃，年均降水量2020毫米。7月最热，年均气温26.9℃；1月最冷，年均气温6.7℃。每年4、5、6月为雨季，9、10、11月为旱季。

境内有大小溪涧110多条，主要溪流为丹溪、九岭溪。丹溪，源出浙江庆元县双溪山东麓，在县境西部流入下党乡的杨溪头、下党、下屏峰村，再流经芹洋乡的溪源、江瑶、修竹村；九岭溪，源出浙江庆元县苏湖乡西北双溪山麓，经托溪乡的溪坪、托溪、沙潭村，再流入芹洋乡的石落、九岭溪村。丹溪、九岭溪在芹洋村前交汇为寿宁县最大的母亲河——长溪。2006年6月建成的寿宁县最大的牛头山电站在芹洋村前蓄水成湖，使双溪环抱的芹洋村形似一座半岛。

牛头山水库汇聚了丹溪、九岭溪的水流，千顷碧波环绕着可观、底洋、九岭、芹洋、修竹、上修竹、尤溪、溪源等 11 个村庄。两岸茶园、脐橙连绵十多千米，成为邑内一道亮丽的生态农业景观。

境内群山绵延，海拔高低悬殊。海拔最低的长濑溪村仅 288 米，海拔最高的单竹洋村为 888 米，两村海拔相差 600 米。旗山，耸立在芹洋、阜莽两村之间，海拔 550 米，方圆 1.5 平方千米。山上林木郁郁葱葱，形似一面迎风猎猎飘扬的旌旗；九峰山，是芹洋天然的东北屏障，巍然耸立在九岭之巅，与芹洋隔溪相望。

二、建置沿革

寿宁县原系政和县善政乡南里十都，北里十一、十二都，东里十三、十四、十五都与福安县平溪里十一至十四都地。

明景泰六年（1455）八月，寿宁建县后重新划分，原属政和县部分为坊隅和政和里，原属福安县部分为福安里。明初，“以一百十户为一里，推丁粮多者十户为长，余百户为十甲，甲凡十人”；“在城曰坊，近城曰厢，乡都曰里。里编为册，册首总为一图”。

寿宁建县后开始设置铺递，芹洋境内设有芹洋、尤溪两个铺，专供官府传递文书邮件之用。到民国三年（1914），寿宁驿站裁撤，驿使制度告废。

明崇祯十年（1637），隶属芹洋的主要有十都一、二、三图的芹洋、黄潭、溪源、阜莽、九岭、张广地、丹溪桥、杨梅林、新田下；八都的化竹坪、修竹埞中；九都六甲的修竹、七甲的后坑岭；坊隅二图的后坑岭；坊隅三图的张广地源头；坊隅四图一甲的张广地、八甲的官禄洋等村庄。

清初，行政区划沿用明制。雍正六年（1728），改都图为乡镇村庄。全县划分为 7 境、8 乡、112 村。

民国时期废旧制，立新制。民国三十四年（1945）撤区设乡，乡以 6 ~ 11 保编成，镇以 12 保编成，保以 10 ~ 20 甲编成，甲以 10 ~ 25 户编成。全县共设 11 个乡（镇）、107 保、1339 甲。九岭乡（驻芹洋）辖芹洋、阜莽、修竹、广地、山头、载坑、坪坑、墩洋、竹坪、石井等 10 保，共 120 甲。

1949 年 8 月，寿宁县区划基本沿袭民国时期的区、乡、保、甲制，全县划分为平溪、鳌阳、斜滩3个区。10月，全县划分为平溪、鳌阳、斜滩、托溪、南阳5个区，九岭乡归属托溪区。1950年11月，全县废除保、甲制。1952年5月，全县设7个区。尤溪、溪源、下屏峰属平溪区，芹洋、广地、载坑、阜莽、可观、修竹属托溪区。

1956年2月，平溪、托溪两区合并为芹洋区，芹洋区下辖14个乡。1958年8月，全县划分为24个乡（镇），保留斜滩、芹洋两区作为派出机关。县直辖10个乡，斜滩区辖5个乡（镇），芹洋区辖9个乡。9月15日，全县共设23个人民公社，芹洋境内设东风公社（芹洋）、光荣公社（广地）、红专公社（修竹）。

1959年3月，全县"撤区并社"划分为8个人民公社。芹洋人民公社辖芹洋、茗坑、尤溪、溪源、修竹、广地、可观、丰谷、山头、坪坑、青垄、下坪碓等12个生产大队。

1963年5月，芹洋、托溪两个人民公社和平溪区合并为芹洋区。1965年7月，再次"撤区并社"，全县设1个镇、12个人民公社。1967年3月，全县各人民公社成立人民公社人武部生产领导小组，代理社（镇）党、政日常工作。1969年8月至1971年10月，全县13个社（镇）先后选举产生新的社（镇）党委会。1980年11月，全县撤销各人民公社（镇）革命委员会，恢复各人民公社管委会。

1984年9月，全县13个公社（镇）均改为乡、镇人民政府。芹洋人民公社改为芹洋乡人民政府，下辖芹洋、尤溪、溪源、可观、广地、阜莽、茗坑、九岭、山头、底洋、山底、修竹、上修竹、发竹坪、官路洋、葛廷岔、下坪碓、下屏峰等18个行政村。

1987年12月，寿宁县政府将芹洋乡的下屏峰行政村，平溪乡的下党、上党、碑坑、西山、杨溪头5个行政村以及托溪乡的部分自然村划归新建的下党乡。

1988年2月至今，芹洋乡辖芹洋、尤溪、溪源、可观、广地、阜莽、茗坑、九岭、山头、底洋、山底、修竹、上修竹、发竹坪、官路洋、甲廷岔、下坪碓等17个行政村。

1989年，芹洋乡有95个自然村。2005年，由于修建牛头山水库，九岭溪、长濑溪等自然村被淹没，居民全部外迁安置。此外，一些村庄由于地僻路远，一方水土难养一方人，先后在政府“造福工程”支持下，举村外迁重建家园。也有一些村庄，居民先后自发迁往外地定居。2017 年，芹洋乡有 64 个自然村，已经荒废的无人居住村有 31 个。

寿宁建县前，芹洋人口不上千人。1953 年 4 月第一次全国人口普查，芹洋人口不上万人。1982 年 7 月第三次全国人口普查，芹洋公社共 2950 户，15555 人，其中男 8249 人，女 7306 人。1990 年，第四次全国人口普查，芹洋乡常住人口 3266 户，15315 人，其中男 8150 人，女 7165 人。

2000 年，第五次全国人口普查，芹洋乡常住人口 3534 户，15882 人，其中男 8490 人，女 7392 人。2010 年，第六次全国人口普查，芹洋乡户籍人口 17961 人，其中男 9673 人，女 8288 人；常住人口 7756 人，其中男 4190 人，女 3566 人。2016 年，芹洋乡 4902 户，17817 人，其中男 9728 人，女 8089 人。

三、芹洋之最

（一）全国之最

1. **义勇大夫** 明景泰六年（1455），都御史刘广衡奉旨征剿官台山寇，芹洋村黄继黑、黄普英、黄普耀兄弟三人配合官兵剿灭官台山寨，为寿宁建县立下赫赫战功。明王朝嘉奖忠烈，敕封黄继黑、黄普英、黄普耀为“义勇大夫”，入祀县城“报功祠”，事迹载入《福宁府志》《寿宁县志》。明清两朝，每年春秋两季，寿宁知县都要亲率僚属前往“报功祠”虔诚祭拜。一家兄弟三人，同时因功被朝廷敕封为“义勇大夫”，入祀“报功祠”春秋祭祀，举世无双。

2. **木拱廊桥** 寿宁现有木拱廊桥 23 座，是世界著名的“木拱廊桥之乡”。芹洋不仅历史上木拱廊桥全县最多，达 17 座；现存木拱廊桥 5 座，约占全县的四分之一；而且仅尤溪一个行政村就有 4 座木拱廊桥，为全国现存木拱廊桥最多的行政村。

3. **廊桥世家** 《八闽通志》《建宁府志》《福宁府志》《寿宁县志》《连江县志》记载，明朝年间，芹洋“义勇大夫”黄普耀、黄普英和黄普耀之子黄彦畴，一家两代，父子、兄弟三人，先后在邑内建造了“瑞星桥”“公正桥”“通济桥”“丹溪桥”“飞虹桥”“里仁桥”“文明桥”“横渡桥”“通济桥”“普济桥”“荣济桥”等13座木拱廊桥。

此外，黄彦畴还捐献资财、变卖田庄，在千里之外的连江县潘渡村修建了一座长约250米的“潘渡桥”。一家两代，捐资修建14座木拱廊桥，这样的善行义举，放眼神州，前无古人，后无来者。因此，人们誉称芹洋黄氏为“木拱廊桥世家”。

4. **智退倭寇** 明朝嘉靖年间，倭寇为患，举国恐慌、人人谈倭色变。而“义勇大夫”黄普英曾孙——黄世亮，却以超凡的胆略，过人之智识，在芹洋村前“洋头亭”上演了一幕精彩的古代版“智斗”，将妄图血洗芹洋的一群倭寇，吓得不敢进村灰溜溜原路而回。

黄大汉洋头亭智退倭寇，保芹洋一境免遭烧杀奸淫的故事，在寿宁家喻户晓、代代相传，并载入《中国民间故事集成》《闽东名人故居》《宁德晚报》《乡土寿宁》等报刊。当年，张翼德长坂坡单骑退曹兵，关云长单刀赴会，传为千古佳话。而黄大汉孤身智退凶残倭寇，这样的民间草根英雄，举国无双，尤为难能可贵!

5. **芹洋超市** 20世纪90年代，芹洋人乘改革开放的东风，走出大山闯荡江湖。他们最初经营的那些小小便利店，犹如星星之火在广袤的潮汕大地点燃，蔚成今日遍布大江南北数以万计的“寿宁超市”军团。芹洋人探索开辟的“寿宁超市”，让寿宁无数农村家庭走上了“小康致富之路”。

芹洋“泥腿子”自谋生路，不要政府一分钱补助，携亲挈友在广州、南宁、厦门、上海、北京、西安等全国大中小城市安营扎寨。他们以独到的眼光，选点开设超市，薄利多销，勤劳致富。芹洋的江瑶自然村，全村70多户、400余人，在外开设超市70多家；芹洋的张坑自然村，全村90多户、500余人，在潮汕一带开设超市80多家；芹洋的尤溪村，在外开设的超市达百多家。据不完全统计，芹洋乡在外经营超市的有七八千人，开设超市3000多家。

随着芹洋人哥带弟、亲帮友，滚雪球般地不断发展扩张，“芹洋超市”不久就辐射到邻近的托溪、平溪、下党、清源等乡镇，现在已扩展至全县各乡村。据不完全统计，2017年，寿宁县有6万多人在全国各城市开设超市达1.5万多家，年产值300多亿元。

有朝一日，全国各城市开办的寿宁超市，全部统一使用“寿宁超市”店标，统一设置“寿宁特产”专柜，工作人员统一着“寿宁超市”工作服，一夜之间寿宁就会名扬全国！

（二）八闽之最

1. **九　岭**　始筑于宋代，为寿宁历史最悠远的古官道，以岭左矗立9座山峰而得名。九岭长5千米，因民谣“九岭爬九年”而在邑内家喻户晓；九岭，这条连接闽北与浙南的古驿道，因宋状元拄杖赋诗、明知县捐俸植松、清藩王剑埋古井、太平军兵败险隘等厚重的历史文化积淀而名闻八闽。

2. **三关德娘墓**　位于芹洋牛替村山脚的王德娘墓，明朝成化十三年（1477）建。此地山形如猛虎盘卧，墓前湖水碧波荡漾，前方三山环围关锁，为一方风水宝地，人称“三关胜境”。

王德娘，芹洋张坑村人，及笄后嫁与修竹村民李亮为妻，明成化十二年（1476）八月初四去世。传说，德娘的墓地为虎口之穴，先凶后吉。安葬德娘的日子与德娘之孙结婚的日子相同。安葬之际，墓坪突现血迹，风水先生知道新郎死于虎口，当即大声“喝龙”：“半夜夫妻八百丁。”从此，李姓族人得益虎墓灵气，人丁兴旺。20世纪90年代以来，外姓之人也纷纷前往祭拜。

每年清明时节，善男信女从四面八方慕名前来祭拜一介民间女子之墓，以求嗣、求财、祈福，堪称八闽奇观。2010年7月，“三关虎墓”列入寿宁县非物质文化遗产保护项目名录。

（三）闽东之最

1. **九岭溪悬索桥**　2009年建。悬索桥引道、桥梁全长602.7米，其中桥长213米，为闽东之冠。

2. **芹洋境内悬索桥**　芹洋为牛头山水库主要淹没区，丹溪、九岭溪流域众多桥梁被水库淹没。2006年以来，有关单位相继在被淹桥梁附近补偿新建了九岭溪、长濑溪、修竹、溪源等4座悬索桥。因而，芹洋成为宁德市悬索桥最多之乡。

（四）寿宁之最

1. **锌橙**　2003年，芹洋乡政府引进美国“纽荷尔”脐橙到尤溪村栽培。当年500亩的脐橙种植示范基地，很快辐射带动了环库区村庄的“脐橙热”。仅几年间，芹洋脐橙种植面积发展到8000多亩，亩产量在1600公斤左右，亩产值约

2500 元。近年，脐橙产业给村民户均增加收入 2 万余元。

2013 年，福建省地勘局专家勘查发现，芹洋土壤富含锌元素，再加“芹洋锌橙”果形美观、橙红艳洁、橙肉脆嫩、果汁丰富，深受县内外消费者青睐，人们誉称“寿宁锌橙”。目前，“芹洋锌橙”已辐射到平溪、托溪、下党、斜滩、武曲等乡镇，全县种植面积 3 万多亩，年产锌橙约 8 万吨。“芹洋脐橙”成为寿宁有史以来，第一个引进栽培最为成功的名优水果。

2. **樟树王**　《寿宁县志》载：“芹洋乡阜莽村有株 500 多年的大樟树，高 30 米，胸径 4.3 米，冠幅 180 多平方米。树基空洞处可容纳 15～20 人。”

500 多年的日精月华，一代代阜莽人的精心呵护，养育了古樟伟岸的身躯。她卓然挺立在阜莽村中路口，被村人尊为“树神”，成为寿宁最大的樟树王。

3. **圣旨牌**　修竹村中，珍藏着一尊“圣旨牌”。“圣旨牌”高 28 厘米，宽 18 厘米，为龙形木雕，中间镏金楷书“皇帝萬歲萬萬歲”七个繁体字。“圣旨牌”实为“万岁牌”，因未标示年代，究竟是何年何月之物，至今成谜。

4. **麒麟墓**　明景泰六年（1455），芹洋黄昌永响应官府征召，率儿子黄继黑、黄普英、黄普耀及侄儿黄周七，端午日配合官兵捣毁官台山寨，为寿宁建县立下不朽功勋。激战中老英雄黄昌永壮烈牺牲，闽浙都御使刘广衡为黄昌永主持葬礼并题联：“英雄血洒战场杜鹃红　壮士名垂乡邦青史香。”为纪念英雄黄昌永，在官台山和芹洋村中各建有一座麒麟墓。一人两座“麒麟墓”，全县唯一。

5. **大汉桥**　茗坑村边，有一条用重达千斤的青石板建成的单石桥，是芹洋黄大汉从远处采石场扛来建成的，人称“大汉桥”。《寿宁县志》载：“单石桥，全县仅见于芹洋乡的茗坑村，桥长 5.8 米，宽 0.45 米，只用一块厚 0.29 米的条石连接两岸。该桥建于明嘉靖年间，迄今 400 多年，桥质完好，为芹洋往托溪的要道。”

6. **给帖碑志**　芹洋村中的麒麟墓前竖着一通十分珍稀的《给帖碑志》。这是清康熙二十四年正月，官府颁给芹洋黄氏的一份《给帖》，泰宁教谕黄锦黼将这份《给帖》镌刻在红石质地的石碑之上。

这通《给帖碑志》，是寿宁现存的明清两朝官府，蠲免芹洋“义勇大夫”——黄继黑、黄普英、黄普耀后裔地徭地差的唯一历史证物。这通《给帖碑志》也证实，明清两朝官府都对征剿官台山寇，为寿宁建县立下不朽功勋的13位“义勇大夫”的后裔予以特殊优待政策。

7. **百年板栗** 广地村中，有一株清嘉庆年间栽植的板栗树，至今已有200余年历史，这是寿宁目前已知最早人工种植的板栗。这株板栗高10多米，径围2.6米，年产量120多斤。这株板栗不仅年代久，产量高，最奇特的是在距地面6米处分杈为二枝向东西面生长，且在分杈中心寄生了一根大毛竹，成为一大奇观。

8. **牛头山水库** 2002年12月动工建设的牛头山水电站，装机容量10万千瓦，总投资6.1539亿元，2006年投产发电。建在可观村前的电站水库大坝，高108米，正常蓄水位340米，总库容9899万立方米，居全县第一。因九岭溪、长濑溪在此汇聚成湖，因此人称牛头山水库为“双龙湖”。

9. **牛头山库区移民** 牛头山水电站淹没区涉及芹洋村、九岭村、溪源村、尤溪村、广地村、下修竹村等6个行政村14个自然村的部分土地、人口、房屋及附属建筑物。搬迁移民385户、1835人。主要分布在溪源、下坂、九岭溪、长濑溪4个村。拆迁各类房屋面积59129.5平方米，附属建筑面积5843.63平方米；淹没耕地616.84亩，园地38.83亩，林地2735.03亩。牛头山库区淹没区域之广，搬迁人数之多，均为寿宁之最。

2001年9月至2008年12月，县政府分别在溪源村、芹洋村、丰谷庵、丰谷上坂规划新建溪源新村、洋墩新村、九岭新村、丰谷新村。库区共搬迁安置移民385户、1835人。其中溪源新村68户、360人，芹洋洋墩新村88户、466人，丰谷新村17户、76人，九岭新村11户、51人。自行安置201户、882人。其中县内自行安置139户、575人。主要分布在茗溪新村、官峰新村；县外自行安置62户、307人，主要分布在福鼎龙安、罗源、福州、厦门、闽北等地。

10. **芹洋锌橙“橙花节”“采摘节”** 2006年12月，芹洋橙农为宣传自己的特产水果——脐橙，自发创办了第一届“脐橙采摘节”。此后，芹洋橙农又在橙花盛开之时举办“芹洋橙花节”，进一步扩大了芹洋脐橙的知名度。从此，每年脐橙花开、果熟之时，芹洋橙农都要举办“芹洋橙花节”“脐橙采摘节”。至今，“脐橙采摘节”已经连续举办12届，芹洋橙农成为寿宁第一个为特产水果举办“橙花节”“采摘节”的“吃螃蟹者”。

随着“橙花节”“采摘节”的不断宣传推介，果大形正、橙红鲜艳、光洁美观、肉质脆嫩、果汁丰富的“芹洋脐橙”，声名远播，受到县内外消费者的青睐。2014年起，“芹洋脐橙采摘节”也由橙农自费举办，华丽转身为县乡联办；“脐橙采摘节”也相应更名为“寿宁锌橙采摘节”。

11. **石斛栽培基地** 2016年，尤溪村民张岩秋从浙江乐清市学习石斛栽培技术归来，投资40余万元在尤溪村虾蛄山创办“云雾马仙石斛栽培基地”，成为寿宁县第一个石斛栽培者。

石斛4～5月开花，花姿优雅玲珑、花色鲜艳、气味芳香，为四大观赏洋花之一，又称“父亲节之花”。石斛为药用植物，具有清热解毒、防癌抗癌作用。石斛多野生在树皮、树干或石缝中。因此，张岩秋栽培的近万株石斛，也全部种在杉木桩、天然岩石上。

12. ***《芹洋之歌》*** 是寿宁县第一首具有鲜明地域特色，热情赞美家乡之歌。2018年6月，《芹洋之歌》由福建省作家协会会员黄立云作词，福建省著名音乐家、福州市音乐家协会主席李式耀谱曲。李式耀，芹洋乡阜莽村人，2004年，音乐作品《风景》获第九届中央宣传部精神文明建设“五个一工程”奖、第三届中国音乐最高奖“金钟奖”，成为福建省首位获此殊荣的作曲家。2010年评为福州市首届“优秀人才”；2018年入选福建省“文化名家”。

第二章　史迹逸闻

芹洋，有文字记载的历史可以追溯到宋朝。一千多年的文明发展史，在芹洋大地上留下了许多丰富厚重的历史遗存。如王十朋九岭赋诗、蒋知县九岭植树、太平军兵困九岭，以及义勇大夫三兄弟、廊桥世家、退倭英雄黄大汉等史迹逸闻。

一、九岭古道

宋状元九岭赋诗

宋乾道五年（1169）冬，58 岁的泉州知府王十朋卸任北归，一路舟车劳顿风尘仆仆地来到芹洋九岭溪。只见一座大山横亘眼前，王十朋抬头仰望那依山而筑的陡峻古道，那“插稻到山顶，栽松侵日边”和“山脚长溪奔流，山上清泉叮咚”的山区景观，给他留下了难以忘怀的深刻印象。诗兴大发的王十朋，挥毫为九岭留下了《入长溪境》《双岩寺》二首弥足珍贵的五言、七言律诗。

宋时，寿宁尚未建县。长溪境，即长溪县境。当时的长溪县隶属福州，其辖境相当于今霞浦、福安、寿宁、福鼎、柘荣、周宁等县市。诗中的“九岭”，即芹洋境内最早的驿道——九岭。近千年来，南来北往攀过九岭的文人骚客难以计数，王十朋是目前已知第一位为“九岭”赋诗的名人，《入长溪境》也是目前已知最早描述“九岭”之诗。

诗中的“长溪”，是寿宁县流域最长，流量最大的一条河流。1992 年《寿宁县志·自然地理·长溪》载：“长溪，原有 2 支，其一发源于浙江省庆元县苏湖乡西北双溪东麓，穿过塘源尖与鸡公山之间流入县境西部。自西北向东南流经溪坪、托溪，称为托溪。再经坪坑、九岭、丰谷至新坑尾称为九岭溪。另一支发源于庆元县双溪山东麓，经浙江省庆元县的菊水、西溪，在县境西部边境流入杨溪头，经下党、牛坪、下屏峰、溪源、长老溪至修竹，称为修竹溪。在新坑尾汇合后，始称长溪。”

王十朋一行攀上九岭，只听上方隐约随风飘来似有似无的诵经之声。王十朋顿时来了精神，莫非前方有寺院可供小憩？果然，旋过几个山头，密林深处露出一座寺院——双岩寺。

双岩寺在芹洋乡的九岭古道旁，始建年代不详。当王十朋一行气喘吁吁地从溪畔攀上九岭，中途遥见那隐在翠微深处的双岩寺，忙上前小坐歇息。喝一碗老僧冲泡的热气腾腾的九岭香茗，聊一会儒释两界的冷暖寒温，归家心切的王十朋稽首告别老僧，又步履匆匆地踏上了归途。

王十朋，字龟龄、号梅溪，浙江温州乐清四都左原梅溪村人，宋政和二年（1112）生。绍兴二十七年（1157）丁丑科状元，历任饶州、夔州、湖州、泉州知府，救灾除弊，有治绩。数次建议整顿朝政，起用抗金将领，时人绘像祠之。是南宋著名政治家、诗人、爱国名臣。乾道七年（1171）逝世，绍熙三年（1192）追谥“忠文”，著《梅溪集》等传世。

王十朋是一位深受百姓拥戴的爱民清官，泉州知府任上，王十朋赋诗：“九重天子爱民深，令尹宜怀恻隐心。今日黄堂一杯酒，使君端为庶民斟。”人们常说：“三年清知府，十万雪花银。”但王十朋在泉州知府任上，夫人病故却无钱运送灵柩回家。王十朋赋《乞祠不允》：诗云：“臣家素贫贱，仰禄救啼饥。况臣糟糠妻，盖棺将及期。旅榇犹未还，儿女昼夜悲”。读后令人心酸。

宋乾道五年（1169）冬，王十朋卸任归家，泉州男女老幼涕泣遮道苦苦挽留。还仿效饶州百姓挽留王十朋的做法，把他必经的桥梁拆断。王十朋只好绕道离去，士民跟随出境一直送到仙游县枫亭驿。乾道七年（1171）七月初三日，王十朋在乐清家中逝世，泉州士民在开元寺沉痛悼念，建王忠文祠（梅溪祠）以为纪念。

蒋知县九岭植树

明崇祯十年（1637）春，知县冯梦龙在公务余暇，亲自撰写出版了一部

《寿宁待志》。在《寿宁待志·官司》中，冯梦龙对其前面的15任寿宁知县予以记载，并逐一予以评价。在这15位知县中，冯梦龙认可、赞赏者仅有戴镗、蒋诰、方可正、周良翰等四人。

蒋诰，字摅赤，万历二十八年（1600）庚子科举于乡。《文林郎蒋公摅赤墓志》提到蒋诰在寿宁的政绩："出宰寿宁，尝与民修筑沟洫，为士增置学田，他如发奸谪伏，明烛幽隐，邑之学士大夫号神君焉。政声美绩，当道荐扬。"

冯梦龙对蒋诰是这样评价的："蒋诰，广西桂林府金州灌阳县人，由举人于万历四十一年任，四十三年十月丁艰。侯之善政不尽详，但闻捐钱植松数百于九岭，以蔽行人。今渐耗，其存者犹数十。笞罪亦许种松自赎，即此可想其人矣。"

万历四十一至四十三年，蒋诰任寿宁知县期间，为了让行旅客商在攀越九岭时，炎炎夏日免受烈日暴晒，猎猎隆冬稍减寒风吹袭，捐俸让村民在九岭两侧栽植松树、樟树、枫树、柳杉数百株。同时，蒋诰还鼎革刑罚，允许处笞刑的犯人在九岭栽种松树、枫树以赎罪。"漫漫九岭路，郁郁遮阴树。代代天涯客，人人思蒋牧。"知县蒋诰的这一善举，不仅获得冯梦龙好评，也赢得后人千秋钦敬。

前人种树，后人乘凉。1958年前，漫漫九岭沿路腰大数围的松树、樟树、枫树、柳杉遮天蔽日，蔚成一道长达十里，极为壮观的绿色风景线。盛夏，十里浓荫致爽，让行人消解旅途劳乏；秋冬，一路枫红似火，令商旅忘却天涯寂寞。

可惜，在"大炼钢铁"和"文化革命"的荒唐岁月里，九岭古树惨遭砍伐，幸存者仅有两株，其中一株树身被削去三分之一，令人扼腕叹息。

太平军兵困九岭

清咸丰七年（1857）三月至同治三年（1864）七月，太平军曾四次入闽，先后攻占福建40多个府县。

咸丰八年（1858）二月，太平军杨辅清、杨义清部从岭阳关二次入闽。二十一日占领浦城，二十九日占领松溪、政和县。三月，太平军由政和县入境南溪，兵锋直指寿宁。太平军途经南溪时，听闻附近天池庵僧人在庵中设置密室，诱奸年青美貌的进香信女村姑。太平军夜闯天池庵，从密室中搜出数对赤身裸体的奸僧淫妇。太平军杀死恶僧，将天池庵一把火烧毁。

随后，太平军由平溪经芹洋攀九岭向寿宁县城挺进，计划一鼓作气攻下鳌阳城。在九岭头，太平军被居高临下踞险守御的卓麟英部团练堵截。九岭地势险要，卓麟英重兵防守九岭咽喉之地——九岭头，可谓一夫当关，万夫莫开。太平军一次又一次发起猛攻，都被团练居高临下的箭矢和那沿岭翻滚的礌石滚木所击退。双方相持数日，太平军伤亡累累却寸步难进，只能望岭兴叹，无奈退兵。

同治三年（1864）太平天国失败，清廷论功行赏。卓麟英因防守九岭头保卫鳌阳城有功，诰封武翼都尉（从三品），后升武义都尉（三品）。清源村中的“武翼第”，就是卓麟英在诰封“武翼都尉”之后，大兴土木兴建的邑内最大的一座清代私家建筑。

二、义勇大夫

在中国历史上，同胞兄弟三人因剿寇、建县有功，同时被皇帝敕封为“义勇大夫”，其后又被供奉在县城“报功祠”中春秋祭祀的，唯有芹洋的黄继黑、黄普焕（谱名黄普英）、黄普耀兄弟三人。

钦封义勇首三黄

明景泰元年（1450），浙江括苍（今浙江丽水）人郑怀茂凭借高强武功，在官台山踞险立寨占山为王武装采银。山寨喽啰劫掠过往客商、肆虐四邻村民，强掳闺秀民妇，逢年过节逼索贺礼，祸害一方，天怒人怨。

景泰四年（1453），郑怀茂率喽啰攻下距官台山百里之遥的政和县城，掠得大批女人、财富。尝到甜头、利令智昏的郑怀茂，将“兔子不吃窝边草”的古训抛到九霄云外。次年，又将目标盯向近在咫尺的泰顺县，率一帮喽啰将刚刚设立不久的泰顺县城劫掠一空。

官台山寨在闽浙边界杀人放火，接连劫掠政和、泰顺县城的告急奏章雪片般飞往京城。景泰五年（1454），代宗皇帝朱祁钰派遣都察院左副都御史刘广衡巡抚福建、浙江，择机剿除官台山寨。

刘广衡奉旨南下剿匪，同时传檄福建按察副使沈讷，在犀溪和赖家洋两地设立军营，待命征剿官台山寨。景泰六年（1455），刘广衡也统率大军亲赴官田场督战，并下令征召周边村庄武功高强者赴军前效命。

初夏时节，芹洋村民黄昌永正在村口大樟树下的练功场指导子侄辈练功习武，忽然快马来报，朝廷征召武功高强的乡勇义士，协同官兵剿灭祸害百姓的官台山寨。接到官府通知，黄昌永当即整装备马，带领儿子继黑、普焕、普耀和侄儿黄周七一起攀上九岭，来到官田场军营。正在营中大帐和属下筹划攻寨事宜的刘广衡，没想到征召乡勇的通知刚刚发出，就有芹洋五位壮士前来应召，心中大喜，忙吩咐设宴接风。

席间，刘广衡向众义士了解官台山情况，征询灭贼良策。座中黄昌永年纪最大，见多识广，而且在官台山银场鼎盛红火的永乐、宣德、正统年间，曾多次陪同途经芹洋村的政和知县、典史等官员前往官台山银场，对官台山一带情况十分熟悉。黄昌永见刘大人征求破敌之策，便将官台山银场的前世今生一一道来。并根据官台山林密山深、道路崎岖、银坑遍布，郑怀茂武功高强、踞险立寨、易守难攻的特点，建议只能智取，不可强攻。刘广衡听了连连颔首，问道："那该如何智取呢?"

黄昌永沉思片刻，说道："自郑怀茂占山为王之后，凡年节之时，都要周边村庄向山寨送礼。如抗拒不送，就要屠村报复。喽啰们杀人、放火、强奸无恶不作，百姓们苦不堪言。因此，每逢年节，各村都要选精壮汉子将贺礼送到寨中。现端午将至，大人何不趁此机会派人送礼进入山寨，同时派大军悄悄潜伏寨外，待寨中火起、寨门打开，里应外合、内外夹攻将贼寇一举歼灭。"刘广衡听了，不禁击掌赞叹："此计大妙！此计大妙！"

五月初四日，前来投军效力的义士们挑上猪肉、粽子、大米、红酒等，三三两两进入官台山寨，刘广衡命令按察副使沈讷率大军悄悄地在寨外潜伏。五月初五，郑怀茂下令山寨大办端阳午宴。寨中笑骂声、猜拳声，人声鼎沸。在"大王喝酒！大王喝酒！"的恭维声中，贪杯的郑怀茂连着几碗红酒入肚，已经醉得连话都说不成句了，一会儿就浑身瘫软呼呼睡去，手下忙将其抬入卧房。

看见郑怀茂酒醉回屋酣睡，众义士悄悄摸到床前，只见手起刀落，郑怀茂一缕阴魂已到阴曹地府报到去了。元凶已除，寨中喽啰也都醉眼迷离，走路都辨不清东西南北了，义士们趁机在寨中四处放起火来，顿时喊声、杀声、救火声乱成一片。率兵埋伏在寨外的按察副使沈讷，迅即指挥官兵如潮水般突入寨中。在官兵、义士的内外夹攻之下，大小喽啰悉数被歼，官台山寨也被焚为一片灰烬。

景泰皇帝闻捷大喜，不仅同意刘广衡、沈讷的置县之奏，还御赐县名为“寿宁”，期冀斯地之民永远长寿康宁。同时，御旨旌表征剿官台山全体有功将士。芹洋村黄继黑、黄普焕、黄普耀战功卓著，兄弟三人同时敕封“义勇大夫”，备极荣耀。邑人叶何运赋诗赞曰：“此日登临古战场，犹闻剑影与刀光。山含物宝招流寇，谁解民悬破乱狂？沈率奇兵依百姓，钦封义勇首三黄！龙兄虎弟今何在？大族绵延万世昌！”

义勇大夫——黄普焕

黄普焕，谱名黄普英，寿宁县芹洋村人，系黄昌永第四子，芹洋黄氏“仁义礼智信”五房中的“智”房之祖。明朝景泰六年的端午日，黄普焕征剿官台山寨有功，被敕封为“义勇大夫”，奉祀寿宁县城“报功祠”。

黄普焕官台山剿寇之事，不仅载之清康熙《寿宁县志》，康熙二十二年岁贡、儒学教谕黄锦黼也留下一首《黄普英赞》：“不共戴天切齿羞，兴师锐歼报恩仇。机谋胜算除凶暴，义勇大名万古留。”

2006年4月24日，在《宁德晚报》三版刊载的《黄昌永率众巧夺黑风寨》一文中也写道：芹洋黄氏六世祖黄昌永响应官府征召，率儿子黄继黑、黄普焕、黄普耀及侄儿黄周七到军前效命。刘广衡、沈讷广泛征求破敌良策，决定官兵民勇五月初四日提前过端午节，大家吃饱喝足，养精蓄锐。五月初五日，黄昌永等民勇装扮成村民，挑着红酒、猪肉、粽子，以贺节为名进入官台山寨。沈讷亲率大军从偏僻山道悄悄逼近，与黄昌永等里应外合。端午日，山寨头领们大碗酒大块肉，推杯换盏吆五喝六之后，醉眼迷离昏昏睡去。众民勇趁机在寨中四处放火，喽啰们猝不及防，一片混乱。沈讷见寨内火光冲天，奋勇争先杀向山寨，激战中身中二箭一枪，仍顽强战斗。黄昌永挥舞大刀连劈数个喽啰，终因寡不敌众血洒战场。黄普焕见父亲死于乱阵之中，恨从心上起，挺枪直扑郑怀茂，一番血战将其刺死。众喽啰见首领丧命，顿成无头苍蝇四处逃窜，悉数被歼。官兵荡平山寨，救出被掳民妇270多人。寿宁建县后，为纪念攻夺官台山寨的英雄，就将端午节改为五月初四日，以祭奠英雄在天之灵。从此，初四日过端午节在寿宁相沿成习，一直延续至今。

黄普焕不仅武功高强见义勇为，在官台山惩凶除恶为民除害，也是一位好善乐施之人，在官修志书中就载有黄普焕乐捐建桥的善行义举。明弘治《八闽通志·地理·桥梁》载："尤溪桥，天顺七年义民黄普焕建。"民国《福建通志·津梁志》载："丹溪桥，在政和里。明天顺间，邑人黄普焕建。"尤溪桥、丹溪桥，这两座年代久远、几经修缮的木拱廊桥，至今仍横亘在芹洋乡尤溪村的清溪碧水之上，默默地向过往之人诉说着那饱经沧桑的前世今生。

自古美女爱英雄。斜滩河坑村一位符姓姑娘对黄普焕十分爱慕，不仅以身相许嫁其为妻，而且带来一份难以用金钱衡量的特殊嫁妆——一块千金难得的风水宝地。百年之后，黄普焕的陵墓就安葬在妻子陪嫁来的风水宝地——斜滩下游一千米处的黄虎山。黄普焕墓坐落在斜滩村口的公路内侧，因山形如卧虎，人称"虎墓"。《人文斜滩》一书对黄普焕之墓予以详细记载，书中写道："义勇大夫黄普焕之墓，不仅见证了寿宁建县的那一段传奇历史，也为古镇斜滩增添了一段流传千古的爱情佳话。"

三、古刹传奇

芹洋境内道教、佛教寺庙庵堂众多，且古官道东西横贯芹洋全境，往来商旅络绎不绝。因此，发生在九峰寺、栖林寺、黄山公庙等庵堂庙宇中的一些逸事趣闻，一直在邑内流传。

耿精忠屯兵九峰寺

靖南王耿精忠、平西王吴三桂、平南王尚可喜三人原为明朝大将，因降清灭明有功被清廷封为藩王，时称"三藩"。

耿精忠驻藩福建，以福州东南部的王庄为中心，圈屋两千余间，又在邻近侵占300亩的田园，盖起王府，人称"耿王庄"，现简称"王庄"。王府的建设非常豪华。大门前的石狮，选用广东高要县出产的"白石"，洁白无比，玻璃一般。王府所用的木料，选购的是黄楠、黄杨、乌梨、高杨等珍贵品种。王府附近还豢养几只印度大象，至今此地仍名“象园”。

康熙十二年（1673），清廷下诏撤“三藩”，导致吴三桂起兵反清。康熙十三年（1674）三月，耿精忠在福州响应，自称总统兵马大将军，蓄发恢复明朝衣冠，自铸“裕民通宝”。同时兵分三路，东路攻浙江温、台、处三州；西路攻江西广信、建昌、饶州；中路攻浙江金华、衢州。

寿宁地处五县通衢，扼控闽浙咽喉。耿精忠派兵攻打浙江金华、衢州，寿宁为大军必经之地。《寿宁县志》载：“清康熙十三年（1674）三月，耿精忠在福州发动兵变，其属下600多人经过寿宁，屯聚于九岭的九峰堂。县城防兵，乘机逼饷，闭城掳掠，百姓遭害。”“清康熙十五年（1676），都尉逃兵经过寿宁，掳掠男人、妇女，全城民众逃避一空。逃兵在城内四处抢劫财物。”

斯时，九州起刀兵，八闽燃烽烟，寿宁一带兵荒马乱。《福建通志·忠节传》载：“叶懋楠，字栋夫，顺治八年岁贡生，累擢至河南宁陵知县，后死于耿逆之难。”邑人柳琫，也亲身经历了那一场烽火岁月，并给后人留下了一首描写“闽变”的纪实长诗——

乱离行

甲寅三月，余遭闽乱，举家奔逃，苍徨中骨肉不复相顾。信乎，杜工部所云：“我已无家寻弟妹，君今何处访庭帏”，因感此以志其景况云。

闽浪苦沸腾，金鼓振山谷。老幼各逃生，四野吞声哭。
东舍妇觅儿，西邻伯呼叔。我亦随所之，苍徨投北麓。
纵步恐不前，回首失乡曲。唯闻春鸟啼，唯见春草绿。
余有双高堂，乃余亲骨肉。中道忽分离，不知向谁逐？
水流风萧萧，肠断心如毒。路逢旧邻人，含悲各相告。
行行无所依，沉吟聊蹲躅。日暮叩柴门，农夫惊且伏。
问余何所求，借予东窗宿。凄凉对孤灯，伤心泪满目。
世事大如此，我生已局促。明朝从兹去，何以免杀戮？

柳琫，字荆石，号琢庵、河东，寿宁县鳌阳镇人，柳上芝之子，清康熙二十四年（1685）拔贡，曾掌教福州鳌峰书院。康熙二十二年（1683），获知县毕九皋聘请参与修纂《寿宁县志》。

耿精忠在福州举旗反清，一时八闽风云突变，人心惶惶。耿精忠为网罗人才为己所用，以成千秋大业，派人前往犀溪礼聘康熙九年进士叶有挺出山相佐。“叶有挺志不从逆，潜逃至祖地——浙江松阳，为守者所获，绝食七昼夜不死，守者义释之。复毁形灭名，隐于松阳县古市卯山。伪耳目疑之，举兵搜山，押送至家。康熙十四年二月二十日呕血斗余而死，年58岁。”

康熙二十一年（1682）正月，三藩之乱彻底平息，康熙皇帝下诏将耿精忠及其心腹死党白显忠、徐文耀、王世瑜等凌迟处死。康熙二十二年（1683），公举叶有挺崇祀寿宁乡贤祠。乾隆四年（1739），叶有挺配亨福州乌石山贝子祠。嘉庆十二年（1807），仁宗皇帝恩赐敕命叶有挺五世孙叶伊霖恩骑尉，世袭罔替。

1986年，人们在九峰堂的古井中发现一柄耿精忠的短剑。《寿宁县志》对此事予以详细记载，书中写道：“耿精忠据闽反清时（1674～1676）曾屯兵于九峰山。1986年，在九峰堂的古井中，发现柄上镌有‘耿精忠’三字的短剑一把，为当时波及寿宁的‘闽变’提供了物证。”

村民怒火焚淫寺

清咸丰八年（1858），太平军与团练在九岭头激战之时，九峰寺被知县王煦征用为战时指挥部，寺中僧人为团练送饭供水立下汗马功劳。太平军兵败撤退之后，知县王煦大举嘉奖有功之士与九峰寺僧人，鳌阳城中富户也纷纷捐款重修九峰寺。一时之间，九峰寺如日中天。寺貌日新，声名远播，各地信众，八方来朝。随着香客日众，香火日旺，寺中功德箱中，各地香客们捐奉的银钱也越积越多。

俗话说，饱暖生淫欲。寺中僧人晨钟暮鼓，虽然每天好吃好喝，但长夜漫漫却令他们寂寞难耐。那些远道前来烧香拜佛，夜宿寺中的粉面桃腮的村姑闺秀，更让他们淫心日炽。耐不住寂寞的僧人动了凡心，于是在寺中构筑密室，引诱进香信女留宿淫乐。一些信女村姑贪图男欢女爱，常以进香礼佛为名流连寺中乐不思归。此后，九峰寺僧人诱奸进香信女的传闻，渐渐地在四邻八乡不胫而走。

同治六年（1867），九峰寺正在筹办一场盛大的佛事法会，四邻八乡又有信女村姑三三两两前往进香祈福。久被绿帽绯闻困扰的村民们，决定偷偷潜入寺中一窥究竟。入夜，九峰寺渐渐溶入浓浓夜幕之中，只有大殿上的香烛还在闪着幽幽红光。夜半时分，村民们悄悄翻墙入寺逐室搜查，只听一间间暗室隐隐传出男女欢爱的呻吟、喘息声。愤怒难抑的村民奋力砸开房门，将一对对赤身裸体的奸僧淫妇好一顿暴打。混乱中，火把的火苗不慎烧着了寺中的易燃物品，群情激愤的村民们也不上前扑救，任凭大火肆意燃烧，将九峰寺烧成了一片灰烬。

名人赋诗栖林寺

在芹洋修竹村下游约一千米处，有一座始建于南宋绍兴三十年（1160）的古寺——栖林寺。《寿宁寺庙志》记载："当年，寺院四周茂林修竹，溪畔绿柳红梅，景致十分优雅。"

宋乾道五年（1169）冬，状元王十朋从泉州知府任上回浙江乐清梅溪老家时，途经修竹栖林寺，溪畔枝头的朵朵红梅，寺院门楣墨书的"栖林"二字，不禁让年近花甲、辞官归里的王十朋触景生情，一首脍炙人口的七言绝句——《栖林寺》，从此铭刻在芹洋山水间。

栖林寺因毗邻修竹村，因此后人又将"栖林寺"称为"修竹庵"。邑人进士林栋之母的娘家在修竹，林栋是修竹李氏外甥，林栋曾多次随同母亲李眉芝回修竹探亲。在修竹外婆家探亲的日子里，林栋常陪同母亲到近在咫尺的修竹庵（栖林寺）诵经礼佛。因此，林栋两次以修竹庵为题，留下了《题修竹庵》《腊月题修竹庵》二首七言律诗。

林栋，字德如、号隆山，清咸丰五年（1855）八月初七生，寿宁县武曲镇梅洋村人，光绪十七年（1891）辛卯科中举，光绪二十九年（1903）癸卯科三甲进士。光绪三十二年（1906）升礼部精膳司主事，次年升礼部太常司员外郎，光绪三十四年（1908）升礼部太常司郎中加四级。民国肇建后，膺选福建省闽海道复选区国会众议员，曾出席中华民国国会第二届会议。民国十年（1921）在梅洋故居病逝，享年66岁。著《梅湖吟稿》一卷。

大火不烧黄公庙

修竹村中建有一座颇为壮观的黄山公庙，每年春节期间，修竹村都要举全村之力，举办隆重的黄山公巡游祭祀活动。黄山公何许人也？为什么修竹村民会如此尊崇黄山公？

黄山公，名黄槐，寿宁韶托人，宋政和二年（1112）进士。宣和三年（1121），黄槐知徽州府。时值宋徽宗大修“艮岳”工程，百姓徭役赋税繁重。徽州一带又连年灾情不断，数十万灾民饥寒交迫流离失所，黄槐几次奏请朝廷减赋赈灾都被驳回。眼看饿殍遍野，灾民濒临绝境，黄槐决定牺牲个人仕途，救万民于水火。靖康元年（1126），黄槐断然下令徽州各县开仓放粮赈灾。

为了避祸，黄槐弃官更名黄山，隐居鹤溪（今托溪）。宋代，境内缺医少药，不论头疼脑热、感冒中暑，还是蛇咬虫伤、种痘出麻，村民们束手无策，只能坐以待毙。为了解除乡亲疾苦，黄山悉心钻研医学，进深山攀悬岩采挖中草药，无偿为民治病驱瘟，治愈患者不可胜数，成了远近闻名的神医。至今，在那岩山之巅的悬崖岩壁之上还有黄山采药留下的足迹。人们感念黄山的大恩大德，就将岩山称为“黄山仙岩”。

宋代，境内森林茂密，虎豹肆虐成灾。村民上山或是妇孺在家，常遭野兽袭扰侵害；田地里的瓜果稻麦，也常被野猴山猪糟蹋。为保一方平安，黄山组织猎户，设阱擒虎豹，弯弓射豺狼。从此兽害大为减少，乡亲们有了安全的生产生活环境。因为这一段狩猎岁月，闽浙各县均将黄山奉为六畜保护神和狩猎人的祖师爷。

鹤溪文化落后，难得有人识文断字。为了传播文化知识，黄山在鹤溪择址开设书院，延请塾师为稚童启蒙开智，自己也经常授课答疑解惑，在鹤溪一带播下文明的种子。绍兴三十二年（1162）九月黄山仙逝，邑人将其尊奉为神仙“黄山公”，将书馆改建为“黄山公庙”，以纪念一代先贤。

黄槐将徽州一带先进的农耕技术引进鹤溪，指导村民筑坝修渠，将望天田改造成旱涝保收田；运用易经知识，为村民择址建屋。传说，黄槐还将北宋京城的汴水虹桥架构技艺引进邑内，在鹤溪修建了境内第一座木拱厝桥。黄槐在鹤溪生活了36年，他用自己的善行义举努力开发鹤溪，使境内六畜平安，人寿年丰。为缅怀先贤，邑人将其故里水库命名为“黄槐湖”。

黄槐一生清廉爱民、无私奉献，被历代省府县志所铭载，为历代文人墨客所赞赏，是福建历史上民间影响力最大的一位爱民清官。“做官要像黄山公，百姓冷暖放心中；做人要像黄山公，积善积德积阴功”的民谣，至今仍在各地传唱。

黄槐还是老百姓尊崇爱戴的大德至善之神。目前已知，各地修建的黄槐庙、黄山公庙达500多座；百姓家中供奉的黄山公神位更是难以计数，闽浙两省黄山公信众达3000多万；每年春夏秋冬，各地为纪念爱民清官黄山公而举办的巡游祭祀盛典，至今传承千年盛况空前。

2015年，中共福建省委宣传部将黄槐列为“闽文化的精神力量”代表人物，《福建日报》以彩色专版刊载《黄槐：从一代清官到百姓心中神祇》；福建电视台播出《济世爱民黄山公》专题片。2017年3月，“黄山公信俗”列入福建省非物质文化遗产项目名录。

修竹人十分爱戴尊崇黄山公，数百年前就到鹤溪黄山公祖庙请香迎灵，在栖林寺旁修建黄山公庙。虽然庙宇规模不大，但却异常灵验，深得信众仰赖，香火十分兴旺。“文革”时，黄山公庙被毁，村民冒着被批斗抄家的风险将黄山公神像偷偷藏起来。“文革”结束后，村民即在村中众厅供奉黄山公神像。2004年，又在村中重建黄山公庙。

修竹因地形所限，全村房屋均依山而建。2008年2月28日，修竹山脚一座房屋不慎失火，熊熊燃烧的大火不断向上蔓延，将修竹村自下而上烧成一片废墟。令人难以置信的是，当漫天大火烧到黄山公庙附近，那冲天的火舌竟停住脚步，再也不敢放肆地越界燃烧。因此，全村唯独黄山公庙及其周边四幢房屋如有神灵护佑，得以安然幸免，丝毫无损。从此，“大火不烧黄公庙”就在邑内广为流传。

黄公庙祀两夫人

广地村中有一座专门奉祀爱民清官、大德至善之神黄山公的庙宇。这座奉祀黄山公的庙宇与全国各地的黄山公庙相比较，有两点别具特色。

一是，这座庙宇奉祀的神仙是黄山公，但是却不叫“黄山公庙”，庙门横额大书的是“黄公圣境”。

二是，跨进黄公圣境大门，进入大殿，在大殿神龛的正中塑的是黄山公神像，左右两侧塑的是黄山公的两位夫人。在目前已知的500多座黄山公庙中，广地黄公圣境是唯一配祀有黄山公夫人的神庙，堪称全国一绝。

近千年来，邑内一直流传着一段“姐妹舂米缔姻缘”的佳话。说的是黄槐在徽州知州任上，为了赈济灾民开仓放粮，弃官更名黄山在鹤溪隐居，为百姓做了许多好事。一日黄山出游，偶至渔村。及午口渴，推开村头柴扉，登门讨碗茶水。适值邱氏姐妹二人正在舂米，见客人光临，忙让座上茶。黄山见姐妹俩舂米辛苦，随手拾起一支竹枝，向石臼连拂数下，秀英、翠玉朝石臼一看，米已雪白，二人惊奇不已。邱老太敬慕黄山人品高尚，感念其多年周济关照，今又见女儿对黄山魂牵梦萦，就将姐妹双双嫁给黄山。

广地“黄公圣境”始建于清光绪六年（1880），大殿神龛主祀黄山公，左右配祀的就是黄山公的两位夫人——鹤溪渔村的邱氏姐妹。

四、古墓逸闻

邑人崇信风水，认为“福地福人得”，只有行善积德之人才能得到风水宝地，从而家族兴旺、富贵临门。一代代生于斯、长于斯的芹洋人，大多都叶落归根长眠在这块生养他们的土地上。一些古墓的逸事趣闻，也在民间代代口耳相传。

三关王德娘墓

王德娘，芹洋张坑村人，明洪武二十五年（1392）八月二十四日生。王德娘自小聪明贤惠，尊老爱幼，勤劳正直，是闻名邻近乡村的好姑娘。长大后出嫁修竹村李亮为妻，一生谨守妇道，勤俭持家，教子有方，名闻乡里。明成化十二年（1476）八月初四日卒，享寿84岁。

修竹李家为安葬母亲王德娘，请一风水先生寻找墓地，好茶好酒供奉三载，方寻得一风水宝地。但此地要“先失丁，再发丁”，王德娘儿子权衡再三，决定一搏。风水先生见李家决意在此修墓，建议李家“进金”与儿子婚礼同日举行，待新郎、新娘入洞房后，锁好门窗，绝不能让新郎外出。

相传，当晚子夜时分，进金吉时将到，旷野中突闻虎啸三声。新郎在洞房听见虎啸之声，不顾家人“绝不能走出洞房”的叮嘱，打破窗户跃入茫茫夜幕之中。当先生“进金”之际，墓坪突现血迹，先生知“失丁”已不可避免，就在墓前大声“喝龙”：“半夜夫妻八百丁。”从此，李姓族人人丁兴旺。

“半夜夫妻八百丁”的传说虽然广为流传，但却不实。一是洞房之夜，如新郎被老虎咬死，那新娘最多只能生下一胎遗腹之子。但《李氏宗谱》记载，新郎、新娘的儿子不止一个；二是明成化十二年八月初四日王德琅去世，次年风水先生即选址将其安葬在三关虎墓。

王德娘墓坐落在芹洋牛替村山脚，山形犹如猛虎盘卧，王德娘就安葬在老虎额头上的“王”字之间，故俗称“虎墓”。虎墓下游两岸又有山形如案横拦溪中，就像三道闸门关锁溪流，因此人称“三关虎墓”。

虎墓之前有一溪流，溪中遍布巨石。奔流的溪水与巨石相撞，日夜“隆隆”轰鸣，就像老虎在发威怒吼。20 世纪 80 年代，三关虎墓下游拦溪筑坝蓄水发电，溪水上涨成湖波平似镜。李氏族人以水库蓄水使虎啸之声消失，影响虎墓灵气为由向三关电站索赔，并将电站赔款数十万用以建设三关虎墓景区。

在李氏族人多年悉心开发建设之下，三关虎墓成为寿宁独具特色的旅游祈福景区，人称“三关胜境”。每年春节、清明期间，各地慕名来“三关胜境”求子、求财、祈福者络绎不绝。

斜滩“义勇大夫墓”

“义勇大夫”黄普焕（谱名黄普英）的陵墓在斜滩下游一千米的黄虎山，因形似老虎吃猪，故俗称“虎墓”。墓碑镌“义勇大夫黄普焕之墓”，为明代墓葬，现保存完好。

这座“虎墓”，还是黄普焕之妻符氏的陪嫁之物。黄普焕的未婚妻符氏，是斜滩河坑村人。符父富甲一方，请了一位风水先生在家寻龙三年。三年来，符姑娘早上端洗脸水，晚上送洗脚汤，将先生照顾得十分周到。一天，家中一只公鸡落入粪榩，符母舍不得丢弃，就宰杀干净后炖了上桌。父母热情地请先生吃鸡肉，先生每将筷子伸向鸡肉，却都被符女偷偷阻止。先生不解，饭后问符女，为何阻其吃鸡肉？符女告之：先生寻龙之人，要有灵气，今日之鸡是落入粪桯捡回的秽物，先生不宜吃，所以阻止。先生听后十分感动，就将其在符家三年寻得的一穴风水宝地告知符女，嘱其出阁后留作墓地。

几年后符女长大，出嫁芹洋黄普焕为妻。出嫁之日，符女向父母索要榛林一片作为陪嫁。百年之后，符女与丈夫黄普焕合葬虎墓。斜滩“义勇大夫墓”不仅见证了寿宁建县的那一段传奇历史，也为古镇斜滩增添了一段流传千古的佳话。

金钟墓下出大官

芹洋黄氏礼房之祖黄继新，原葬上坪大岗。清嘉庆十一年（1806），迁葬九岭溪与长濑溪交汇处的金钟山，邑人称“金钟墓”“五龙抢珠墓”。

传说，金钟墓葬后20多年，黄家添一男婴，日夜啼哭不止。请术家测算八字，云：此子大富大贵，但芹洋风水难以养育成人，唯有前往北方到婴儿止哭之地定居，方能成为栋梁之材。

父母遵嘱，整理行装挑起婴儿一路北行，经鳌城、过泰顺，一路走到浙江瑞安哭声方止，就在一茅舍住下。当晚，一瑞安富户半夜起床解手，望见自家茅舍一片红光，以为茅舍失火，忙叫下人前往灭火。不久，家人回报茅舍未失火，只是来了一家人在此住宿。富户一听，此事甚奇，遂将黄氏一家留在家中打工。几年后婴儿逐渐长大，聪敏异常过目不忘，富户让其与自家子侄入馆伴读。后得贵人相助前往赴考，相继中举、进士及第，在京当大官。

民国年间，斜滩吴日华到瑞安经营药材生意，货物被警察没收焦虑万分。客店老板得知吴日华是寿宁人，指点他去找一位祖籍寿宁的黄老先生。在黄老先生的帮助下，次日，警察将货物原封不动归还。吴日华生前常追忆此事，感叹寿宁人在外地当官亦不忘本！民国年间，瑞安黄氏将银钱委托一芹洋黄姓族人重修金钟墓，此人返乡途中赌博，将修墓银钱输光，诡称途中遇强贼银钱被打劫，自此瑞安黄氏与芹洋族人失去联系。

九岭蛇墓

清乾隆年间，寿宁县城有一范姓人家，为人十分善良。凡有乞儿丐妇到他家求乞要饭，总是好言相待，施以饭菜。天寒地冻之时，还会给求乞要饭之人腾出一席之地，以避雨雪风霜。

一个风雪交加的傍晚，范家发现门边柴草堆躺着一男一女两个衣衫褴褛的老乞丐。范家让两个老乞丐到家里住，连着三天像招待客人一样送火笼、端热汤、给吃的。第四天，天晴了，路上的雪也化了，老乞丐要出门了。临行前对范家人说："我在这一带行乞数年，多蒙贵东家大方施舍，才不致饿死、冻死。我十分感恩，但却无以报答。年前，我途经九岭天降大雪，只见四野白茫茫到处雪积盈尺。为免冻死，我寻找避风处栖身，发现一处不仅没有积雪，而且暖气融融。我想将此风水宝地送给您，以报答多年关照之恩。"

范家一听大喜，让两个家人跟着老乞丐来到九岭尾的避风御寒之地。次日，范家请来风水先生，从龙脉到水口，玄黄朱雀、青龙白虎一一认真踏勘。只见这里龙环虎抱，旗鼓纱帽印星一应俱全，真乃一方真穴吉壤，先生将此地名曰"黄龙献爪"。

范家十分满意，当即安排择吉动工挖穴，安葬先人骨骸。就在动工挖穴前夕，范家夜梦一老者向其求告：因天寒地冻，儿孙们借住范家之地。恳请范家待春暖儿孙们游迁之后，再行动工挖穴。范家梦醒，觉得梦境甚为奇怪。但因墓穴地处他乡，恐被他人先占，故没有改期延后，仍然按照择定日期动工。结果，从穴中挖出蛇群一窝，对生灵造成伤害。

武济蛤蟆墓

清同治九年（1870），武济（牛替）村叶氏族人从江西请来一位堪舆先生寻找风水宝地。江西先生沿路进村四处顾盼，走到里湾仔就发现武济村下游有一风水宝地，但先生秘而不宣。

江西先生在武济叶氏族人家里住了三年，虽然东家翁好吃好喝地殷勤接待，但江西先生一直守口如瓶。东家翁心地善良，为人忠厚。三年朝夕相处两人十分投缘，遂结拜为异性兄弟。结义之后，江西先生方告知东家翁村庄下游有一风水宝地，可以择吉动工安葬先人骨骸。

同治十二年（1873），东家翁择好吉日良辰准备破土挖墓。动工前夕，东家翁梦见一位白胡须老人对他说："挖墓时，白脖子的老乌鸦落在哪里，风水吉穴就在哪里。"

梦醒天亮，东家翁一大早赶到斜滩采购猪肉、菜肴。当他挑着担子赶回武济走到里湾仔时，远远望见坟墓形状已经挖得差不多了。而义兄——江西先生则脖子上围着一条白毛巾，坐在墓地旁边不紧不慢地嗑瓜子。东家翁将墓地的前后左右仔细端详个遍，就是没有发现梦中老人所说的白脖子老乌鸦。

东家翁到家放下担子赶到墓地，只见江西先生坐的地上堆了一地的葵花子、南瓜子壳。地上这么多瓜子壳，不就说明江西先生一直都坐在那里嗑瓜子吗？东家翁福至心灵，茅塞顿开，江西先生脖子上围着白毛巾，不就像一只白脖子老乌鸦吗？东家翁脑袋一拍，对！江西先生坐的位置就是梦中老人指点的风水吉穴！

东家翁立即恭请江西先生站起来挪个位置，指挥挖墓之人往瓜子壳成堆的地方挖。江西先生甚感惊讶，忙问东家翁怎么知道要挖这里。东家翁将梦境详细道出，江西先生听后拍拍义弟肩膀，说：“福地福人得。天意如此，就挖这里吧。”

因为此地墓形远望像只饮水的蛤蟆，因此人称“蛤蟆探江”。“蛤蟆墓”坐丁加午，安葬的是武济叶氏十世祖叶尚秀夫妻。

五、乡村戏剧

修竹戏班

修竹戏班始创于1958年9月，初期演员、配乐、后勤人员共26人。鼎盛之时，戏班人员有40～50多人，村中男女老少，人人都能唱上几句，摆上几招也有板有眼。1959年，全县各公社会演比赛，修竹戏班荣获第三名。

修竹戏班以京剧古装戏为主，演出剧目主要有《包公》《宋江》《林冲》《野猪林》《陈世美》等传统古装戏。当年，没有电影、电视，农村业余文化生活一片空白，因此修竹戏班颇受百姓欢迎，不仅在寿宁境内演，还到周宁、福安、政和，甚至远赴建瓯、襄阳等地演出。

在“文化大革命”的荒唐岁月中，传统京剧古装戏被视为“四旧”禁止演出。一年到头就演出现代样板戏《沙家浜》《智取威虎山》和以快板、三句半为主的宣传戏。

“文化大革命”结束后，随着影片增多、电视普及，农村文化生活不断丰富多彩，戏班观众日渐减少，修竹戏班也自行解散。当年戏班的道具、戏服，依旧保存在村中一栋阁楼的木箱里。

可观提线木偶剧团

可观提线木偶由 39 个木偶形象组成，其分类与京剧一样，有生、旦、净、丑四种。“生”，有小生 2 个、花生 1 个、贫生 1 个；“旦”，有青衣旦 7 个、老旦 3 个。还有包拯 1 个、元帅 1 个、奶娘 1 个，其余为挂须。

清末民初，当洋村法师吴和政创办提线木偶剧团。吴和政擅演六殿神王，为村民祈福消灾。中华人民共和国成立后，吴如华师承父亲吴和政，继续在邑内乡村演出。“文化大革命”时，提线木偶剧团被视为封建迷信产物，遭封闭。

1976 年“文化大革命”结束后，吴如寿重新雕刻木偶、组织人员编剧排练，恢复成立可观提线木偶剧团。剧团人员分前台、后台，前台提线演出人员有吴如寿、吴良春、吴秀花；后台器乐人员有吴维乾、胡学荣、胡学松、李玉成、吴如寿等。

1978 年农历正月初一，提线木偶剧团重新为村民们演出。剧目有《二度梅》《采桑记》《纸马记》《三仙全传》《隋唐演义》《孝凤割肝记》《丁三娘漂纱记》等，深受村民欢迎。每年，可观提线木偶剧团都要到福安、霞浦、周宁、屏南、政和以及浙江省的庆元、泰顺、景宁等周边县市巡演。每年演出 200 多场次，每场收费 12 ~ 18 元。

2001 年以来，随着录像、电视的普及，可观提线木偶逐渐淡出人们的视野。只有宫庙落成、神佛开光、祈福消灾等场合，才被村民请去演出《奶娘传》《大帝传》等传统剧目，每场收费 1600 ~ 2600 元。2017 年春节期间，西浦景区也邀请可观提线木偶剧团去为游客演出。正月十五，可观提线木偶剧团重现芹洋舞台，其精彩演出深受好评。

六、村名演变

芹洋境内村庄的名字，在历经数百年的风雨沧桑之后，多有演变改易。一些原本优雅的村名，不知何时竟被更改得面目全非。如茗川，被改为茗坑；桂花，被改为张坑；樟树岗，被改为底洋；葛湖，被改为甲廷岔；武济被改为牛替。

芹 洋

宋朝年间，在芹洋的旗山之下，一丛丛野生的芹菜随处可见，因此人们将此地称为“芹菜洋”。

在这漫山遍野的芹菜中，有一株长得格外茂盛茁壮。特别奇怪的是，这株芹菜被猪啃咬之后，第二天又会萌芽生长，就像春天的竹笋，长势惊人。

一天，一位经商之人由政和县澄源乡暖溪村来到芹菜洋。由于长年在江湖行走，此人阅历丰富，眼光独到。很快，村中那株芹菜吸引了他的眼球。他信步来到那株芹菜之前，放眼四望。只见此地，后有旗山如龙千里奔腾，前有小山如案清秀可人，左右两条大溪在前方交汇，不由惊叹——此乃风水宝地!

宋淳祐三年（1243），这位经商之人择一吉日良辰，挑着父母骨骸再次来到芹菜洋。他以布匹不慎落水浸湿需要晾晒为名，将那株野芹菜团团围住，把父母骨骸埋入芹菜之下，并在芹菜洋择地筑屋定居。

这位经商之人，就是芹洋黄氏肇基之祖——黄元二。此后，黄氏在芹菜洋繁衍生息，聚族成村。不知何时，芹菜洋被人简称为——芹洋。

溪 源

溪源村，原来名叫桃源村。这里背倚郁郁青山，村前一溪绿水如带，风景十分优美，颇似陶渊明笔下的武陵桃花源。昔人曾赋《桃陵小桥》，诗云：“桃花流水小桥东，隐隐飞桥落彩虹。两岸清阴浑不改，依稀烟景武陵同”，故得名“桃源”。

不知何时，桃源村被人更名为“溪源”。传说，将桃源村更名为溪源村，是因为溪源村上游有“龙潭石壁”等险阻，古人无法缘溪而上，因此不知村前的溪流是源自百里之外的浙江庆元县双溪山东麓，经庆元县的举水、西溪进入寿宁县的杨溪头，再经下党、牛坪、下屏峰流入溪源。认为“村南两山夹峙，有溪流出焉”，误以为那里就是溪之源，因此将桃源村更名为溪源村。

阜　莽

阜莽村，原来名叫燕山村，最早在燕山定居的是章姓人家。一年冬天，在大丘头村定居的李姓放牛来到燕山，看见雪后群山到处积满茫茫白雪，只有燕山没有积雪，认定此地藏风聚气，适宜人居。

因此，李姓举家由大丘头迁往燕山。李姓在燕山拓土开基、垦荒造田、繁衍生息，家族人丁兴旺。而章姓人家后来则不知迁往何处发展，至今不知所终。

由于燕山土地肥沃，莽莽群山郁郁葱葱，一派生机蓬勃景象。后人便据此将“燕山”更名为“阜莽”。

尤　溪

尤溪村旁的小溪，源自屏峰山下。进入尤溪地界之后，缓缓流经上尤溪、中村、尤溪三个村庄，最后汇入江瑶村下的丹溪。

相传，很久很久以前这条小溪的溪畔石穴中有一股黑水向外流出。村人以为黑水不祥，请来法师设坛施法驱邪。谁知法师使尽浑身解数，但黑水仍旁若无人地源源涌流。法师恼羞成怒，抓起坛前的松明火把丢入穴中，不料火把触到黑水却燃起熊熊大火，将法师吓得从神坛上摔下。

从此，人们知道黑水可以点灯照明，于是每天都有人来这里取油。人们将这条小溪称为“油溪”，修建在“油溪”之畔的村庄，也就叫“油溪村”。

后来，来了一贪婪凶恶之徒，他不仅霸占石穴将黑油据为己有，为了增加出油量，还动用铁锤、钢钎将出油口凿宽。谁知，出油口凿宽后，穴中再也没有黑油流出。以后，“油溪”被人们改为“尤溪”，“油溪村”也随之改为“尤溪村”。

江　瑶

江瑶村原名“丹溪桥村”。因村庄毗邻丹溪，明“义勇大夫”黄普焕、黄普耀兄弟在丹溪修建木拱廊桥——“丹溪桥”而得名。明知县冯梦龙在《寿宁待志》中写道：“政和里十都二图四甲：南门，住芹洋丹溪桥，离城二十五里。民贫，做麻山。粮易。”

清康熙年间，罗姓由江西迁入丹溪桥村以烧制陶缸为业。由于罗姓烧制的陶缸远销各地，名扬四方，因此丹溪桥村被更名为“缸窑村”。

光绪间，缸窑村不再烧制陶缸，至今窑址无存。2005 年，因牛头山水库蓄水，黄普焕、黄普耀兄弟修建的木拱廊桥——“丹溪桥”迁往尤溪村下游重建。2016 年，寿宁县城至平溪镇二级公路通车，壮观的公路大桥从缸窑村前凌空横跨丹溪。因此，缸窑村又被易为与方言“缸窑”谐音的“江瑶村”。

武 济

修竹村武济（牛替）自然村海拔 600 米，东与斜滩镇相邻，西与平溪镇接壤，斜滩至平溪公路穿村而过。全村 500 多人，以叶姓为主，还有李、廖、俞、范等姓聚居。

乾隆《武济叶氏宗谱》记载，明天顺二年（1458），叶苏三从东家洋黄家墩迁九都武济村为叶姓肇基之祖。因此，该村文字记载最早的村名是——“武济”。

传说，肇基之时这里取名文洋村。后因匪寇袭扰，为御匪保家因此人人练武。以武御匪必须心齐，故更名武济。

清末至民国年间，武济村地广人稀芦苇遍地，村民多养牛，因此牛蹄印迹遍地。人们渐渐以“牛蹄”代称“武济”。在当地方言中，“牛蹄”和“牛替”谐音，而后者笔画少更方便书写。久而久之，“牛替”便演化顶替了“武济”。

但武济村人从不认可和接受“牛替”这个村名。时至今日，村中所有民俗活动，均称“寿宁县南门九都武济村”。目前，村民正联名向县有关部门递交申请，要求恢复“武济”古村名。

七、桥梁遗韵

芹洋境内溪涧纵横，桥梁众多。明代，黄普焕、黄普耀兄弟和黄普耀、黄彦畴父子，一家三人建桥达 14 座之多，传为千古佳话。此外，值得一书的还有茗坑单石桥和修竹石拱桥。

茗坑单石桥

在芹洋通往托溪的古道途中，有一条山间小溪涧，溪涧上有一条载入《寿宁县志》的石板桥。这条石板桥建在茗坑村边，因此人称“茗坑单石桥”。

茗坑单石桥建于明朝嘉靖年间，桥长5.8米，宽0.45米，只用一块厚0.29米的条石连接两岸，迄今桥质依然完好。

这条貌不惊人的石板桥，因为一位壮汉的一个义举而名闻全县、家喻户晓。那是400多年前的一天，五六个精壮汉子正在费力地从采石场扛起一根青石板，踉踉跄跄地往茗坑方向移动。这时，芹洋村民黄世亮路过采石场，看见这些汉子气喘吁吁地抬着石板，就好奇地问道：“石板抬往何处，干啥用?”有人回道：“抬到茗坑建桥。”黄世亮一听，这石板是抬去茗坑建桥，那可是公益善事，应该助上一臂之力。便说：“山道路窄，你们五六个人不好抬，让我帮你们扛到茗坑就是了。”众人停下脚步，应道：“你这汉子说得好轻巧，这石板重达千斤，我们五六个人还抬得满头大汗，你一个人扛得动?!”

黄世亮也不理论，健步上前扛起条石，气定神闲地往茗坑方向走去。众人惊得目瞪口呆，天下竟有如此神力之人！从此，芹洋“黄大汉”力扛千斤条石，建成茗坑单石桥的佳话一直在邑内流传。

修竹石拱桥

修竹村前有一条溪流，人称修竹溪。溪上原建有一座木拱廊桥，邑人赋诗《虹桥接岸》，赞曰：鳌桥架彩似飞虹，两岸平庶造化工。从此往来堪走马，始知善乐与人同。民国初年，修竹木拱廊桥毁于匪患。因溪流宽阔，建桥工费银钱数额颇巨，一时难以筹措，因此长期搁置，行人往来十分不便。

民国二十四年（1935），村民李启星等3人倡议，在原桥址处重建石拱大桥。经过一番紧锣密鼓的筹备，3人分头到附近村庄募缘筹集善款。但募缘筹款工作并不顺利，三人四处奔波了半年，到位的善款还不足三分之二。两位老汉见善款难筹，拱拱手知难而退。剩下李启星一人进退两难，如继续建桥，资金缺口巨大；若逐户登门将善款一一退还，起码也要费时一年两载，且会被人笑话。

建桥难，退款也难！到底应该怎么办？李启星骑虎难下，接连数夜辗转难眠。做人必须“言必信，行必果”，既然为首倡议建桥，不论困难多大也要将大桥建成！建桥资金不够，李启星就将自己的水田、旱地、山林卖掉。一桥通南北，方便往来人。民国二十五年（1936），这座长52米、宽6米、距水面33米，桥拱直径约22米，全乡跨度最大、离水面最高的石拱大桥全面竣工。

善有善报。1949年7月寿宁解放，全县开展轰轰烈烈的土地改革，凡田多地广的富户都被评为地主、富农，不仅田地、财产、房屋被没收，有的甚至被批斗、枪毙，以致人财两空。李启星因为卖田建桥，家中所余田地不多故被评为中农，免去了一场大劫难。李启星有5个儿子，除老大在家务农外，其余4个都参加工作。其中两个当了公社党委书记；一个在三明市建设银行任人事部经理；一个创办寿宁三中，先后任三中首任校长、县进修学校校长。

2006年，在大桥建成70年之际，因为牛头山水库筑坝蓄水，修竹石拱大桥隐身水下30多米，电站在石拱桥上建悬索桥。虽然大桥沉入水底，但李启星卖田建桥的善举，永远不会被人忘记。

八、古树沧桑

奇特的植树礼仪

清嘉庆年间，上尤溪村一吴姓老人带领族人在上尤溪岭植树为行人遮阴。岭长5里，岭道两边植杨树数百株。

众人每种一株，老人都要带领族人焚香一支，并虔诚地拜上一拜。这一奇特、神圣的植树仪式，令村民们对这些杨树心存敬畏，谁也不敢损毁、砍伐，因此成活率很高。

历经200多年的岁月风雨，至今上尤溪岭仍有当年所植杨树16株，胸径均一围以上。这些杨树，夏秋之际枝繁叶茂，浓荫蔽日为行人遮阴；冬天，金黄的落叶铺满山岭，让这条寂寂古道变换为一道美丽的风景。

修竹村三杈古松

修竹村口有一株大松树，径围6.5米，高约25米，系修竹村李氏肇基之祖手植，至今已历千年。

这株古松树皮似龙鳞，伟岸挺拔。虽久历风霜，但生机蓬勃。最为神奇的是，古松在距地面8米处分成三杈并排生长，就像三枝插在香炉中朝天点燃的天香，且枝叶全部朝向修竹古道方向。

法竹坪柳杉自燃

法竹坪村尾水塘边有一株树龄400多年的柳杉，径围6.3米，树高15米。1982年7月中旬的一天晚上，这株历经明、清、民国、共和国风雨的四朝老树，突然像点燃的蜡烛一样，无缘无故地从树梢开始燃烧，噼噼啪啪响声震耳、火花四溅，一直烧到大树根部。

村民想上前灭火，但大火从上往下燃烧，火星四溅，无人可以近前。次日，只见柳杉化成了一堆木灰。而与柳杉相邻的树木，却无丝毫烧烤的痕迹。

法竹坪村柳杉为何自燃？柳杉自燃的大火为什么不会殃及周边相邻的树木？这些疑问至今仍然成谜。

众老汉挺身护古樟

阜莽村路口，有一株树龄500多年的古樟，树高30米，树径10米，冠幅180多平方米。树根部中空，可容纳15~20人，村人尊为“树神”。1958年，全国大炼钢铁，到处高炉林立。炼钢铁需要烧炭，公社组织强壮劳力纷纷上山砍树烧炭。山上的大树、小树砍光了，就砍村边的风水林、名木古树。

阜莽村的那株古樟也厄运难逃，公社指令将其砍下提炼樟脑油。那天，公社干部带着一伙人，拿着斧头、锯子等砍树工具，来到了阜莽村的那株古樟树下。消息传到村中，李承蔡老汉大惊，那可是老祖宗在阜莽开基创业植下的纪念树，怎么可以砍伐呢!?

为了保护古樟，时年60岁的李承蔡召集了全村20多位老人，大家一窝蜂地来到村口，团团围坐在古樟树下。李承蔡说：“要砍树，就先砍死我吧！只要我活着，绝不会让你们砍这棵樟树！”公社干部下令驱赶老人，可是拖走一个又有一个老汉补上去，就这样双方一直僵持着。因为李承蔡的儿子也在另一个公社任书记，公社干部不敢对李承蔡老汉动粗，最后只好带人悻悻而回。1987年，

88 岁的李承蔡去世了。但李承蔡挺身护古樟的佳话，一直在邑内流传着。

斧口余生的芹洋槠树

在寿宁三中的校园后山，有两株相距 10 多米，像双胞胎兄弟一样伟岸挺拔，胸径需二人方能合围的槠树。槠树别名苦栗，寿命非常长。芹洋的这两株槠树已有数百年树龄，树干高耸，枝叶茂密，四季常绿。

每年 5 月，米粒般大小的槠花将槠树装点得一树嫩黄。虽然槠花并不美丽，但外表像板栗的槠果含有淀粉，可加工成“苦槠糕”“苦槠豆腐”食用。槠树有甜槠、苦槠之分。芹洋的这两株槠树是甜槠，槠果可生吃，但炒熟之后味道更佳。

这两株槠树屡历劫难，曾两次死里逃生。1958 年，大队干部要将这两株槠树砍下烧炭炼钢，因为这两株槠树曾在荒年让许多村民度过饥荒，所以芹洋村七八位花甲老人拼死保护方得幸存。路边的一株槠树，当年斧头砍斫的伤疤至今犹在。1960 年大饥荒，这两株槠树结出的槠果又一次让芹洋村民捱过饥年。1984 年，为盖大队办公楼，大队干部又想砍伐这两株槠树。年青的复员军人黄庆宝见状忙上前阻拦，并及时将情况向公社书记龚纯淮报告。在龚书记的干预之下，这两株槠树再次逃过一劫。

第三章　风景名胜

芹洋境内主要有九岭、旗山、峡潭、修竹岭、尤溪瀑布、大汉墓园、三关胜境等山水风光；名人故居有义勇大夫故居、黄大汉故居等明代建筑。

一、山水名胜

九　岭

九岭，像一缸陈酿千年的美酒，虽地处深山但声名远播。俗话说："酒香不怕巷子深。"2017 年 9 月 1 日，中央电视台摄制组一行 5 人，曾慕名来芹洋拍摄承载着寿宁千载人文历史的古道——九岭。

九岭，始筑于宋朝，是邑内最早的古道之一。当时寿宁尚未建县，境内的官台山隶属政和县管辖。为了管理官台山银矿，政和县的官员、衙役不知在漫漫九岭留下了多少艰辛跋涉的足迹？

早在宋乾道五年（1169），泉州知府王十朋卸任北归途经九岭，状元出身的王十朋，还在九岭途中的双岩寺小憩。那蜿蜒入云的九岭，古道旁的梯田、松林和那座隐在万木丛中的小寺，以及寺院老僧端来的冒着腾腾热气的香茗，给远道而来的王十朋留下十分深刻的印象。诗兴大发的王十朋泼墨挥毫，留下了《入长溪境》《双岩寺》二首律诗。从此，这条悠悠古道增添了一段千古佳话。

明景泰六年（1455）寿宁建县，新设的寿宁县隶属建宁府。古道九岭就横亘在寿宁鳌阳前往建宁府城建瓯的中途，成为寿宁衙吏官员前往建瓯府城的必经之地，因此被列为官道。这条全长 5 千米，路宽 1.5 米的九岭，由此步入了一生中的黄金时代。岭道路面全部由溪中鹅卵石铺砌，为方便行人休憩、避雨、解渴，沿岭还建有茶堂一所、凉亭五座，且每座亭边都有清泉一眼。

自寿宁建县到清雍正十二年（1734）寿宁县改隶福宁府，在长达279年的时间里，从首任县令、浙江桐庐举人陈醇，到雍正末年知县、上元举人马大纪，共有76位寿宁知县，每年都要途经九岭前往建宁府开会或述职；期间，也有众多的省、府要员要攀越九岭来寿宁视察或考察，九岭古道的每一级石阶，都曾经留下了他们沉重的足迹。

明嘉靖末年，在建宁府城公干的广东番禺举人、寿宁知县罗献臣，就曾"戴月振衣悬九岭"。一位被人尊为"百里侯"的堂堂知县，为什么要昼夜兼程心急火燎地在九岭古道奔走？翻开《寿宁县志》，罗献臣主政寿宁期间，正是倭寇猖狂袭扰寿宁之时。不知是不是倭寇攻城的烽火狼烟，让罗知县马不停蹄地星夜赶回寿宁？

随着春夏秋冬的四季轮回，当年曾在寿宁举足轻重的人物，大多都如九岭道边的山花野草，终被雨打风吹去。今天重游九岭，拂开那沉埋已久的历史烟尘，人们能够追忆的只有那位年逾花甲、著作等身，从繁华苏州来到山县冷衙，以"一念爱民之心"治理寿宁的冯梦龙，和那位被冯梦龙高度认可并载入《寿宁待志》的广西桂林府金州灌阳县人蒋诰。

蒋诰，万历二十八年（1600）中举，万历四十一到四十三年（1613～1615）任寿宁知县。冯梦龙与蒋诰虽同为寿宁知县，但两任之间相隔20多年，因此二人素不相识。蒋知县在九岭捐钱植松数百的善举，令年逾花甲的冯梦龙深为感佩。他在《寿宁待志》中写道："侯之善政不尽详，但闻捐钱植松数百于九岭，以蔽行人。今渐耗，其存者犹数十。笞罪亦许种松自赎，即此可想其人矣。"字里行间，惺惺相惜之情一览无遗。

前人种树，后人乘凉。漫漫九岭路，郁郁遮阴树。代代天涯客，人人思蒋牧。1958年前，九岭沿路腰大数围的松树、樟树、枫树、柳杉遮天蔽日，蔚成一道壮观的绿色风景线。盛夏，十里浓荫致爽，让行人消解旅途劳乏；秋冬，一路枫红似火，令商旅忘却天涯寂寞。而今，九岭古道上的数百棵阅尽沧桑的古树，大多都在"大跃进"的炼钢炉中灰飞烟灭，十里长岭仅余二棵古松在遥相顾盼。

九岭旁侧的名山九峰坛，为芹洋乡最高峰。九岭如玉带从它身边蜿蜒而上，九岭溪似锦缎环绕山脚飘然而去。在九岭之巅的石马岔，散布着天然神似的石马、石龙和释迦牟尼石像。明正统十年（1445）创建，弘治年间重建的九峰堂，就雄踞在九峰山中。面前九峰叠翠，宛似代代沙弥迎信众，岭下九溪奔涌，恰如芸芸善士拜如来。

寺庵本为清修之所，晨钟暮鼓，与世无争。但时逢乱世，刀兵纷起，狼烟遍野，九岭险隘为兵家必争之地，九峰堂也被卷入刀光剑影之中。

《寿宁县志》载："清康熙十三年（1674）三月，耿精忠在福州发动兵变，其属下600多人经过寿宁，屯聚于九岭的九峰堂。""九峰山顶下，万绿丛中，有座九峰堂，始建于明洪武年间（注：此处有误，应为明正统十年）。规模宏敞，环境清幽，为寿宁五大禅林之一。旁有一井泉水，常年不枯，可供千人饮用。传说，清初靖南王耿精忠与太平军均曾屯兵于此。1984年，从庵堂古井内挖掘到刻有'耿精忠'三字的宝剑一把，现存。"九峰堂内沉埋着耿精忠宝剑的这眼水井，深1米，宽1米，长2.5米，四周条石嵌砌。井旁立有石碑，镌"景泰元年建"等字。

咸丰八年（1858），太平军杨国忠部与翼王石达开部先后抵达政和县。同年6月，太平军由平溪入芹洋，攀上九岭欲攻占寿宁县城。知县王煦与清源人卓麟英率团练在九岭头居高临下踞险抵御，沿着九岭翻滚而下的滚木礌石，令太平军望岭兴叹知难而退。鳌阳城幸免于难，卓麟英也因军功而诰封三品"武义都尉"。

清朝年间爆发的"三藩之乱""太平天国"等战事，令神州板荡、生灵涂炭。虽然两场血雨腥风的战火都波及九岭，但九峰堂却幸运地安然无恙地躲过了一场又一场的战火硝烟。

没有被战火焚毁的九峰堂，却因为僧人的淫欲泛滥，在同治六年（1867）沦为一片灰烬。从此，兴盛一时的九峰堂日渐破败荒凉。

九岭古道除了上述名人、战火、庵堂等历史遗迹，还有一个"蛇墓"值得一看。这座清乾隆年间营建的范家大墓，坐落在九岭的茶堂附近，青龙白虎、旗鼓纱帽等一应俱全，人称"黄龙献爪"，为邑内闻名的一方风水宝地。

范家蛇墓，不是堪舆先生寻遍千山万水而觅得，而是一位老乞丐赠予鳌阳范家。相传，鳌阳范家为人十分善良，对乞儿丐妇总是施以饭菜，甚至邀入宅中以避雨雪。一个老乞丐感恩范家多年关照，遂将在九岭一带行乞时发现的一方风水宝地告知范家。但因一念之差，范家在寒冬挖穴，致使穴中一窝冬眠的蛇群全部在冰天雪地中毙命。范家蛇墓因此徒有虚名，只留下一座偌大的石砌古墓以警醒后人。

九岭，犹如一卷阅历千年的寿宁历史教科书，那一阶一阶的岭道，就像一张一张的书页，深深地烙印着这方山水这方人的前世与今生。只要你用心品读，状元王十朋描绘的“插稻到山顶，栽松侵日边”的九岭风光，虽时越千年依然宛在眼前；只要你用心寻觅，耿精忠、太平天国将士啸聚九岭时沉埋的刀枪剑戟，说不定会给你带来一番因缘际会的莫大惊喜？

旗　山

旗山，是芹洋的鲜明地标，她像一面迎风招展的旗帜，永远高高飘扬在芹洋人的心中。

旗山的海拔只有660多米，山上没有嵯峨峥嵘的奇岩怪石，也没有飞珠溅玉的急流飞瀑；没有历尽沧桑的名木古树，也没有罕见珍稀的飞禽走兽，但旗山永远是芹洋人心中的圣灵之山。

芹洋人坚信，正是因为有了旗山的荫泽庇佑，古代芹洋才会诞生全国罕见的名标青史的“建县功臣”“义勇大夫”三兄弟；才会养育雄傲神州的“一人吓退倭寇”的传奇英雄“黄大汉”；才会涌现一家两代无偿建造14座木拱廊桥这样举世无双的善行义举！

芹洋人坚信，正是因为有了旗山的荫泽护佑，现在的芹洋才会大手笔地创造出遍布全国各地城市的“寿宁超市”之奇迹，引领寿宁十万“泥腿子”走出一条自立自强的“小康致富之路”；才会让万亩脐橙的清香，飘逸在芹洋的山山水水，并辐射到托溪、下党、平溪、斜滩等乡镇，成为寿宁有史以来水果引进栽培的第一个成功范例！

旗山，是芹洋人的吉祥之山！千年以来，芹洋人珍惜旗山的一草一木，用村规民约管护着旗山风水林。宋元明清以来，万木葱茏胸径数围的古树佳木遍布旗山。沿着山道小径登上旗山之巅，俯视群山绵延、碧水湾环、烟村点点，令人顿生“旗下军营累累，麾前猛将如云”之豪迈气概。因此，那个年代的芹洋盛产大气磅礴的英雄豪杰！

20 世纪 50 年代以来，历经“大跃进”“文化大革命”，旗山风水林被砍伐殆尽，一派荒凉的旗山，尽显褴褛衰败之态。因此，那个年代的芹洋也寂寂沉沦，无所作为。

20 世纪 80 年代以来，时逢盛世，万物欣荣，旗山风水林再现蓬勃生机。芹洋人就像从沉沉黑夜中睡醒的麒麟，昂首迈步走出大山闯荡南北。从此，“芹洋超市”“芹洋锌橙”声名鹊起，成为引领寿宁农民走上致富之路的领军品牌！

2016 年，有人不知深浅地在旗山毁林挖路，一场车翻人亡的惨祸随之发生，此事件警醒世人——要像珍惜生命一样，去呵护旗山的一草一木！

峡潭风光

峡潭，位于九岭溪、长濑溪交汇之后的丰谷村前，因两岸危崖耸峙，溪水幽深莫测，形似长江三峡而得名。

很早以前，寿宁县城通往建宁府的官道，是从韶托寨经叶洋铺、九岭堡、丰谷、芹洋外店转尤溪堡、平溪铺而去。因丰谷村前的峡潭长 200 多米，宽 30 多米，两岸危崖耸峙，在崖顶形成仅有 10 多米宽的一线天，古人就在这最窄处建木桥一座。因峡潭离丰谷、芹洋两村均有一定距离，劫道强贼常在此桥附近出没，劫掠客商谋财害命抛尸深潭的惨案屡屡发生，以致来往行人未近峡潭先胆寒。

明天顺七年（1463），为杜绝隐患保障行旅安全，“义勇大夫”黄普耀在九岭溪修建飞虹桥，在缸窑村前的丹溪修建丹溪桥，将原本凶险异常的峡潭古道改经芹洋铺转尤溪堡、平溪铺前往建宁府。

今天的峡潭，因为牛头山水库蓄水，使水位提升了 30 多米，更以幽深、奇险而名冠全县。夏秋之季，驾一叶扁舟，携三五摄友文朋，在波平似镜的峡潭任随湖水漂流，览两岸危崖悬岩欲坠之壮美，沐一湖碧波清风致爽之闲逸，堪称邑内避暑、猎奇的首选之地。

尤溪瀑布

在尤溪村中，有一条缓缓流淌的溪流，穿过尤溪村中的金盆桥、公正桥、文明桥、里仁桥、尤溪桥、丹溪桥等六座廊桥，流到了双龙湖（牛头山水库）的丹溪段与之交汇。

由于尤溪与丹溪之间的落差达百多米，因此尤溪流水在此形成一道宽 20 多米的瀑布。昔人有诗赞曰："织布从来必用梭，清泉如织挂藤萝。面前疋练晴光色，奇异庐山锦绣波。"

2006 年，因为牛头山水库蓄水，丹溪水位也随之上涨。尤溪瀑布刚好跌落在牛头山水库的千顷碧波之上，十分壮观，因此人称"天湖瀑布"。

修竹岭古枫

修竹岭在修竹村边，全长 7.5 千米，岭道用石头铺砌。明清以来至公路通车之前，修竹岭是芹洋一带前往斜滩、凤阳、福安等地的必经之地。

古人乐善。凡修路、建亭、架桥，在路旁种树之类善举，村民乐而为之，总是有钱出钱，有力出力。修竹岭两旁沿岭如哨兵站岗一般有序排列的一株株枫树，就是修竹村民义务种植，为的是让行人在古道跋涉之时，少受烈日曝晒之苦。

公路通车之后，尤其是农村人口大量流向城市之后，修竹岭的行人日趋稀少，昔日人来人往的古道已几近荒芜。唯有岭道两旁昂首天外的 61 株古枫，仍像忠于职守的士兵，依然日复一日地坚守着自己的哨位。

那一圈又一圈不断增长的年轮，使原本纤瘦单薄的身躯日渐壮硕伟岸，就像久经沙场的士兵在刀枪血雨中历练成威风凛凛的将军；那古枫枝头密密麻麻的叶子，也在四季轮回的雨雪风霜中绿了又红、红了又绿。春夏时节，犹如长长的绿绸铺满山岭；秋冬之际，好像熊熊燃烧的火焰染红山头。修竹岭的枫树，在年复一年的默默坚守中，升华成了寿宁境内为数不多的一道美丽的生态风景线。

三关胜境

坐落在武济村山脚的"三关虎墓"，为修竹村王德娘之墓，明成化十三年（1477）葬。因山形如卧虎，王德娘之墓就葬在"虎嘴"，故俗称"虎墓"。王德娘是修竹村民李亮之妻，因此也称"李家虎墓"。

2000年以来，邑内修竹、长溪、南溪、东溪、印潭等村李氏族人投入巨资，陆续开通公路，兴建牌坊、亭台、楼阁及集管理、食宿于一体的综合楼，使三关虎墓发展成以祈福为特色的旅游景区，因此更名“三关胜境”。

三关胜境在景山林场的林区之内，四围群山林木森森。墓下溪流，原本涛声隆隆如虎啸，后因下游筑坝蓄水发电，溪水上涨而形成一泓碧波。墓前朝山，三关搁锁；湖心小岛，清秀玲珑；山水风光，如诗如画。每年清明期间，前往三关虎墓求财、求嗣者络绎不绝。

二、名人故居

义勇大夫故居

——黄继黑、黄普英、黄普耀兄弟故居

义勇大夫黄继黑、黄普英、黄普耀兄弟三人，约生于明永乐至宣德年间，寿宁县芹洋乡芹洋村人。

明景泰六年（1455），黄继黑、黄普英、黄普耀兄弟三人，跟随父亲黄昌永响应官府征召，端午日攻占官台山寨，捣毁占山为王、私采银矿、抢掠行人、强掳民女的郑怀茂贼巢，为寿宁建县立下不朽功勋。明王朝嘉奖忠烈，敕封黄继黑、黄普英、黄普耀兄弟三人为“义勇大夫”，入祀县城“报功祠”。明清两朝，每年春秋两季，知县都要亲率僚属前往“报功祠”虔诚祭拜。

《八闽通志》《建宁府志》《福宁府志》《寿宁县志》《连江县志》记载，义勇大夫黄普英、黄普耀及黄普耀之子黄彦畴，一家三人为造福乡梓，方便行旅，捐献资财甚至变卖田庄，先后在邑内建造了“瑞星桥”“公正桥”“通济桥”“丹溪桥”“飞虹桥”“里仁桥”“文明桥”“横渡桥”“通济桥”“普济桥”“荣济桥”等13座木拱廊桥。令人叹为观止的是，黄彦畴还在千里之外的连江县潘渡村捐资修建了一座长约250多米的“潘渡桥”。一家两代捐资修建14座木拱廊桥，这样的善举，在寿宁、闽东、福建，至今仍前无古人，后无来者。

黄继黑、黄普英、黄普耀兄弟故居坐落在芹洋村义勇巷59号。该宅坐壬加亥三分，宽22米、深25米，占地面积550平方米，为五榴二层，土木结构的普通民居。与众不同的是，芹洋村所有民宅的大门都是朝东，唯有这里的大门朝南而开。

故居大门门槛用青石雕成，木质门框。迈入大门，就是一条“凹”形走廊，中间一条甬道直达厅堂，甬道两边各有长4.5米、宽2米的天井。天井两旁的厢房高二层，左右厢房的底层各是二间厨房。两边厢房原有的窗雕已毁，厅堂房间窗雕以葵花图案为主，窗户上的横额为牡丹、葵花图案。厅堂宽4.3米、深7.6米，面积32平方米。每年的农历五月初四日，黄氏后人都要在厅堂包粽子、摆香案、供斋果，燃香点烛祭祀为寿宁建县立下汗马功劳的英雄祖先。

芹洋黄氏提前在初四日过端午节，渊源于560多年前那场攻打官台山的烽火硝烟。明景泰六年（1455），芹洋村黄氏第六世黄昌永带领儿子黄继黑、黄普英、黄普耀和侄儿黄周七到刘广衡军营配合官兵剿寇杀贼。五月初四，全体官兵乡勇提前过端午节。次日，黄昌永、黄继黑、黄普英、黄普耀等众乡勇以贺节为名，挑着酒肉粽子进入官台山寨。端午日，趁山寨喽啰们推杯换盏醉眼迷离之际，里应外合一举将恶行累累的官台山寨荡平。

同年八月，朝廷批准设置寿宁县，并在县城鼎建“报功祠”，以纪念刘广衡、沈讷及13位“义勇大夫”等建县英雄。乾隆版《福宁府志》载：“报功祠在县治西，祀都宪刘广衡、副使沈讷，二人开辟县治有功。附祀义士黄继黑、黄普英、黄普耀等一十三人。”建县之后，为纪念攻夺官台山寨的英雄，寿宁人民就将五月初五过端午节改为五月初四日。从此，初四日过端午节在寿宁相沿成习，560多年来一直延续至今。

故居厅堂正宫壁上悬一洗得发白的“耆德可风”匾额，上款曰：“钦命刑部右侍郎提督福建全省学政黄赞汤为”，下款曰：“耆宾黄琼偕德配柳氏　同治四年岁次乙丑履端月彀旦立”，旁边还有“职员黄德恩、庠生黄德炘、黄德铭”等字。匾框四周雕刻花卉，四角各雕一只蝙蝠。紧靠正宫壁的是一条高1.12米、长2.1米、厚0.5米的案桌，案桌正面雕饰十分精致。

后厅宽20米、深4.8米，面积96平方米，隔成5个厨房。在厨房的后面砌一道高3.3米的石坎，坎上有一块宽20米、深5米的园地，园内栽四时花卉，供家人欣赏，后面圈以围墙。

芹洋“义勇大夫”故居，拥有7个“全村之最”。一是位居全村最高处；二是占地面积全村最大；三是建筑时间全村最早；四是繁衍人口全村最多，从这座老宅走出的有300多人；五是培育人才最多，有博士1人、大学教授1人、硕士4人、本科生11人；六是从这里培养出全县第一位女大学生（1964年考进福建师大），女大学生、博士生全村最多；七是工作职位最高，黄立鹏任浙江省服装学院党委书记。

黄大汉故居

黄大汉，谱名黄世亮，字士镜，寿宁县芹洋村人，系“义勇大夫”黄普英曾孙。《芹洋黄氏宗谱》载：“黄世亮，明嘉靖十五年（1536）生，身长八尺（身高约2.43米），腰大十把（腰围约208厘米），乡人称大汉。兄弟六人，排行第四。万历三十年（1602）卒，墓葬丰谷村口的九岭溪畔。”

黄世亮洋头亭智退倭寇，保芹洋一境免遭烧杀奸淫；扛千斤桥石，建成茗坑石板桥；金銮殿面圣，获嘉靖皇帝褒奖；拒重金之贿，拓宽改直建宁府街道的事迹，载入《中国民间故事集成》。黄大汉的传奇故事，在寿宁代代相传，家喻户晓。

黄世亮故居坐落在芹洋村义勇巷32号，坐壬加亥三分，面宽13米、进深21米，占地面积270平方米，为三榴二层，土木结构。为迎合风水吉向，大门朝东，利用左侧一间厢房作为大门过道。

大门门槛用青石雕琢而成，门框青砖砌筑，上架厚木板。为避免斜雨侵袭，门额上用青砖做雨披以遮挡雨水。为防火御盗，墙基用略经加工的块石砌成，整座房子的墙体都高过屋顶。这种民居建筑，寿宁俗称“火墙包栋”。

走进大门，穿过厢房过道，就是天井。天井长4.6米、宽3.5米，天井底部用规整的青石铺成龟背状，井沿用条石铺砌。马头墙上精美的彩绘中心有一“善”字。面朝厅堂的院墙用白灰粉刷，彩绘匾额中“云汉为章”四个楷书大字，经数百年日晒雨淋，现已字迹依稀，经邻居老者指点后方才得以辨识。“云汉为章”匾额下面是一米见方的大“福”字和“骏马登程出异乡，任从随处立纲常。年深外境犹吾境，身寄他乡即我乡。晓晚莫忘亲命语，晨昏须念祖蒸尝。愿祈苍天垂庇佑，三七男儿长炽昌”的《认祖诗》，现也模糊不清。这首《认祖诗》，天下黄氏人人皆晓。相传，江夏黄氏远祖黄隆，号肖山，隋文帝时任两都留守、左班大学士。黄隆娶了7位妻子，生了21个儿子，分别取名：黄淑、黄封、黄通、黄荣、黄耸、黄魁、黄开、黄推、黄槐、黄鞠、黄松、黄震、黄荫、黄平、黄坚、黄挺、黄侗、黄尧、黄蒿、黄威、黄庞。因隋炀帝无道残害忠良，为避祸，黄隆决定将21个儿子分迁四方，临别赋《认祖诗》，以便兄弟族人日后相认。

芹洋黄氏先祖就是黄隆第20子——黄威。黄威离家南迁在江西南昌定居，后官唐朝南昌刺史。其后裔一支徙武夷山五夫里，越数世一支再迁政和县澄源乡暖溪村。宋淳祐三年（1243），黄元二由政和县澄源暖溪村迁芹洋村为肇基始祖，黄世亮是黄元二的第10世孙。

黄世亮故居厅堂长7米、宽4.5米，面积32平方米。厅尾两侧架有楼梯，左为暗梯，右为明梯。大厅房间窗雕为"花"形。间隔前厅与后厅的过道屏风也有镂空窗雕。黄大汉故居最具特色的是厅堂的正宫壁和两边厅堂壁上的横枋，都雕着精美的寓意富贵的牡丹、蝙蝠图案，这在寿宁民居中绝无仅有。

在二层大厅的楼阁里，一双硕大无朋的布鞋，400多年一直被黄大汉后人珍藏着。这双鞋子，见证着一段真实的历史。那是明朝嘉靖年间，倭寇不断袭扰闽浙沿海，就连大山深处的寿宁也不能幸免，县城被攻破，县衙被烧毁。倭寇杀人放火、抢掠钱财、奸淫妇女、无恶不作，举国上下人人谈倭色变。崇祯年间知县冯梦龙，在其所著的《寿宁待志·城隘》中写道："城囿万山之中，形如釜底，中隔大溪。……自遭倭残毁，知县戴镗请加增筑，不果。从此日就崩塌，四门荡然，出入不禁。""山高处有平地一片，或指为'鬼窟'。闻倭乱时，居民避此，尽遭屠戮。"

有一天，黄世亮扛着锄头到山上看田水，像往常一样走到村头洋头亭，将脚上那双像"秧盆"一样的大鞋脱在亭门口，就上山了。不久，一队提刀弄枪的倭寇来到洋头亭，看到地上的鞋子，吃了一惊——世上竟有这般长大的鞋子!? 正惊疑间，来了一个砍柴的村民，倭寇把刀一伸，拦住去路，指着鞋子问："这是什么?"村民说："是鞋。""谁的?""黄大汉的。""鞋子这么大，那人有多大?""像庙里的金刚一样。""那他力气大不大? 武功好不好?""力气大极了。茗坑村前一千多斤重的石桥板就是他一个人扛来的。"倭寇和村民正问答着，黄大汉回来了。

黄大汉远远看见亭里一伙人舞刀弄枪，心想，近日听说倭寇在城里杀人放火，不知是不是这帮人，该怎么办？那帮倭寇也看见一个大汉朝亭子走来，忙上前探问："你是黄大汉？""是啊。"黄大汉回答。"哇，真高大！真高大！真是一条大汉！"倭寇们惊叹着。这时，黄大汉急中生智，只见他不屑地撇撇嘴："我算什么大汉？我家兄弟十人，他们一个个都比我高大，武功也比我了得，只有我最小，功夫也最差，所以被他们打发来山上看田水。"倭寇们一听，吓了一跳，这芹洋村英雄好汉众多，我们不是对手。幸好没有冒冒失失地闯进去，要不然脑袋早没了。倭寇头儿赶紧一声令下，全队人马原路退回。

那砍柴村民回村，将洋头亭那一幕绘声绘色一说，一传十，十传百，黄大汉洋头亭智退倭寇的故事就流传开了。

第四章　姓氏寻踪

2016年，芹洋乡共有4902户，17817人。境内百人以上的姓氏有30多个，按入迁时间先后排序（为方便后人寻宗问祖，特将后来迁入者也罗列其后），依次为朱、李、苏、黄、叶、王、张、冯、吴、胡、杨、刘、蓝、蔡、罗、夏、谢、萧、周、许、范、陈、俞、林、赖、巫等。

一、宋朝入迁

1. **朱　姓**　最早的一支于宋崇宁三年（1104）入迁丰谷村肇基，是境内有文字记载的最早的拓荒者。现境内朱姓聚居村庄有广地、九岭、乾山头、九岭溪等村。

①丰谷村　丰谷村（含上坂、下坂、丰谷庵）朱氏有5支。一是宋崇宁三年（1104），朱仲芳因房屋失火，从福安坦洋迁政和县十二都良角岭头（丰谷）肇基。二是明万历间，朱少一后裔朱吉一由广地村回迁丰谷下坂。三是清康熙间，朱培后裔朱希瑞从阳卜迁下坂。四是嘉庆三年（1798），朱培后裔朱宣权从县城状元坊迁下坂。五是嘉庆间，朱培后裔朱振邦从广地村迁丰谷庵。

②广地村　广地村朱姓有二支。一支是宋淳熙十三年（1186），年近40的朱少一由丰谷迁广地村与黄姓为邻，为广地（下朱）肇基之祖。另一支是元皇庆元年（1312），朱熹7世孙朱培由建阳迁广地村岩头壑为广地（上朱）肇基之祖。

③九岭村　朱姓6户，约30人。其中一户近年迁广地村定居。

④乾山头村　清光绪初，朱少一后裔（21世）朱御褒，由广地村迁乾山头村（现名看牛山村）肇基。

⑤九岭溪村　朱姓有二支。一支是清光绪间，朱培裔孙朱礼相由南阳官洋村到九岭大坑里做青（染布），约 1934 年迁九岭溪村肇基。另一支从广地的符历迁九岭溪村。2006 年牛头山水库蓄水，九岭溪村朱氏全部移迁芹洋、鳌阳等地定居。

2. **李　姓**　最早的一支于宋靖康元年（1126）入迁境内修竹村肇基。现境内李姓聚居村庄有修竹、阜莽、粗坑、寨下、广地、上修竹等村。

①修竹村　宋靖康元年（1126），李姓从斜滩后湾迁修竹村肇基。

②阜莽村　李义，字自宜，李兴祖之孙，宋绍兴三十一年（1161）生。约宋绍熙二年（1191），李义由政和后湾石门李家楼迁山面村下的大垅头，再迁阜莽村为肇基之祖。

③粗坑村　2000 年，李姓 10 户分迁清源乡岱阳村、武济村、福鼎市定居。

④寨下村　1986 年，李姓 1 户、20 人回迁亭下村定居。

⑤广地村　李姓由修竹村迁广地村定居。

⑥上修竹村　宋嘉定七年（1214），李鼎由印潭宅底迁上修竹村为肇基之祖；李姓另外一支由平溪乡长溪村迁入。

⑦长濑溪村　2006 年，李姓 8 户、50 多人迁芹洋新村定居。

⑧金钟林村　李姓 6 户、30 多人来自高山村。2017 年，全村分迁平溪、斜滩、芹洋等村定居。

3. **苏　姓**　芹洋境内的苏姓聚居村庄有阜莽村山面自然村。

①山面村　山面村《苏姓宗谱》载：元至大二年（1309），苏云智由浙江景宁县迁芹洋山面自然村肇基。一说北宋治平三年（1066），苏姓迁芹洋山面自然村肇基。根据民间“山面村苏姓早于阜莽村李姓”的说法，以及苏姓至今繁衍 29 代去推算，苏姓应是南宋淳熙年间到山面自然村肇基。

4. **黄　姓**　最早的一支于宋淳祐三年（1243）入迁境内芹洋村肇基。现境内黄姓聚居村庄有芹洋、广地、黄潭、缸窑、黄瑶、山头、九岭、尤溪、岔头坂、冬瓜漈等村。

①**芹洋村** 宋淳祐三年（1243），黄元二由政和县暖溪村迁芹洋村为肇基始祖。黄元二墓葬芹洋村旗山山脚。

黄元二的先祖是黄隆第20子黄威，唐初官南昌刺史。北宋初年，黄威后裔黄戚九由南昌迁往武夷山五夫里。南宋理宗开庆元年（1259），黄戚九后裔黄潢八由五夫里迁政和县澄源乡暖溪村肇基。

②**广地村** 南宋后期，朝奉大夫黄二四由长溪县韩阳（福安市区）迁马嘶坑，旋即再迁广地村肇基。

黄二四的先祖是黄隆第20子黄威，唐初官南昌刺史。五代后梁时，黄威后裔黄戚九、讳翰畅，由南昌府西门虎头山下迁居武夷山五夫里交溪乡。越6世，宋朝时黄以八由交溪乡迁长溪县韩阳肇基。

③**黄潭村** 明崇祯年间，芹洋村黄氏12世（礼房黄继新的6世孙）黄浩二、黄渭十兄弟由芹洋村新厝底迁黄潭村为肇基始祖。15世黄应龙、黄应凰兄弟迁浙江遂昌县大柘村。

④**缸窑村** 清光绪年间，黄礼坤由芹洋村迁缸窑村肇基。现有88人。

⑤**黄瑶村** 清光绪十六年（1891），黄永嘉、黄永昌兄弟由芹洋西坑村迁黄瑶村肇基。现有56户，246人。

⑥**西坑村** 芹洋村黄普焕（智房）后裔22世黄登文，由芹洋村迁可观村西坑自然村。

⑦**山头村** 清乾隆年间，广地村黄威后裔16世黄锦相，由广地村迁山头村肇基。

⑧**尤溪村** 民国以后，黄姓先后由茗坑、芹洋村迁尤溪村定居，现有4户、15人。

⑨**岔头坂村** 芹洋村黄普焕（智房）后裔17世黄尚灼，迁修竹村岔头坂自然村。

⑩**冬瓜漈村** 芹洋村黄普焕（智房）后裔22世黄登森，由芹洋村迁底洋村冬瓜漈自然村。

⑪**底洋仔村** 芹洋村黄普焕（智房）后裔23世黄立同，由芹洋村迁修竹村深湾底洋仔自然村。

⑫**九岭村** 黄姓由芹洋村迁入九岭村。

⑬**长濑溪村** 黄姓5户、20多人。2006年牛头山水库蓄水，迁芹洋村定居。

⑭**上西坑村** 2015年，黄姓3户、15人分迁广地村、寿宁县城定居。

⑮**下西坑村** 2015年，黄姓2户、10人迁寿宁县城定居。

二、元朝入迁

叶 姓 最早的一支于元至大二年（1309）入迁境内茗坑村肇基。现境内叶姓聚居村庄有茗坑、山头、武济、张坑、野坑、下坪碓、上修竹、官路洋、铁炉坪、岩头岗等村。

①**茗坑村** 元至大二年（1309），叶甲四由下屏峰村迁茗坑村为肇基之祖。

②**武济村** 明洪武二十年（1387），叶许二从茗坑村迁东家洋黄家墩铁炉头。天顺二年（1458），叶苏三由东家洋黄家墩迁武济村（牛替村）为肇基之祖。武济村叶氏为许姓叶，衍自政和县澄源乡上洋村（梧桐村），至今繁衍18世。

此外，清康熙五十一年（1712），浙江庆元县半山第18世孙叶从寿、叶从明、叶从球、叶从松等堂兄弟，从半山迁平溪长溪村。居数十载，分迁后正坑、武济等村。近年，从后井坑自然村迁入武济村的20多户叶姓村民，系浙江小地之叶。

③**张坑村** 叶顶由政和县梧桐前村迁居丹溪桥村，后再迁张坑村，后裔分布广地、武济、九岭溪等村。

④**山头村** 清乾隆中期，叶家修由广地村迁山头村为肇基之祖。

⑤**上坂村** 1996年，叶姓3户、17人迁广地村定居。

⑥**广地村** 广地村叶姓为鳌阳后叶后裔。

⑦**铁炉坪村** 明宣德年间，叶义五携子叶思拱由浙江云和县规溪迁杨梅村（鳌阳）。派下分迁铁炉坪村。

⑧**下坪碓村** 明宣德年间，叶义五携子叶思拱由浙江云和县规溪迁杨梅村（鳌阳）。派下分迁下坪碓村。

⑨**上修竹村** 叶姓为浙江景宁县小地叶远望第8世孙叶伯俨后裔。

⑩**九岭溪村** 清乾隆年间，叶闻标由平溪东溪村迁阜坪，再迁九岭溪村。

⑪官路洋村 清乾隆年间，叶作祺迁入官路洋村为肇基之祖。官路洋村叶姓祖籍浙江庆元县松源卯山，历迁庆元县杨良、荷地桃坑，寿宁县日洋浦、源地、桃树等村之后，再到官路洋村。

⑫后井坑村 2000 年，叶姓 42 户因地质灾害隐患，迁武济村定居。

三、明朝入迁

1. **王　姓** 最早的一支于明洪武元年（1368）入迁境内野坑村肇基。现境内王姓聚居村庄有野坑、张坑、茗坑等村。

①野坑村 明洪武元年（1368），王念四由福安穆阳迁广地村野坑自然村肇基，至今繁衍 22 世。

②张坑村 元末明初，王显五由浙江景宁县沙湾镇到芹洋村张坑自然村肇基，至今繁衍 21 世。

③茗坑村 清雍正四年（1726），王日锦由下屏峰村迁茗坑村为肇基之祖。

④长濑溪村 清乾隆年间，王立儒从下党村迁黄潭再迁芹洋村长濑溪自然村肇基。2006 年，王姓 20 户、100 多人迁芹洋新村定居。

⑤下洋坑村 王姓 3 户、10 人，1985 年迁溪源村定居。

2. **张　姓** 最早的一支于明宣德三年（1428）入迁境内溪源村肇基。现境内张姓聚居村庄有溪源、尤溪等村。

①溪源村 明宣德三年（1428），张伯贤由新田下村迁溪源村为肇基之祖。

②尤溪村 张姓 26 户，300 多人。一支由溪源村上楼、下楼迁入；一支由平溪东木洋迁入。

③上楼村 张姓 7 户、30 人。2000 年迁上尤溪、溪源村定居。

④高山村 1999 年，张姓由高山村迁溪源村定居。

⑤地走坑村 张姓 1 户、8 人，1980 年迁溪源村定居。

3. **冯　姓** 最早的一支于明正统十年（1445）入迁境内葛湖（葛藤岔）肇基。现境内冯姓聚居村庄有甲廷岔（葛藤岔）、头梳盒、岩头面等村。

①葛藤岔村 明正统十年（1445），冯全一由岩头面迁葛藤岔村（葛湖）

肇基。乾隆五十七年《夏冯姓谱序》载："冯姓最早为避五季之乱，由浙江金华府东阳迁福建汀州。居 8 世后因辽金之乱，转徙闽浙交界的圈石瓠留洋。居 6 世后，冯化再迁石门后。又 4 世后，冯有品又迁岩头面。传 5 世后，明正统十年，冯全一在葛湖肇基。因村中一湖，湖边葛藤蔓延，故名葛湖。"

②**岩头面村**　冯有品迁官路洋村岩头面自然村。

③**头梳盒村**　1996 年，头梳盒村冯姓 4 户迁芹洋茶场，一户迁托溪坪坑村东山定居。

4. **吴　姓**　最早的一支于明正统年间入迁境内可观村肇基。现境内吴姓聚居村庄有可观、溪源、底洋、山后、半岭、尤溪、上尤溪、法竹坪、横兰岗、花树底、岩头坂、岩头面等村。

①**可观村**　明正统年间，吴珂一由托溪溪坪村到可观村搭菇楼做香菇，为可观吴氏肇基之祖。

②**山面村**　清初，吴姓由托溪大坑村迁山面村，现有 16 户、80 多人。

③**溪源村**　清康熙五十四年（1715），吴贤禄由浙江庆元县举溪迁下屏峰村入赘王氏，后迁溪源村为肇基之祖。

④**底洋村**　吴姓为杨梅村（鳌阳）吴崇默支系，后裔迁底洋村定居。

⑤**山后村**　吴姓由托溪迁山后村肇基。2017 年，全村 20 户、100 多人分迁尤溪、岔头坂、上修竹、长溪村及建阳等地定居。

⑥**半岭村**　清乾隆二十七年（1762），吴鸣春从鹤溪（托溪）洋尾迁半岭村肇基。2006 年 11 月，因地质灾害，再迁芹洋上塘新村定居。

⑦**尤溪村**　吴姓一支由托溪西山村迁尤溪村；一支由发竹坪村迁尤溪村。

⑧**上尤溪村**　吴姓由下党碑坑村迁尤溪村上尤溪自然村。

⑨**发竹坪村**　吴姓由下党碑坑村迁发竹坪村。

⑩**岩头坂村**　吴姓由托溪漈底村迁岩头坂村。

⑪**横兰岗村**　吴姓由托溪漈底村迁横兰岗村。

⑫**九岭溪村**　吴姓由托溪沙潭村迁九岭溪村。

⑬**岩头面村**　吴姓由托溪圈石村迁官路洋村岩头面自然村。

⑭**花树底村**　吴姓由托溪溪坪村迁花树底村，现有 30 户、200 多人。

⑮**仙山尾村** 吴姓为吴畦支系。1993 年，迁往芹洋茶场新村定居。

⑯**岭头坂村** 2000 年，吴姓 1 户迁寿宁县城、2 户迁托溪村定居。

⑰**里西坑村** 吴姓由浙江庆元县举溪迁下党碑坑，次迁发竹坪，三迁里西坑村。再迁平溪、杨溪头定居。

⑱**旧楼基村** 吴姓由浙江庆元县举溪迁下党碑坑，次迁发竹坪，三迁旧楼基村。再迁平溪、杨溪头定居。

⑲**外西坑村** 吴姓由浙江庆元县举溪迁下党碑坑，次迁发竹坪，三迁外西坑村。再迁尤溪村定居。

四、清朝入迁

1. **胡　姓** 最早的一支于清康熙二十六年（1687）入迁境内可观村肇基。现境内胡姓聚居村庄有可观、大岗等村。

①**可观村** 清康熙二十六年（1687），胡从旭由浙江庆元县竹坪村迁可观村为肇基之祖。

②**大岗村** 清乾隆三年（1738），胡芝遇由浙江庆元县松源竹坪村迁底洋村大岗自然村为肇基之祖。

③**下西坑村** 2015 年，胡姓 10 户、60 人分迁清源、寿宁县城定居。

2. **杨　姓** 最早的一支于清康熙年间入迁境内尤溪村肇基。现境内杨姓聚居村庄有尤溪、茗坑、底墓、北山、花树底、戏兰后等村。

①**尤溪村** 杨姓从浙江泰顺县郝洋迁芹洋村张坑自然村。清康熙年间，杨姓迁尤溪中村定居。

②**底墓村** 清道光年间，杨正满由尤溪迁底墓村定居。2000 年，底墓村杨姓 4 户迁寿宁县城、1 户迁芹洋村定居。

③**茗坑村** 杨姓从浙江泰顺县郝洋迁芹洋村张坑自然村。清咸丰年间，杨光炳由底墓迁茗坑村定居。

④**北山村** 2000 年，北山村杨姓 4 户、20 多人迁芹洋村定居。

⑤**花树底村** 杨姓 10 户、80 人。

⑥**戏兰后村** 杨姓由杨溪头迁戏兰后村定居。2017 年，村中有杨姓 7 户、

70 人。

3. **刘　姓**　最早的一支于清康熙五十七年（1718）入迁境内石门后村肇基。现境内刘姓聚居村庄有下坪碓、石门后、八碇等村。

①**石门后村**　清康熙五十七年（1718），刘朝羆由浙江泰顺县荒村洋迁下坪碓村石门后自然村为肇基之祖。

②**下坪碓村**　清雍正十年（1732），刘朝官由浙江庆元县二都岩坑迁石门后村。乾隆十八年（1754），刘朝官再迁下坪碓村为肇基之祖。

③**八碇村**　刘姓由浙江庆元县岩坑迁官路洋村八碇自然村定居。

④**长濑溪村**　2006 年，长濑溪村刘姓 3 户、20 多人迁芹洋新村定居。

4. **蓝　姓**　是芹洋境内唯一的少数民族——畲族；九岭村傍楼自然村也是芹洋境内唯一的畲族聚居村庄。

①**傍楼村**　清雍正年间（1723～1735），蓝惟英由龙岩市长汀县龙凤村迁九岭村傍楼自然村为肇基之祖。

5. **蔡　姓**　最早的一支于清乾隆五年（1740）入迁境内尤溪村肇基。现境内蔡姓聚居村庄有尤溪、岔头坂、八龙碇等村。

①**尤溪村**　清顺治年间，蔡道进为避瘟疫，全家由南靖县迁寿宁县东门。传三世后，乾隆五年（1740），蔡成芝由寿宁县东门迁尤溪村肇基。

②**岔头坂村**　蔡珩远由下党曹坑村迁上修竹村岔头坂自然村。

③**八龙碇村**　蔡姓由下党曹坑村迁上修竹村八龙碇自然村。2012 年，再迁岔头坂村定居。

6. **罗　姓**　最早的一支于清乾隆八年（1743）入迁境内缸窑村肇基。现境内罗姓聚居村庄有缸窑（江瑶）、尤溪、芹洋、修竹等村。

①**缸窑村**　清乾隆八年（1743），26 岁的罗克鈓与叔父罗兴胜一家结伴由江西南丰县梅树下杨梅坪来寿宁。罗克鈓，字兴元，清康熙五十六年（1717）生，迁缸窑村为罗氏肇基之祖，叔父罗兴胜一家则在平溪屏峰村肇基。

②尤溪村 光绪三十四年（1908），罗亨题由平溪屏峰村迁尤溪村定居。

③芹洋村 1945、1949年，罗明奎、罗乃光、罗乃庆先后由缸窑村迁芹洋村定居。

④修竹村 1970年，罗时丰由平溪屏峰村迁修竹村定居。

7. **夏　姓** 最早的一支于清乾隆九年（1744）入迁境内山底村肇基。现境内夏姓聚居村庄有山底、山面等村。

①山底村 清乾隆九年（1744），夏长鹤由托溪漈头村迁山底村为肇基之祖。**②山面村** 清咸丰年间，夏姓由托溪漈头村迁山面村定居。

③九岭溪村 夏姓由托溪漈头村迁九岭溪村定居。

8. **范　姓** 最早的一支于清乾隆十四年（1749）入迁境内石落村肇基。现境内范姓聚居村庄有石落、九斗坪、九斗洋等村。

①石落村 清乾隆十四年（1749），范义旦由浙江庆元县二都大岩村迁石落村为肇基之祖。

②九斗坪村 明景泰六年（1455），（范德二第7子）范肖俊次子范六三由茗溪下范洋迁县城。后裔迁下坪碓村九斗坪自然村。

③九斗洋村 民国九年（1920），范先笏由鳌阳镇茗溪村迁九斗洋村。

9. **萧　姓** 芹洋境内的萧姓聚居村庄有下坪碓村载坑自然村。

①载坑村 清嘉庆十七年（1812），萧希粟由周宁县萌源村迁载坑自然村为肇基之祖。

10. **周　姓** 最早的一支于清道光元年（1821）入迁境内尤溪村肇基。现境内周姓聚居村庄有尤溪、芹洋茶场新村等村。

①尤溪村 清道光元年（1821），周尚寿由平溪村迁尤溪村为肇基之祖。民国年间，周姓另一支由张坑桥头迁尤溪村定居。

②新坑尾村 1993年，周姓2户、10多人迁芹洋茶场新村定居。

五、其他（始迁年代不详的姓氏）

1. **谢　姓**　芹洋境内的谢姓聚居村庄有发竹坪村、毛竹岗村。

①**发竹坪村**　谢姓有两支，分别为上谢、下谢。上谢，由龙岩汀州迁发竹坪村肇基，至今繁衍19代；下谢，原住尤溪村河坑自然村，后迁黄潭村，再迁发竹坪村定居。

②**毛竹岗村**　民国年间，谢姓1户由发竹坪村迁毛竹岗。1952年，回迁发竹坪村定居。

2. **许　姓**　芹洋境内的许姓聚居村庄有尤溪村、下坪碓村载坑自然村、下坪碓村铁炉坪自然村、下坪碓村水尾坑自然村、下坪碓村杨梅坪自然村。

①**尤溪村**　许延二第27世孙许海瑞，从政和县澄源迁尤溪村。

②**载坑村**　许延二第4世孙许文仲，由政和县梧桐上洋迁韶托肇基。后裔迁下坪碓村载坑自然村定居。

③**铁炉坪村**　许延二第4世孙许文仲，由政和县梧桐上洋迁韶托肇基。后裔迁下坪碓村铁炉坪自然村定居。

④**水尾坑村**　许延二第4世孙许文仲，由政和县梧桐上洋迁韶托肇基。后裔迁下坪碓村水尾坑自然村定居。

⑤**杨梅坪村**　许延二第4世孙许文仲，由政和县梧桐上洋迁韶托肇基。后裔迁下坪碓村杨梅坪自然村定居。

3. **陈　姓**　芹洋境内的陈姓聚居村庄有九岭村、龙凤洋村、山头村梅积坑自然村。

①**九岭村**　鳌阳陈氏始祖陈汉唐第28世孙陈时遇，自大安泮洋村迁九岭村为肇基之祖。

②**龙凤洋村**　1998年，山头村梅积坑自然村陈姓74户、165人迁龙凤洋村定居。

③**梅积坑村**　鳌阳陈氏始祖陈汉唐第24世孙陈自富，由汀州上杭县官庄迁山头村梅积坑自然村为肇基之祖。

4. **赖　姓**　芹洋境内的赖姓聚居村庄有水坝下村、新坑尾村、猪㹨岗村、山头村金钟洋自然村。

①**水坝下村**　1990 年，水坝下村赖姓 3 户迁寿宁县城定居；1997 年，赖姓 10 户迁金钟洋村定居。

②**新坑尾村**　1993 年，新坑尾村赖姓 2 户、10 人迁芹洋茶场新村定居。

③**猪㹨岗村**　1997 年，猪㹨岗村赖姓 25 户、130 人迁金钟洋村定居。

④**金钟洋村**　1997 年，水坝下村赖姓 10 户、60 人；猪㹨岗村赖姓 25 户、130 人，迁金钟洋村定居。

5. **俞　姓**　芹洋境内的俞姓聚居村庄有九岭村新田下自然村。

①**新田下村**　俞姓由福州南台迁福清，再迁托溪峡头村。再由峡头村迁九岭村新田下自然村肇基，现有 200 多人。

6. **林　姓**　芹洋境内的林姓聚居村庄有金钟林自然村。

①**金钟林村**　林姓由高山村迁入。

7. **柳　姓**　芹洋境内的柳姓聚居村庄有林下村，现迁可观村。

①**林下村**　1976 年，柳姓 2 户、10 人迁可观村定居。

8. **徐　姓**　芹洋境内的徐姓聚居村庄有山头村山头洋自然村、上尤溪村。

①**山头洋村**　徐姓 10 户、50 多人。

②**上尤溪村**　民国年间，徐姓由浙江景宁县迁上尤溪村定居。

9. **巫　姓**　芹洋境内的巫姓聚居村庄有山头村单竹洋自然村。

①**单竹洋村**　巫姓 11 户、65 人。

第五章 水乡桥韵

芹洋境内群山绵延，水系纵横，有大小溪涧 110 多条。历代以来，芹洋人不畏艰辛，逢山开路，遇水建桥，境内建有木拱廊桥、石拱廊桥、石板桥、石拱桥、悬索桥等桥梁。其中，被视为中华瑰宝的木拱廊桥就有 5 座，占全县现存木拱廊桥约五分之一，为邑内著名的“木拱廊桥之乡”。尤为难得的是，芹洋黄氏一家两代修建木拱廊桥达 14 座，邑人誉称——“世界木拱廊桥之家”。

一、悬索桥

寿宁县共有 6 座悬索桥，其中 4 座建在芹洋境内。芹洋悬索桥占全县悬索桥的三分之二，为寿宁县悬索桥最多之乡。

1. **九岭悬索桥** 在芹洋村前的九岭溪，2009 年建。悬索桥引道、桥梁全长 602.7 米，其中桥长 213 米。桥宽 10 米，中间为汽车单行道，左右为人行道。

2. **修竹悬索桥** 在修竹村下游的修竹溪，2006 年建。桥长 160 米，宽 2 米，仅容小车单向通行。

3. **溪源悬索桥** 在溪源村下游的丹溪，2009 年建。桥长 124.48 米，宽 2 米，仅供行人通行。

4. **长濑溪悬索桥** 位于长濑溪村，距下游修竹悬索桥约 1200 米，是长濑溪、黄潭村等周边村庄通往芹洋乡政府所在地的一条捷径。2007 年建。桥长 200 米，宽 1.5 米，仅供行人通行。

芹洋境内的 4 座悬索桥，均因修建牛头山水库将九岭溪石拱公路桥、修竹石拱桥、溪源石拱公路桥、长濑溪木拱廊桥淹没水中而补偿修建。其中九岭悬索桥因质量问题，未经有关部门验收通行，存在安全隐患。

二、木拱廊桥

（一）芹洋现存木拱廊桥

1. **丹溪桥** 位于芹洋村缸窑自然村前的丹溪，为县级文物保护单位。清康熙三十二年《建宁府志》载："丹溪桥，在政和里，黄普耀等建。"因桥在丹溪，故名"丹溪桥"，后被讹为"张坑桥"。

清道光八年（1828）十一月二十九日丑时重建，缘首张思标、吴□□、王挺洪、周碧龙。知县周立宰捐俸银30两，儒学正堂加五级□□□捐俸银20两；溪源举人吴玉衡捐番银陆拾圆；溪源国学吴先辉捐番银贰拾肆圆；溪源境庠生吴光怀、庠生吴玉□、庠生吴正芝、信士张思标、职员□□□，张坑村信士王子顺、信女王吴氏，禾溪国学林桂攀、灵峰寺比丘各捐番银贰拾圆；溪源信女张吴氏捐番银壹拾捌圆；溪源庠生吴正麟捐番银壹拾陆圆；坪溪村职员周履□捐番银壹拾叁圆；坪溪境□州同周帮新、溪源国学吴□□、张坑村信士王挺余、溪源庠生吴玉光、坪溪国学周定葵各捐番银壹拾圆（注：番银拾圆以下者未录）。1954年9月，县政府拨款修缮。

丹溪桥长40米，宽5米，孔跨33.4米，南北走向，南面桥柱直接架在岩石岸上，北面桥堍用大鹅卵石砌筑。桥上架屋，为四柱九檩抬梁式构架，17间，72柱，上覆双坡顶。桥屋内两边设有木凳，桥中原有神龛，后被拆除。桥下原桥墩孔尚存，直径大者80厘米，小者20厘米。

2006年9月，因牛头山水电站水库蓄水将淹没丹溪桥，经批准将丹溪桥迁尤溪村下游袋仔面重建。

2. **里仁桥** 位于尤溪村下游，俗称尤溪桥，为县级文物保护单位。清康熙三十二年《建宁府志》载："里仁桥，在尤溪，黄彦畴等建。"里仁桥长26.4米，宽5.6米，拱跨21米。桥身呈东南至西北走向，两端桥堍用块石砌筑。桥屋为四柱九檩抬梁式构架，13间，56柱，桥屋内两边有木凳，上覆双坡顶。

清道光十二年（1832），溪源村举人吴玉衡为首重建，尤溪村谢仁炫、谢仁美、吴得森等10人具体负责桥梁建设。绳墨宁德坑头境肖朱锋，木匠禾溪林仕光、岭根蔡光龙，石匠兴化府卢威、富阳镜叶成孙。

1972、1983、1996年，沈大明、蔡德邦、张奶秋等11人先后三次修缮里仁桥。桥屋中央神龛祀观音，桥头西北约20米小山上有庙，祀平水大王。

3. **文明桥** 位于尤溪村上游，又称尤溪上桥。清康熙三十二年《建宁府志》载："文明桥，在尤溪上村，黄彦畴等建。"

道光十二年（1832）重建。桥内墨书：附缘本境郭魁弟、郭元清、杨光进等7人，附缘下党村王正筠、碑坑村吴伯森、凭家村吴□□、鱼川村吴振邦、张坑村王挺炎、下坪峰村王殿镛；绳墨溪源境吴国才，木匠□源村范尚蛟，铁匠尤溪村郭芳金，锯匠范土满、范尚理，石匠富阳境叶成孙，书梁富阳境李增元。

光绪十二年（1886）修缮；1954年5月，县政府拨款51.5万元（旧币）维修；2002年，杨德其等9人再次修缮。2003年，文明桥公布为县级文物保护单位。

文明桥长23.5米，宽4.6米，拱跨16.7米。桥身呈南北走向，两端桥堍用块石砌筑。桥屋为四柱九檩抬梁式构架，11间，48柱，上覆双坡顶。桥屋中设神龛，祀观音。桥屋两边有木凳，桥身两旁有风雨挡板。南向桥头设一小神龛，祀土地公、土地婆。神龛两边张贴红纸对联："功高不傲千人敬，权大无私万众夸。"北向桥头设纸钱炉，供人焚烧香、纸钱等，纸钱炉顶上塑佛。

4. **长濑溪桥** 原位于芹洋村长濑溪自然村上游1千米，因此人称长濑溪桥，始建年代不详。

清道光九年（1829）重建，总理首事溪源境吴□□，董事富阳境李□□、纯池境徐□□。知县周立宰、教谕吴茂林捐款相助。1949年后，曾多次修缮。2003年，公布为县级文物保护单位。

长濑溪桥长39.2米，宽5.2米，拱跨32米。桥身呈东南至西北走向，桥堍用块石砌筑。桥屋为四柱九檩抬梁式构架，15间，64柱，上覆双坡顶。桥屋内原设有神龛祀观音，后被拆除，桥身风雨挡板多有破损。

2006年，牛头山水电站蓄水，长濑溪木拱廊桥被淹毁。9月，经有关部门批准，村民将水中捞回的桥梁木料运回芹洋村口重建，并在新建的木拱廊桥供奉爱民清官、大德至善之神——黄山公神位，同时将桥命名为"黄仙桥"。

5. **金盆桥** 位于上尤溪村，又称上尤溪桥。2013年11月，村民刘万春等为首筹集善款35万元，其中政府资助10万元，村民募集善款25万元，在上尤溪村新建木拱廊桥——金盆桥。桥长 20 米，宽 4.5 米，双坡顶四柱九檩穿斗式构架，7 开间 32 柱。

（二）史志记载的芹洋人士修建的木拱廊桥

根据明弘治《八闽通志》、嘉靖《建宁府志》、清康熙《建宁府志》、康熙《寿宁县志》、民国《福建通志》等历代志书记载，芹洋人士修建的木拱廊桥共 17 座。其中，芹洋黄氏族人修建木拱廊桥 15 座，占 88.3%；另外两座为修竹李永昌和溪源张瑚一所建，占 11.7%。

1. **明弘治《八闽通志》载**“尤溪桥，天顺七年义民黄普焕建”；“托溪荣济桥，天顺七年，义民黄普耀、吴廷俊建”。

2. **明嘉靖《建宁府志》载**“飞虹桥，在九岭下。天顺七年，义勇民黄普耀建”；“尤溪桥，天顺间，黄普焕（英）建”。

3. **清康熙《建宁府志》载**“飞虹桥，在九岭下，黄彦畴等建”；“瑞星桥，在芹洋岭下，黄普耀建”；“丹溪桥，在政和里，黄普耀等建”；“里仁桥，在尤溪，黄彦畴等建”；“公正桥，在尤溪铺，黄普耀等建”；“文明桥，在尤溪上村，黄彦畴等建”；“通济桥，在芹洋仙山下，黄普耀等建”；“博济桥，在修竹，李永昌等建”；“溪源桥，在丹溪，张瑚一等建”。

4. **康熙《寿宁县志》载**“黄彦畴，十都人。畏法秉公，敬身修礼，人或有犯，含忍不较；又乐于建修，连江县潘渡桥圮坏，乃捐家资倡造。参政蔡公义之，为之立碑”。

5. **民国《福建通志》载**“飞虹桥，在九岭下。明天顺间，邑人黄普耀建”；“丹溪桥，在政和里。明天顺间，邑人黄普焕建”；“芹阳桥，在政和里。明天顺间，里人黄彦荣、黄思聪等建”。

（三）全球修建木拱廊桥最多之家——芹洋黄氏

根据明弘治《八闽通志》、清康熙《建宁府志》《寿宁县志》、乾隆《福宁府志》等记载，芹洋黄普焕、黄普耀、黄彦畴三人共修建木拱廊桥达 14 座。黄普焕、黄普耀是同胞兄弟，黄普耀、黄彦畴是嫡亲父子，一家三人修建木拱廊桥 14 座，堪称天下第一！

1. **明弘治《八闽通志》载** 黄普焕、黄普耀兄弟在芹洋、托溪两地修建的木拱廊桥有 6 座。具体记载如下——

横渡桥　天顺七年，义民黄普耀建。

通济桥　天顺七年，义民黄普耀建。

飞虹桥　天顺七年，义民黄普耀建。

尤溪桥　天顺七年，义民黄普焕建。

凤竹普济桥　天顺七年，义民黄普耀建。

托溪荣济桥　天顺七年，义民黄普耀、吴廷俊建。

2. **清康熙《建宁府志》记载**　黄普耀、黄彦畴父子修建的木拱廊桥有7座。具体记载如下——

瑞星桥　在芹洋岭下，黄普耀建。

公正桥　在尤溪铺，黄普耀等建。

通济桥　在芹洋仙山下，黄普耀等建。

丹溪桥　在政和里，黄普耀等建。

里仁桥　在尤溪，黄彦畴等建。

文明桥　在尤溪上村，黄彦畴等建。

公正桥　在尤溪铺，黄彦畴等建。

3. **《寿宁待志》《寿宁县志》《连江县志》《福宁府志》及芹洋《黄氏宗谱》载**　芹洋黄彦畴还在连江县修建了一座长达250多米的“潘渡桥”。潘渡桥在福州市连江县的潘渡村。公路通车以前，潘渡桥是寿宁、周宁、福鼎、福安、霞浦、宁德、罗源等县前往福州的必经官道。具体记载如下——

康熙《寿宁县志·善民》载　“黄彦畴，……乐于建修，连江县潘渡桥圮坏，乃捐家资倡造。参政蔡公义之，为之立碑。”

乾隆《福宁府志·人物志·义行》载　“明，黄彦畴，十都人。廉洁好义。人有犯者，弗校。捐修连江县潘渡费不赀。蔡参政旌之，为勒石。”

冯梦龙《寿宁待志》载　“磨世砥俗，必章劝诫。……其旌善、申明二亭所标，比于钟之铭、鼎之铸。”

为磨世砥俗，冯梦龙不仅在县衙前修建“旌善亭”“申明亭”，将黄彦畴列为邑内第一位大善之人，还将其载入《寿宁待志》以流芳千古。

芹洋《黄氏宗谱》载　黄彦畴，义勇大夫黄普耀之子，为人秉公畏法，敬老尊贤，人或有犯含忍弗校，桥梁公署多所建修。连江县潘渡桥潢潦冲圮，行者患之。公以公役省城经过，感怆溺没者多乃捐家赀变卖庄田一段，价值百金诣其所，倡造成之，功力甚艰。参政蔡公潮嘉其义为，立碑以纪之。后以年老不可冠带，邑侯美称曰“善民”，当道凌舒旌之，匾曰：“积善”，用以旌表之。

（四）芹洋木拱廊桥的前世今生

1. **飞虹桥** 明弘治二年《八闽通志》载：“飞虹桥，天顺七年，义民黄普耀建。”清乾隆二十七年《福宁府志》载：“飞虹桥，在九岭下。县南二十五里。”

1973年，修筑寿宁县城至芹洋公路时，飞虹桥被拆。飞虹桥拱跨41米，与石拱公路桥跨度一样。现在，飞虹桥遗址处一边桥台址尚存。飞虹桥在新建的石拱公路桥上游约20米，原本无碍公路桥修建，但无知小人贪图利益，将飞虹桥拆除木料变卖。2006年，牛头山水库蓄水后，石拱公路桥被淹，又在石拱公路桥下游数十米处建悬索公路桥。

2. **丹溪桥** 位于芹洋村缸窑自然村前的丹溪。清康熙三十二年《建宁府志》载：“丹溪桥，在政和里，黄普耀等建。”民国《福建通志》载：“丹溪桥，在政和里。明天顺间，邑人黄普焕建。”清道光八年（1828）重建。

2002年4月1日，福建省文化厅致函福建省计委，建议依法保护寿宁县丹溪木拱廊桥。

2005年8月27日，泉州市文物保护研究中心工程师姚法峰一行应邀测绘芹洋丹溪桥、长濑溪桥，制定迁建方案。

2006年，因牛头山水电站库区将淹没丹溪桥，经批准，丹溪桥迁建尤溪村下游袋仔面，主墨师傅郑多金。

3. **公正桥** 清康熙三十二年《建宁府志》载：“公正桥，在尤溪铺，黄普耀等建。”公正桥原为木拱廊桥，1963年10月重建为石拱廊桥。2005年重修后，更名钟鼓桥。

4. **长濑溪桥** 原位于芹洋村长濑溪自然村下游1千米，因此人称长濑溪桥。清道光九年（1829）建。2000年，寿宁县将牛头山水电站大坝建设工程摆上议事日程。2002年4月1日，福建省文化厅致函福建省计委，建议依法保护寿宁县长濑溪木拱廊桥。

2005年8月27日，泉州市文物保护研究中心工程师姚法峰一行应邀测绘芹洋长濑溪桥，制定迁建方案。

2006年，牛头山水电站蓄水，长濑溪木拱廊桥被淹毁。经有关部门批准，村民将水中捞回的桥梁木料运回芹洋村口重建，主墨师傅郑多金。村民在新建的木拱廊桥供奉爱民清官、大德至善之神——黄山公神位，同时将桥命名为“黄仙桥”。

（五）木拱廊桥楹联

1. 里仁桥楹联

沉江横铁锁不放春风下五湖　架海起□□凿开云路迢三功

2. 文明桥楹联

访风景于崇河山原层叠旷其盈视　得仙人之旧钵□□声翠上□云霄

3. 长濑溪桥楹联

两岸桥联何惧波流湍激　四山环拱殊堪游目骋怀

桥梁已成不须招呼舟子　虹霓高挂云何待与乘舆

境类升仙驰骤应多题柱客　地符圯上往来讵鲜授书人

利济行人此溪不闻民病涉　路通上国讫止喜见雁排连

结室架长空无事鲁贤问渡　彩虹牵两岸奚顷郑相济人

上下列三岸且止且行皆利济　东西横一带或来或往悉康庄

4. 丹溪桥楹联

桥横两岸来　人度镜中梯

行路最难少安毋躁　入乡不远且往为佳

山岳潜行宛彩凤之舒翼　日星隐曜类蟠龙以卧波

月涌波心两岸清光频透出　烟飞水面一泓佳气远排来

野鸟有报开口劝君暂歇息　山花无语默言知客不须忙

高士喜停骖常念相如题柱志　行人无病涉几忘子产济舆功

断港驾鼍来嘉名应叶千秋号　端溪排雁去过客长输万里情

客至岂无缘自西自东自南自北　桥成谁是赖曰木曰石曰土曰金

（六）木拱廊桥的修建

古时，交通不便，工具落后，要在深山溪涧建造木拱廊桥，是一项十分耗财费力的大工程。建造一座木拱廊桥，首先要有足够的建桥资金。因此，筹集建桥善款，是修建廊桥的第一要务。

缘　首　即廊桥的倡建者。廊桥倡建者必须具备两个条件：一是村中德高望重之人；二是热心公益、乐于奉献之人，二者缺一不可。如果无人出任建桥缘首，廊桥修建也就无从谈起。因此，缘首是修建廊桥的最大功臣。

题　缘　即募集建桥善款。境内将记载捐款人姓名、地址、捐款数额、时间等内容的簿子称“缘簿”。建桥缘首们带着“缘簿”，四处奔走筹集建桥善款。热心人则不分地域，不论贫富，有钱出钱，有力出力，纷纷捐款相助。于是，一座座木拱廊桥横跨境内溪流之上，成就了芹洋“木拱廊桥之乡”的美誉盛名。

择　址　境内习俗，桥址选择有三个条件：一是尽量选择溪涧较窄、溪岸岩石坚固之处以减少造价；二是尽量选择有利村庄风水之地；三是尽量选择交通往来方便之处。因此，桥址大都选择村庄溪流下游岩壁坚固，“溪门”较窄之处。

备　料　修建木拱廊桥的材料主要是木头、石头。建桥所用木料均为杉木，一般要提前半年以上砍伐运到建桥地点。木料的数量、长度、口径大小均遵从造桥师傅的指导。石料一般就地选取溪石，或从其他地方运来块石。

聘请主墨桥匠　能全程负责廊桥设计、建造的木匠称“主墨”。境内建桥一般只聘一位大家认可的“主墨”师傅，其他木匠、石匠等建桥人员由“主墨”师傅自选。选定“主墨”师傅后，缘首要与“主墨”师傅签订建桥合同，俗称“桥约”。

三、石拱廊桥

芹洋境内现存两座石拱廊桥，一座建在尤溪村中，一座建在茗坑村中。此外，官路洋村的水泥公路桥，桥上一侧也建有廊屋。

1. **尤溪钟鼓桥**　原为木拱廊桥——公正桥。清康熙三十二年《建宁府志》载：“公正桥，在尤溪铺，黄普耀等建。”1963 年 10 月，公正桥被拆除，在原址重建为石拱廊桥，仍沿用原名——公正桥。2005 年，对石拱桥上的廊桥部分予以重修，更名为钟鼓桥。

2. **茗坑廊桥**　民国三十六年（1947）建，位于茗坑上村。桥为石拱，上盖廊屋，南北走向。长 20 米，宽 4.3 米，孔跨 5 米，6 开间，28 柱。桥中间设神龛，供奉黄山公等神位。茗坑廊桥原为村中要道，公路通车后来往行人大为减少。廊桥逐渐成为村中专司祭祀的场所。2004 年，对石拱桥上的廊桥重新装修。乡贤王宏雄赋《修桥有感》，诗云：国泰民安世道昌，政通人和百花香。先贤功德千秋在，继往开来万古扬。乡贤杨明裕赋《古桥新姿》，诗云：廊桥胜迹显旌风，喜见茗川焕丽容。沧海桑田天不老，坐听风雨诉情衷。

3. **官路洋廊桥**　官路洋村下游的水泥公路桥，长 30 米，宽 6 米。2016 年，为使村庄藏风聚气，村民在桥上建 2 米宽的长廊一条。官路洋桥上的长廊虽未覆盖全部桥面，但桥上有长廊，权且也算半座廊桥吧。

第六章　村庄风貌

芹洋乡下辖芹洋、阜莽、茗坑、尤溪、修竹、溪源、广地、九岭、山头、山底、底洋、可观、上修竹、化竹坪、下坪碓、葛藤岔、官路洋等 17 个行政村，64 个自然村，还有 31 个无人居住的荒废村。

一、芹洋村

芹洋村背倚郁郁葱葱的旗山，九岭溪、长濑溪两条溪流在村前环绕交汇，形似一座半岛。芹洋村系芹洋乡政府驻地，面积 8.5 平方千米，海拔 458 米，距寿宁县城 23.5 千米。2017 年，芹洋村辖江瑶、张坑等自然村，共有 680 户、4100 多人。

明景泰六年（1455）寿宁建县，芹洋村为南门十都芹洋堡。崇祯年间，芹洋村属寿宁县政和里十都一图、二图、三图，设有四个甲，是邑内规模较大的村庄。知县冯梦龙在《寿宁待志》中写道："政和里十都一图六甲：南门，离城二十里，住芹洋村。民耕田。粮易。""政和里十都二图二甲：南门，住芹洋，离城二十里。民贫，耕田。粮少，易。""政和里十都三图三甲：城南，离城二十里，住芹洋村。民耕读。粮少，稍难。""四甲：城南，离城二十里，住芹洋村。耕绩，粮少，稍难。"

清代，芹洋村属西乡。民国初年，芹洋属平溪区。后设九岭乡，乡公所设芹洋村。1956 年，设芹洋区。后改称芹洋公社、芹洋乡，芹洋公社、芹洋乡政府驻地均设芹洋村。

芹洋原名芹菜洋。宋淳祐三年（1243），黄元二由政和县澄源暖溪村迁此定居，成为芹洋黄姓肇基之祖，至今已历 29 世。后裔遍布寿宁、福安、霞浦、福鼎、宁德、政和、建阳、建瓯、三明、厦门、福州，浙江省遂川、瑞安、宁波等省市县及美国、澳大利亚等国家。

芹洋黄氏宗祠原附设在普明堂，光绪九年（1883）择址新建于旗山之下。“文革”期间，祠内悬挂的明景泰六年都御史刘广衡所题“父子英雄”，万历四十二年知县蒋诰所题“同胞义勇”，崇祯年间知县冯梦龙所题“功铭钟鼎”“名垂史册”等祠匾全部被毁。幸存的三块祖宗龙牌，也在20世纪90年代后期被不肖子孙盗卖。

明景泰六年，芹洋黄继黑、黄普焕、黄普耀三兄弟因剿灭官台山贼巢而立功，被朝廷敕封为“义勇大夫”，奉祀县城“报功祠”，事迹载入《福宁府志》《寿宁县志》。

芹洋村中竖着一通清康熙二十四年正月镌刻，官府颁布的免征芹洋黄氏族人地徭地差的《给帖碑志》。这份珍贵的《给帖碑志》，是现存明清两朝官府蠲免芹洋“义勇大夫”黄继黑、黄普英、黄普耀后裔地徭地差的唯一历史证物。同时也证实在寿宁建县后，明清两朝官府都对征剿官台山寇，为寿宁建县立下不朽功勋的13位“义勇大夫”的后裔予以特殊优待政策。

芹洋黄氏好善乐施。《八闽通志》《福建通志》《建宁府志》《福宁府志》《寿宁县志》《连江县志》等记载，明代，芹洋黄氏族人共修建木拱廊桥15座，其中黄普耀7座、黄彦畴4座、黄普焕3座、黄彦荣与黄思聪1座。在这5位建桥人中，黄普焕、黄普耀乃同胞兄弟，黄普耀、黄彦畴系嫡亲父子。一家3人在溪谷深涧捐资架构14座木拱廊桥，这样的善行义举旷古烁今，前无古人，后无来者。

明朝嘉靖年间，义勇大夫黄普焕曾孙——黄大汉，身材魁梧，力大惊人。茗坑村扛条石建单石桥、洋头亭智退倭寇、建宁府拒贿拓街、金銮殿皇帝褒奖的传奇故事在寿宁代代相传，并载入《中国民间故事集成》《宁德晚报》《闽东名人故居》等书报。

芹洋原为黄姓血缘聚居村，有黄姓居民220多户、1200多人。2006年以来，牛头山库区移民及周边村庄村民240多户、1500人，相继迁入芹洋村定居。村民在外开超市的有300多户、1300多人，开设超市380多家。

芹洋村富宁街长1200多米，其中老街宽12米，新街宽18米。沿街有粮站、乡政府、供销社、税务所、村委、卫生院、信用社、邮电所、电信站、供电所、中心小学等单位楼房，寿宁三中建在富宁街东的旗山之下。

村中有官塘、洋边、洋墩、茶场、上塘等5个新村及义勇、龙山、凤山、半兰、兴隆等巷道。义勇巷宽约3米，长20多米。因“义勇大夫”黄继黑、黄普焕、黄普耀兄弟故居在该巷而得名。传奇英雄“黄大汉”的故居在义勇巷32号。义勇巷中心有一方圆约500平方米大坪，中央有一座“麒麟墓”，墓主为景泰六年配合官兵剿寇除害，为寿宁建县而献身的芹洋黄氏6世祖黄昌永。

2002~2008年，洋墩新村共迁入长濑溪、九岭溪、丰谷、溪源等库区移民88户、466人。搬迁户均为别墅式楼房，水、电、路、通讯、电视等基础设施完善，居住环境舒适、整洁、卫生。

1959年，创办芹洋中心小学。1989年，有教师25人、职工3人，开设8个教学班，学生436人；4个幼儿班，幼儿111人。2017年，芹洋中心小学有教师42人，开设8个教学班，学生237人。幼儿园老师7人，设中小班，有幼儿46人。

1975年，创办寿宁三中。1989年，有教职员工47人，开设10个教学班，学生426人。2017年，寿宁三中有教师42人，开设5个教学班，学生146人。

芹洋卫生院的前身是1956年成立的芹洋中医联合诊所，当年有医务人员8人。2017年，芹洋卫生院有医护人员17人，财务、工勤人员3人。

1953年10月，县政府规定芹洋等地3个月1次“墟日”。“文化大革命”期间一度中断，1975年始奉文恢复，重新规定芹洋等公社所在地每月1墟。

遍布全国大小城市的“寿宁超市”，肇始于芹洋。芹洋“泥腿子”不等不靠，自力更生地闯出了一条山区农民的致富之路，开创了“寿宁超市”遍神州的奇迹！

芹洋村盛产茶叶、油茶、板栗、脐橙。1958年前，旗山风水林满山古松遮天蔽日，“文革”中全部被毁。1972年村委封山育林，今复满目青山。村周边原有数十株树龄几百年的古樟树，“大跃进”“文革”期间，全部惨遭砍伐。

芹洋村山水雄奇。村后旗山，如旌旗猎猎，迎风招展；与旗山隔溪相望的九岭，令邑人兴叹——“九岭爬九年”；九岭溪畔的“黄大汉”陵园，安息着一位让倭寇闻风丧胆的英雄；环绕芹洋村前的母亲河——长濑溪、九岭溪，不仅用碧水清波养育了这一方子民，也造就了木拱廊桥、悬索桥在芹洋流域大量集结的独特桥梁景观。

【自然村】

1. **江瑶村** 位于芹洋村西，距芹洋村 2 千米。江瑶村原名丹溪桥村，因村临丹溪，明“义勇大夫”黄普焕、黄普耀兄弟在丹溪修建木拱廊桥——“丹溪桥”而得名。清康熙年间，罗姓由江西迁入丹溪桥村以烧制陶缸为业。由于罗姓烧制的陶缸远销各地，名扬四方，因此丹溪桥村更名为缸窑村。光绪年间，黄姓由芹洋徙此肇基。2016 年，寿宁县城至平溪镇二级公路通车，缸窑村又被易为与方言谐音的“江瑶村”。

明朝，江瑶村属政和里十都二图四甲。知县冯梦龙在《寿宁待志》中写道：“政和里十都二图四甲：南门，住芹洋丹溪桥，离城二十五里。民贫，做麻山。粮易。”

2017 年，江瑶村有一条村道，宽 3 米、长 300 多米。村中有土木结构瓦房 29 幢，砖混结构房屋 17 幢。全村 143 户，770 人。其中罗姓 95 户、475 人；黄姓 15 户、96 人；李姓 9 户、45 人；王姓 10 户、52 人；刘姓 5 户、33 人；肖姓 5 户、33 人；张姓 4 户、36 人。外出开超市的有 135 户、730 人，开设超市 150 多家。自古以来，村民一直饮用一眼井水。2013 年，村民引山泉水进村入户饮用。

2. **张坑村** 在芹洋村西部，海拔 371 米，距乡政府驻地芹洋村 3 千米。元末明初，王显五由浙江省景宁县沙湾镇迁张坑肇基。相传，当年村中遍植桂花树，因此得名“桂花村”。明代，桂花村更名后坑岭村。后因村中小溪不在村后，名实不符，又改名为张坑村。

明朝，张坑村属坊隅二图六甲和政和里九都七甲。知县冯梦龙在《寿宁待志》中写道：“坊隅二图六甲：南门，离城三十里，住后坑岭。出榛油、鲥鱼。民贫，耕绩。粮欠。”“政和里九都七甲：城南，离城四十里，住后坑岭。出榛油、鲥鱼。民顽，粮欠。”

清代，张坑村隶属西乡。民国时属九岭乡。1952 年属托溪区，1959 年归属芹洋公社（芹洋乡）。张坑村环村路，宽 2 米、长 200 多米；德娘巷，宽 1.5

米、长200多米；上溪巷，宽1.5米、长100多米；水井巷，宽1.5米、长100多米；横路巷，宽2米、长100多米；溪边巷，宽1.5米、长200多米。

2017年，村中有土木结构瓦房36幢，砖混结构房屋18幢。全村134户，865人。其中王姓115户、756人；张姓5户、33人；杨姓5户、32人，由托溪沙潭迁来；黄姓3户、15人；胡姓2户、12人；陈姓2户、7人，由邻近桥头迁来；范姓1户、4人；夏姓1户、6人。村民外出开超市的有119户、795人，开设超市120多家。

张坑村古建筑有明洪武年间建的水码头及七步岭头、八龟井和石楼梯等。村旁有7株挂牌保护的百年苦锥树。古文物有水母槽头。传说，300多年前张坑村11户人家共用村头一口水井，每天早晨，户户争先恐后挑水，十分不便。为此，族中长辈请石匠用青石打凿一个大水槽将水引进石槽，再在石槽边凿11个出水口，各户用毛竹把槽中的水引到自家水缸。从此，张坑村喝上了原始自来水。2007年，引山泉水进村入户，2017年重修。民国年间，村中办私塾。1963年，建土木结构小学教学楼一座，占地面积300平方米。2000年，在原址拆旧建砖混教学楼一座，占地面积135平方米。老师3人，设1~5年级，学生约80余人。2003年，因学生流失学校停办，教学楼改为村民活动室。

【废　村】

1. **新坑尾村**　村中原有土木结构瓦房8幢，吴姓6户、30多人；周姓2户、10多人；赖姓2户、10人。1993年，在政府“造福工程”支持下，村民全部迁往芹洋茶场新村定居。

2. **长濑溪村**　村中原有土木结构瓦房15幢，王姓20户、100多人；李姓8户、50多人；黄姓5户、20多人；刘姓3户、20多人；吴姓3户、10多人。2006年牛头山水库蓄水，长濑溪村没入水下，村民全部迁到芹洋茶场新村、洋墩新村定居。

二、阜莽村

阜莽位于芹洋旗山之后，距乡政府驻地芹洋村3千米，海拔567米，土地面积4.4平方千米。2017年，辖山面、花树底等自然村，416户、1769人。

阜莽为李姓血缘聚居村。约宋绍熙二年（1191），李义由政和后湾石门李家楼（今斜滩境内）迁山面村下的大坵头，旋再迁阜莽村为肇基之祖。李义，字自宜，李兴祖之孙，宋绍兴三十一年（1161）生。

传说，阜莽原名燕山村，在李姓迁居阜莽之前，就有章姓在燕山定居。后人将燕山更名为阜莽，据说缘于这里水甘土肥、草木繁茂，一派莽莽生机。

明景泰六年（1455）寿宁建县，阜莽村属政和里十都三图六甲。知县冯梦龙在《寿宁待志·都图》中写道："政和里十都三图六甲：城南，离城二十里，半住阜莽，男耕女绩。半住双风坑，离城二十五里。民多在苎山。粮稍多，俱易。"

清代，阜莽隶属西乡。民国时属九岭乡。1952 年属托溪区，1959 年归属芹洋公社（芹洋乡）。2017 年，村中李姓 310 户、1100 人。村民外出开超市的有 100 多户、500 多人，开设超市 100 多家。

阜莽村阜兴街，宽 7 米、长 1000 多米；樟隆巷，宽处 4 米、窄处 1.5 米、长 500 多米；景发巷宽 1.5 米、长 400 多米；长达巷宽 1.5 米、长 600 多米；基旺巷宽 1.5 米、长 700 多米；清泉巷宽 1.5 米、长 900 多米。村中有土木结构瓦房 200 多幢，砖混结构房屋 20 幢。

1950 年，利用村奶娘宫开办阜莽小学。1989 年，阜莽小学有教师 8 人，其中公办教师 5 人、民办教师 3 人。开设 6 个教学班，学生 150 人；另有一个幼儿班 22 人。2017 年，阜莽小学有教师 2 人，开设一个幼儿班、幼儿 1 人；一个一年级教学班，学生 1 人。

《寿宁县志》载："芹洋乡阜莽村有株 500 多年的大樟树，高 30 米，胸径 4.3 米，冠幅 180 多平方米。树基空洞处可容纳 15～20 人。"1958 年，全民大炼钢铁，公社干部要将古樟砍下烧炭炼铁，幸亏村中老人誓死护卫才得以幸存。此外，阜莽村还有挂牌保护的老桧树 3 棵，银杏树 1 棵。南净峡左的古树"康克柴"能入药，树龄逾百年。

【自然村】

1. **山面村** 为苏姓血缘聚居之村。山面村《苏氏宗谱》载：元至大二年（1309），苏云智先到扶浆，后迁山面村肇基。而据民间"山面村苏姓比阜莽村李姓更早”和苏姓至今已繁衍29代去推算，苏姓肇基时间应在南宋淳熙年间。

2017年，村中有土木结构瓦房50幢、砖混结构房屋3幢。全村80户、400多人。其中苏姓59户、300多人；吴姓16户、80多人；夏姓2户、10多人；叶姓2户、3人；李姓1户、5人。外出开超市的有30多户、100多人，开设超市30多家。近十几年考入大学的有30多人。2016年，浇灌通村水泥公路。村中有珍稀古树红豆杉3株、银杏1株。山面庵，明朝年间建，占地面积400多平方米；大王宫，明永乐年间建，占地面积600多平方米；马仙宫，占地面积100多平方米。

2. **花树底村** 清初，吴姓从托溪溪坪村迁花树底外湾，现有30多户、200多人。同期，杨姓从托溪沙潭村迁底湾，现有20多户、100多人。2017年，村中有土木结构瓦房22幢、砖混结构房屋8幢。全村50户、300余人。外出开超市的有20多户、100多人，开设超市20多家。2017年，浇灌通村水泥公路。

三、茗坑村

茗坑村位于芹洋乡北部，距乡政府驻地芹洋村4千米，海拔539米，面积3.2平方千米。

茗坑村中有一条小溪从北到南穿村而流与九岭溪交汇。古时，这条小溪终年川流不息波翻浪卷哗哗吟唱，两岸茶树郁郁葱葱清香飘逸。古人赋予这方山水一个十分诗意的名字——茗川。但不知何时，这个原本十分美好的村名，却被改成了茗坑。

茗坑为多姓共居之村。村中现有叶、王、杨、李、吴、苏、范等姓，主姓为叶、王、杨。元朝至大二年（1309），叶姓始祖叶甲四由下屏峰迁入茗坑；清雍正四年（1726），王姓始祖王日锦由下屏峰迁入茗坑；清道光年间，杨姓始祖杨正满从尤溪迁往底墓；咸丰年间，其后裔杨光炳又由底墓再迁茗坑。

其实，茗坑开发的历史远早于元朝。近年，人们在茗坑下村挖掘发现，深埋地下的不仅有原始村道，还有大量的碗碟残片。这些古代遗存的发现，也与村民代代口口相传的“早于叶姓入茗的曾有来自芹洋的黄姓。黄姓之前还有来自坪坑的刘姓”的说法相吻合。村中老人也说：茗坑，很早以前就有人家居住。如今的下村居民是近代从上村移居下去的，至今不过五六代人。

茗坑村分上下两村，两村相距 80 余米，以一条岭道相连。2017 年，全村 172 户、628 人。其中叶姓 53 户、200 多人；王姓 76 户、235 人；李姓 5 户、20 人；杨姓 30 户、130 多人；吴姓 8 户、43 人。茗坑村民外出开超市的有 30 户、145 人，开设超市 30 多家。

茗坑上村溪边路，宽 3 米、长 150 多米；大门头巷，宽 1 米、长 100 多米。村中有土木结构瓦房 15 幢，砖混结构房屋 7 幢。

茗坑下村溪边路，宽 3 米、长 130 米；上巷，宽 1 米、长 60 米；中巷，宽 1 米、长 60 米；下巷，宽 1 米、长 50 米。村中有土木结构瓦房 12 幢，砖混结构房屋 5 幢。

1958 年，茗坑村开办简易小学。1998 年，建砖混结构教学楼一座，校园占地面积约 1000 平方米。有教师 6 人，设 1 ~ 5 年级、5 个教学班，学生 120 人。2012 年，因学生流失茗坑小学停办。

1958 年，为给芹洋村供水，举全社之力修建茗坑水库。水库大坝用土石夯建而成，不久即被水毁。1987 年重建改为石砌，又因沿途渠道渗漏严重，库水无法引至芹洋村。现水库常年蓄水养鱼，成了村中一道秀丽风景。

1978 年，村中成立医疗站；1980 年，茗坑村通电照明；1981 年村民开通简易机耕路，2005 年浇灌水泥路面；1986 年，茗坑村通电话；1993 年，村中可以收看电视节目；2005 年，村民从山上引山泉水进村入户饮用。

茗坑村前有一条全县唯一的单石桥，以单条石板连接溪流两岸。石长 5.8 米，宽 46 厘米，厚 24 厘米。明嘉靖年间，芹洋黄大汉以一人之力，将这条重一千多斤的桥石从 1.2 千米外的半岭扛到茗坑建成此桥。至今 400 多年了，茗坑单石桥仍完好如初，并被载入《寿宁县志》。茗坑庵，明嘉靖年间建，1966 年被拆；奶娘宫，清乾隆年间建，“文革”时被毁，1982 年重建；村下游有一座 7 层塔，始建年代不详，“文革”时被毁，现仅存一塔顶及石像；茗坑石拱廊桥，民国三十六年建，2004 年重修。茗坑村东山顶的金桔寨，相传为古山寨，毁于火，现仅存地基。村中有林业部门挂牌保护的百年柳杉 1 株，椤柘楠 1 株。

【废　村】

1. **半岭村**　清乾隆二十七年（1762），吴鸣春从鹤溪（托溪）洋尾迁半岭村肇基。2006 年，村中有土木结构瓦房 10 幢，吴姓 12 户、50 多人；叶姓 5 户、20 人；杨姓 3 户、15 人。同年 8 月 10 日，“桑美”超强台风袭击半岭，山体滑坡毁屋 3 幢。同年 11 月，全村迁往芹洋上塘新村安居。半岭村上游有一片竹林，竹林旁边有挂牌保护的珍稀红豆杉 5 株。

四、溪源村

溪源村位于芹洋乡西部，距乡政府驻地芹洋村 4 千米，海拔 331 米。面积 3.3 平方千米，原辖葛垅、坑口、东山、高山、上楼、下楼、下洋坑、下屏峰等自然村。1988 年，县政府将葛垅、坑口、东山、下屏峰等自然村划归新设的下党乡。

2002 年 12 月 26 日，省重点工程牛头山水电站大坝正式动工兴建，溪源村海拔 342 米以下房子全部淹没。淹没区村民 1089 人全部搬迁到相距 800 米外的卓山坂另建新村。自此，溪源村由溪源老村、溪源新村两个村落组成。

溪源村前溪流的源头，远在百里之遥的浙江省庆元县双溪山东麓，经菊水、西溪流入邑内的杨溪头、下党、牛坪、下屏峰到溪源村。但溪源村上游的“龙潭石壁”，两岸皆悬崖绝壁，给人以溪水从两山间突兀而出之感。古人以为“村南两山夹峙，有溪流出焉”，将这里视为溪之源，故得名溪源。

昔人曾赋诗将溪源喻为陶渊明笔下的武陵桃花源，因此，溪源又美称桃陵、桃源。

明景泰六年（1455）寿宁建县，溪源村属政和里十都二图七甲。知县冯梦龙在《寿宁待志·都图》中写道：“政和里十都二图七甲：南门，住芹洋溪源，离城三十里，民做麻山。粮少，易完。”

最早入迁溪源村的何、叶、王、魏等姓，早已不知踪迹。明宣德三年(1428)，张伯贤从新田下迁入溪源村为张氏肇基之祖。清康熙五十四年(1715)，吴姓从下屏峰迁入溪源村。之后，又有王姓从下党和下屏峰村迁入溪源村。

2006 年，牛头山水库蓄水后，溪源下半村成淹没区，有 68 户、360 人搬迁到溪源村附近的卓山坂新建“溪源新村”。新村背靠金字山，村前溪水环绕，远山重重合围，水、电、路、通讯、电视、小学、村委楼等基础设施完善。溪源新村优美的园林式人居环境，人们誉称为寿宁第一村。2017 年，溪源新村有砖混结构别墅式楼房 62 幢，楼房之间有 7 条巷道相通。

溪源老村有 3 条巷道，其中秧地坪巷宽 2.5 米、长 260 米；水井塔巷宽 2.5 米、长 200 米；高厝巷宽 2 米、长 100 米。全村有土木结构的瓦房 30 幢，砖混结构的房屋 4 幢。

2017 年，全村 243 户、1091 人。其中张姓 120 多户、600 多人；吴姓 80 多户、400 多人；王姓 10 多户、50 多人；李姓 10 多户、50 多人；刘姓 2 户、9 人。村民外出开超市的有 20 多户、100 多人，开办超市 30 余家。

溪源村文风昌盛。民国年间，张氏宗祠前耸立着 24 根旗杆石，均系张氏族人为擢拔贡生者而立；吴氏宗祠前立有 3 根旗杆石，其中 1 根系吴氏族人为清嘉庆三年考中武举人的吴玉衡而立。封建科举时代，凡是有人擢拔贡生，考取举人、进士，族人便会在村里的宗祠门前为其立旗杆石，竖起旗杆，以显示功名，光宗耀祖。旗杆石是读书人的荣誉证书，官阶越显赫，旗杆夹就越宽大，旗杆也越粗越长。

1971 年，借用张氏祠堂办溪源小学。1989 年，溪源小学有教师 5 人，其中公办教师 2 人、民办教师 3 人，学生 110 人。2005 年，溪源小学因水库蓄水而拆除，在溪源新村新建教学楼。2014 年因学生流失，溪源小学关闭，改为溪源村敬老院、文化服务中心。

1993 年，芹洋至下党公路从溪源村前经过。在此之前，芹洋至平溪公路途经溪源下游村旁。1997 年，溪源村开通电话。2004 年，在溪源新村建村委办公楼，占地面积 150 平方米，砖混结构二层半，建筑面积 360 平方米。

溪源马仙宫在村庄下游，清道光二十四年（1844）建，2008 年重建；大王宫（平水宫）在村庄上游，2005 年重建；龙凤庵，在村庄下游，清乾隆五十八年（1793）建，“大跃进”时被毁。

溪源是幸运之村。习近平总书记在福建任职期间，曾 5 次视察溪源，并在溪源、下屏峰村特大洪灾之后，第一时间赶赴灾区，在溪源村民吴秀强家中召开现场会，亲自部署溪源、下屏峰村灾后重建事宜。

2012 年，溪源村被评为福建省生态村；2014 年，被省住建厅确定为福建省美丽乡村建设示范点；2015 年，被省民政厅列为福建省第二批农村社区建设示范单位。2017 年，溪源村有茶园 500 亩，脐橙 800 亩。村中办有 1 家个体玩具厂。

【废 村】

1. **上楼村** 村中原有房屋 3 幢，张姓 7 户、30 多人。1984 年前后，全村迁往溪源、尤溪村及建阳市定居。

2. **高山村** 村中原有房屋 7 幢，张、吴二姓 9 户、50 人。1999 年，全村迁往溪源村定居。

3. **下洋坑村** 村中原有房屋 2 幢，王姓 3 户、10 人。1985 年，全村迁往溪源村定居。

4. **地走坑村** 村中原有房屋 1 幢，张姓 1 户、8 人。1980 年迁溪源村定居。

五、尤溪村

尤溪村位于芹洋乡西南部，距乡政府驻地芹洋村 6 千米。海拔 386 米，土地面积 6. 3 平方千米。2017 年，辖中村、黄潭、上尤溪、戏兰后等自然村，共 475 户、2163 人。

相传，古时村中溪畔石穴流出一股可以点灯照明的黑油，因此，人们将此地称为“油溪”。后来黑油断流，“油溪”遂被改为“尤溪”。

明景泰六年（1455）至清雍正十二年（1724），寿宁通往建宁府的官道途经尤溪，官府在尤溪设尤溪铺。清朝，尤溪属寿宁县南门十都。民国，称平溪区（乡）尤溪保，解放初期属平溪区，芹洋建区后属芹洋区，公社化期间设尤溪大队属芹洋公社，1984 年，芹洋公社改称芹洋乡，尤溪相应归属芹洋乡。

尤溪村以周、吴、蔡、杨、张等姓为主，此外还有黄、陈、许等姓。清康熙年间（1622 ~ 1721），杨姓移迁中村，现后裔遍布上尤溪、中村、尤溪三村。乾隆五年（1740），蔡姓迁入。道光元年（1821），周姓徙此，现为尤溪大姓。

2017 年，尤溪村有 249 户、1342 人。其中周姓 115 户、500 多人；吴姓 15 户、80 多人；张姓 26 户、300 多人；杨姓 17 户、110 多人；蔡姓 20 多户、100 多人；陈姓 15 户、70 多人；李姓 10 户、50 多人；王姓 8 户、40 多人；许姓 5 户、20 人；谢姓 5 户、18 人；黄姓 4 户、16 人；沈姓 4 户、16 人；朱姓 3 户、

12 人；罗姓 2 户、10 人。村民外出开超市的有 60 多户、200 多人，开设超市 70 多家。

尤溪村沿溪而建。村中下桥路，长 300 多米，公路一段宽 8 米、村道一段宽 2 米；滂厝路，宽 1.5 米、长 120 多米；长坪路，宽 1.5 米、长 200 多米；新桥路，宽 2 米、长 130 多米。村中有土木结构瓦房 67 幢，砖混结构房屋 47 幢，钢筋水泥框架结构的楼房 5 幢。

尤溪是廊桥之村。自明朝天顺七年（1464）至今，村中先后建有 6 座木拱廊桥。其中里仁桥、文明桥、公正桥、尤溪桥、丹溪桥等 5 座木拱廊桥，系明代芹洋村黄普焕、黄普耀、黄彦畴所建。2013 年 11 月，村民刘万春等为首又在上尤溪新建木拱廊桥——金盆桥。一个村庄，在长约 5 里的溪流之间架构 6 座木拱廊桥，堪称全球之最。

尤溪是产粮大村。1953 ~ 1983 年，尤溪每年要向国家交纳公余粮（征购粮）2800 担，相当于竹管垄一个公社的征购粮。令人感叹的是，当年大寨大队完成 2400 担征购粮名噪全国，而尤溪农民的贡献远超大寨却鲜为人知。

尤溪是茶果之村。尤溪盛产茶叶，年产茶青数十万斤；尤溪脐橙满山遍野，种植面积 1700 多亩，年产量 8000 多担，全县闻名。

1958 年，尤溪借用奶娘宫开办简易小学。1978 年，建土木结构教学楼一座，办小学、初中班。1985 年，建砖木结构教学楼一座，校园占地面积 1000 多平方米。有教师 9 人，其中公办教师 5 人、民办教师 4 人。开设 1 ~ 6 年级 6 个教学班，学生 170 余人；另有幼儿班 35 人。2000 年，再续建砖混结构教学楼 1 座，有教师 14 人，学生 300 多人。设 1 ~ 6 年级 8 个教学班、1 个幼儿班。2017 年，尤溪小学只有教师 2 人，设一年级，学生 3 人。

2014 年以来，尤溪村建拦河坝 4 条、沿河两岸建青石护栏 240 米、安装太阳能路灯 35 盏。同时，清理排水沟、绿化进村路口、购置环卫设备整治村庄卫生，村容村貌有了较大改观。

尤溪村有一大一小两条瀑布，一在村庄下游牛头山水库的悬崖峭壁之上，每当雨季，瀑布跌落万顷碧波，声震八方，十分壮观；一在中村对岸，瀑布凌空喷珠溅玉，别有一番情趣。村中还有挂牌保护的百年以上古枫 1 株，官岭古枫 20 多株。

【自然村】

1. **中　村**　2017 年，村中有土木结构瓦房 3 幢。陈姓 6 户、25 人。1 户在广东开皮包厂。

2. **戏兰后村**　2017 年，村中有土木结构瓦房 6 幢，砖混结构房屋 1 幢。杨姓 7 户、70 人。村民外出开超市的有 2 户、7 人，开设超市 2 家。

3. **黄潭村**　明朝，黄潭村属政和里十都一图一甲。知县冯梦龙在《寿宁待志・都图》中写道："政和里十都一图一甲：南门，离城五十里，住黄坛村。民贫，耕绩。粮少，易完。"在《寿宁待志・物产》中，冯梦龙还写道："席与藤纸俱出黄坛底。"黄潭村有上黄潭、下黄潭，两村相距里许。2017 年，全村 39 户、173 人。

2017 年，上黄潭有土木结构瓦房 7 幢，砖混结构房屋 4 幢。村中有黄姓 11 户、50 多人；张姓 3 户、15 人；李姓 1 户、10 人；周姓 1 户、5 人。村民外出开超市的有 6 户、30 多人，开设超市 8 家。

下黄潭有土木结构瓦房 13 幢，砖混结构房屋 4 幢。村中有黄姓 12 户、50 多人；王姓 5 户、20 人；陈姓 4 户、15 人；张姓 2 户、8 人。村民外出开超市的有 2 户、7 人，开设超市 2 家。2012 年，浇灌水泥通村公路。

4. **上尤溪村**　2017 年，村中有土木结构瓦房 94 幢，砖混结构房屋 12 幢。全村 116 户、709 人。其中吴姓 45 户、280 多人；刘姓 23 户、110 多人；杨姓 10 户、70 多人；周姓 10 户、60 多人；张姓 5 户、60 多人；徐姓 5 户、35 人；陈姓 4 户、16 人；李姓 2 户、16 人；王姓 2 户、8 人；罗姓 5 户、25 人；夏姓 3 户、16 人；许姓 2 户、13 人。村民外出开超市的有 30 户、100 多人，开设超市 30 多家。

1960 年，在仙殿办上尤溪小学；1970 年，在吴氏宗祠办学。1983 年，建石木结构教学楼一座，占地面积 128 平方米。有公办老师 1 人、民办老师 2 人，学生 70 多人，设 1 ~4 年级。2010 年，因学生流失小学停办，小学教学楼改为脐橙合作社。

上尤溪村有石拱桥 3 座、石拱廊桥（钟鼓桥）1 座、木拱廊桥（金盆桥）1 座。2010 年，浇灌水泥通村公路。有挂牌保护的古杨树 1 株，胸径数围。村边的上尤溪岭有杨树 16 株，胸径均 1 围以上。

1984 年，芹洋乡在与平溪乡交界的雾下洋建小（2）型水库 1 座。砌石拱坝高 13.5 米，坝顶长 45 米，控制集水面积 6.05 平方千米，蓄水 11.4 万立方米。利用平（溪）芹（洋）水利渠道引水至上尤溪，取水头 210 米，流量 0.25 立方米/秒，在上尤溪村建水电站，装机 2 台 320 千瓦。1984 年 11 月竣工发电，与尤溪冲电站联网运行，供应 16 个行政村 1418 户村民及乡直单位生活和生产用电。1989 年，发电量 45 万千瓦时。

【废　村】

1. **下楼村**　村中原有房屋 3 幢，张姓 4 户、20 多人。1949 年，全村迁尤溪村定居。

2. **西坑村**　村中原有房屋 1 幢，吴姓 2 户、10 人。1949 年，全村迁尤溪村定居。

3. **里西坑村**　村中原有房屋 5 幢，全村姓吴。1949 年，迁平溪、杨溪头村定居。

4. **外西坑村**　村中原有房屋 5 幢，全村姓吴，迁上尤溪村定居。

5. **旧楼基村**　村中原有房屋 5 幢，全村姓吴，迁平溪、杨溪头村定居。

六、广地村

广地村在芹洋乡东部，距乡政府驻地芹洋村 6 千米。广地村海拔 543 米，土地面积 7.3 平方千米。2017 年，辖野坑、乾山头等自然村，共 326 户、1276 人。

广地村历史悠久。相传，最早是魏姓来到此地垦拓耕耘。因为村庄平坦开阔，所以人称“广地”。此后，又有张姓在此肇基，并兴旺一时。因此人们又在“广地”之前加一“张”字，称之“张广地”。广地村中有一条小溪涧穿村而流，汇入长溪。因此，一段时间又更名为“张广溪”。

北宋末年，辽金猖狂。世居长溪县韩阳官拜朝奉大夫的黄二四，为避战乱，初迁马嘶坑。后见张广地草木昌茂，居民淳厚，遂从马嘶坑迁入张广地为黄氏肇基之祖。黄二四一族最早在底厝坪居住（黄家祠堂隔壁），现只剩厝基。

南宋淳熙十三年（1186），朱少一由丰谷村迁入广地为朱氏肇基之祖。因为居住在村庄下游，所以人称“下朱”。百来年后的宋末元初之际，朱熹后裔朱培由建阳迁入广地，因为居住在村庄上游，所以人称“上朱”。随着黄氏、朱氏入迁，张姓日渐衰退，“张广地”便被简称为“广地”，一直沿用至今。

明景泰六年（1455）寿宁建县，广地村属坊隅三图八甲、十甲，坊隅四图一甲、政和里十都一图二甲，是邑内规模较大的村庄。

知县冯梦龙在《寿宁待志·都图》中写道：“坊隅三图八甲：南门，离城三十里，住张广地源头村。男耕女绩。民淳，粮易。”“坊隅三图十甲：南门，离城三十里，住张广地源头村。男耕读，女绩。民淳，粮易。”“坊隅四图一甲：南门，住张广地村，离城二十里。男人耕田，往浙种麻；女绩麻，养猪。粮少。”“政和里十都一图二甲：南门，离城四十里，住张广地村。民出外种麻，男耕读，女绩。粮少，易完。”

2017年，全村207户、1006人。其中朱姓139户、670人；黄姓38户、180多人；叶姓20户、80多人；郑姓4户、18人；胡姓3户、10人；吴姓3户、5人；阮姓1户、4人；张姓1户、3人。村民外出开超市的有80多户、400多人，开设超市80多家，村中常住人口仅260多人。

村中溪边路，宽2.2米、长260米；后门路，宽2米、长160米。新厝巷，宽1.5米、长100米；房头巷，宽1.2米、长60米；水井巷，宽1.3米、长100米；清山洋巷，宽1.5米、长120米；前堪面巷，宽1.5米、长80米。全村有土木结构瓦房84幢，砖混结构房屋48幢，钢筋水泥框架结构楼房1幢。

1950年，借用奶娘宫开办广地小学；1974年，建土木结构教学楼1座。1976~1980年，在广地小学设初中部，老师13人。设一、二年级，学生220人。1989年，教师8人，其中公办教师5人、民办教师3人。设1~6年级，学生170人；另有幼儿班学生25人。1990年，拆除旧楼建砖混教学楼1座，校园占地面积820平方米。2017年，老师1人，一年级学生3人。

广地村古建筑，有供奉大德至善之神黄山公的黄公圣境，供奉临水夫人的奶娘宫和年代古老的石拱桥以及黄氏宗祠、朱氏宗祠。湖畔还有1座观音阁。

广地是个美丽的村庄，地势平坦开阔，村口蓄水成湖。雨季时湖面波平似镜，湖边绿树垂荫。其中1株红豆杉，树干已经中空。公路边的大王旁有1株古枫、2 株桧树，都是挂牌保护的名树。桧树上有 10 多厘米粗郁郁葱葱的米郎藤，与大桧树相伴相生。

【自然村】

1. **乾山头村** 2017 年，村中有土木结构瓦房 5 幢，砖混结构房屋 4 幢，朱姓 7 户、80 人。村民外出开超市的有 2 户、3 人，开设超市 2 家。1980 年，利用民房办小学一年级，民办老师 1 人，8 个学生。1990 年，小学停办。村后有 1 株百年古松，胸径需 2 人方能合围。

2. **野坑村** 在芹洋村东部，距乡政府驻地芹洋村 5 千米，海拔 361 米。2006 年，为修建牛头山水库大坝，一条宽 4.5 米通往水库大坝的水泥公路从野坑村中经过，让野坑村民告别了人扛肩挑的历史。随着牛头山水库蓄水，野坑村前一湖碧水，万顷清波云蒸霞蔚令人心旷神怡。

明洪武元年（1368），王念四由穆阳卓家坂迁政和北里野坑为肇基之祖。此外，村中还有李、吴、余、叶等姓。

2017 年，野坑村有土木结构瓦房 25 幢，砖混结构房屋 6 幢，56 户、360 人。其中王姓 34 户、190 人；李姓 9 户、41 人；吴姓 6 户、50 人；余姓 4 户、35 人；叶姓 2 户、10 人。村民外出开超市的有 40 户、120 人，开设超市 42 家。

1963 年，借用民房办野坑小学。1980 年，新建野坑小学教学楼 1 座，砖混结构，占地面积 80 多平方米，校园占地面积 120 多平方米，设三个年级，教师 1 位，学生约 28 人。2003 年，因生源不足野坑小学停办，教学楼废弃。1980 年，建 1 座医疗站。1978 年，村民自筹资金建 1 座 30 千瓦小型发电站，由于水源有限，使用 10 多年报废。1990 年起改用县电网。1980 年，村民开通野坑村至丰谷庵的机耕路。2006 年，牛头山水库 4.5 米宽水泥公路经过野坑村。1990 年 11 月，架设广播电视线路，家家户户可收看电视。1995 年通电话。此后，无线通信的手机也进村入户。

村口公路边有 1 座黄山公庙，庙旁有 1 株挂牌保护的槠树，胸径需 3 ~4 人方能合围；大王旁边也有 1 株槠树，树龄 500 多年，胸径需 4 ~5 人方能合围。大王后还有 4 株槠树，树龄也有几百年。

【废　村】

1. 上坂村 村中原有房屋2幢，叶姓3户、17人。1996年，村民迁往广地村定居。

七、修竹村

修竹村位于修竹溪南岸，距乡政府驻地芹洋村3.6千米。海拔414米，土地面积6.7平方千米。2017年，辖武济（牛替）、上东洋等自然村，共289户、1356人。

明景泰六年（1455）寿宁建县，修竹村属政和里八都一图九甲、政和里八都二图八甲、政和里九都六甲、政和里九都八甲。建县之前，官台山银场至政和县城的官道由丰谷的合潭架桥通往对岸，经修竹村前往平溪至政和县。因交通之便，修竹成为邑内规模较大的村庄。知县冯梦龙在《寿宁待志·都图》中写道："政和里八都一图九甲：南门，离城五十里，住修竹埞中。男耕读，女养猪。民淳顽半。""政和里八都二图八甲：南门，离城四十里，住修竹村。民贫，耕田。粮难。""政和里九都六甲：城南，离城四十里，住修竹。出杉木。男耕读，女绩。粮不满七两。""政和里九都八甲：城南，离城四十里，住修竹。民贫，顽。粮多，悬欠。"

1950年，修竹属第四（托溪）区。1956年2月，改属芹洋区。1965年7月属芹洋公社。1984年9月，撤社建乡后改属芹洋乡。

修竹为李姓血缘聚居之村。宋靖康元年（1126），李姓从政和（斜滩）后湾石门楼迁此肇基。举目四望，翠竹满山遍野，遂以"凤竹"名之，后易名"修竹"。2017年，全村165户、1200多人。其中李姓158户、1162人；黄姓2户、9人；蔡姓2户、12人；罗姓1户、6人；刘姓1户、5人；叶姓1户、6人。村民外出开超市的有13户、50人，开设超市20多家。

修竹村有1条环村公路，下段宽4米、上段宽5米、长约300米。村中有土木结构瓦房21幢，砖混结构房屋111幢，钢筋水泥框架结构的楼房2幢。

修竹李氏崇尚教育，早在明成化八年（1472），18岁的李尚文就到数百里外的连江县，师从景泰进士，刑部主事、奉政大夫陈鸿渐。明清两朝，修竹村设有私塾，先后培养贡生20人、太学生6人、国学生5人。

清朝，寿宁共有4人中进士，其中两位都是修竹李氏外甥。一是武曲梅洋人林栋，光绪二十年（1894）进士。其母李眉芝，修竹村人。一是犀溪叶友挺，康熙九年（1670）进士，其母李淑。《康熙寿宁县志注辑·人物志》载："李氏，名淑，（修竹）明经（李）际之妹也。年十六适北溪（犀溪）叶乔林，生二子，长有挺，次有拔，林遂死。挺时方六岁，拔仅及周，氏年二十有三，泣血垂死而复苏者数次。遂矢志孀守，勤俭治家，尤克孝于姑，甘旨必备。子长，令之负笈从师，故挺得成进士，真足媲美熊丸之教矣。知县饶公申宪，匾曰'节庇兰馨'，寿至八十五终。"修竹李氏谱载：叶有挺"年九龄即就学于母舅（李际）家"。李际，字行可，崇祯十五年（1642）岁贡。在舅舅的精心培育下，叶有挺进士及第，成为寿宁建县后的第一位进士。

1939年，修竹创立"国民小学"。1961年，开办修竹小学；1985年，建石木教学楼1座。1989年，教师6人，其中公办教师4人、民办教师2人。设1~5年级，学生140人。2017年，修竹小学有2个老师，一年级学生3人。

修竹溪石拱桥，民国二十五年（1936）由李启星、李朝忠等主持修建。长52米，宽6米，高33米，桥拱直径约22米，是全乡跨度最大，离水面最高的石拱桥。由于牛头山库区建设，2006年石桥隐身水下30多米。2007年，在原石拱桥高处建铁索桥。长161米，宽2.5米，高70米，可通行小车。

1958年10月，测绘修筑的斜滩至平溪公路从修竹村前经过，但修竹人担心公路破坏风水，因此改道牛替村。一直到20世纪90年代，修竹村才在政府资金补助下，全村家家户户投工投劳才修通了3.5米宽村级公路。2008年2月28日，一场大火将修竹村114户房屋化为灰烬，仅余4座房屋幸免。

修竹茶园、水稻面积产量均居全乡前列，近年脐橙种植也有一定规模。修竹村南有1株古松，直径约2米，高30多米，主干8米以上分蘖并生3干，直径皆近1米，枝叶共朝一个方向，村人奉为神树，县林业部门挂牌保护。村东的大王庙前有1株400余年古杉，直径近2米，高26米，村民常在树下焚香烧纸钱，百余年前树心被火烧烟熏一空。

【自然村】

1. **上东洋村** 2017年，村中有土木结构瓦房2幢，李姓7户、阮姓3户。

村民外出开超市的有 2 户，开设超市 6 家。2016 年，浇灌通村水泥公路。

2. **武济（牛替）村** 位于修竹村后的山峰之巅，海拔约 600 米，东与斜滩镇毗邻、西与平溪镇接壤。1963 年通车的斜滩至平溪公路，在武济穿村而过。闻名遐迩的“三关虎墓”，就在武济村的山脚溪边。

古时，僻野山村常有匪寇袭扰。村民为御匪，人人练武以自卫，因此得名武济。土改时，武济被识字不多的工农干部改为笔画较少、与方言谐音的“牛替”。

清乾隆十一年（1746）《叶氏族谱》记载，明天顺二年（1458），叶苏三从东家洋黄家墩迁九都武济村为肇基之祖，至今繁衍 18 世。后裔大多迁往浙江龙泉、龙游县和福安市及鳌阳镇、斜滩镇山岭村等地。近年，从后井坑自然村迁入的 20 多户叶姓村民，系浙江小地叶。

武济村落零散。历史上，武济村原有里厝、洋垱、武济亭 3 个村落。20 世纪 80 年代以来，邻近的粗坑、后井坑自然村的部分村民迁入武济村，形成了新村、回头湾、水井垅、牛塘仔等村落。这些村落，多则十几栋房屋，少则只有几栋房子。2017 年，武济村有 106 户，500 多人口。在福州、厦门、泉州和广东的汕头、揭阳，以及浙江的苍南等地开超市的有 100 多户、400 多人，开办超市 120 多家。

20 世纪 80 年代，政府开始推行计划生育政策，再加上大量男女青壮年外出务工、经商，留守武济的人口越来越少，且都是年迈老人。80 年代，武济小学有 2 个老师，数十个学生，设一、二、三年级。2000 年，由于学生流失小学停办。

【废　村】

1. **深垮村** 村中原有土木结构瓦房 4 幢，李姓 3 户、张姓 2 户。2000 年，因地质灾害隐患，迁芹洋村、修竹村、寿宁县城定居。

2. **粗坑村** 村中原有土木结构瓦房 8 幢，李姓 10 户。2000 年，迁清源乡岱阳村 3 户、武济村 4 户、福鼎市 3 户。

3. **后井坑村** 村中原有土木结构瓦房 16 幢，叶姓 42 户。2000 年，因地质灾害隐患，搬迁到武济村定居。

八、九岭村

九岭村位于芹洋村东北部，距乡政府驻地芹洋村 5 千米。海拔 364 米，土地面积 5.3 平方千米，村委楼在九岭新村。2017 年，辖上九岭、傍楼、福竹坪、新田下、九岭新村、丰谷上坂新村等自然村，共 238 户，1058 人。

2017 年，九岭新村有 30 多户、120 多人。其中朱姓 27 户、110 多人；陈姓 1 户、4 人；吴姓 1 户、2 人；何姓 1 户、4 人。村民外出开超市的有 9 户、20 人，开设超市 12 家。

九岭新村为库区移民村，村中有砖混结构房屋 27 幢，按两排规划建设。2005 年，建砖混结构小学教学楼 1 座，占地面积 200 多平方米，校园面积 700 多平方米。原有教师 2 人，设一年级，学生 5 人。2007 年，因生源不足学校停办，教学楼改为九岭村委楼。

1975 年，建 300 亩村集体林场；20 亩村集体茶园。2007 年，集体茶园 20 亩分到各户。2005 年，通自来水、铺灌通村水泥公路。2017 年，九岭新村有集体林场 300 亩。经济作物有茶 100 亩、脐橙 30 亩、柿子 100 多株。

【自然村】

1. **傍楼村** 清雍正年间（1723～1735），蓝惟英由龙岩长汀县龙凤村迁傍楼村为蓝姓肇基之祖。

2002 年，建小学教学楼 1 座，占地面积 60 平方米。老师 1 人，办一、二年级，傍楼、九岭、福竹坪 3 村学生共 12 人。2009 年，因学生流失小学停办。2006 年，铺灌通村水泥公路。2008 年，与芹洋村共用自来水。2015 年，傍楼、九岭、福竹坪 3 村联建自来水。

2017 年，傍楼村有土木结构瓦房 7 幢。蓝姓 10 户、53 人；朱姓 4 户、16 人。村民外出开超市的有 1 户、6 人，开设超市 2 家。

2. **福竹坪村** 2017 年，福竹坪村有土木结构瓦房 9 幢，砖混结构房屋 1 幢。陈姓 11 户、60 人；朱姓 3 户、10 人；胡姓 2 户、10 人。村民外出开超市的有 1 户、3 人，开设超市 1 家；陈姓兄弟 3 人在厦门开机械公司。

3. **上九岭村** 2017 年，九岭村有土木结构瓦房 5 幢，砖混结构房屋 2 幢。

黄姓 11 户、53 人；何姓 4 户、20 人。村民外出开超市的有 4 户、13 人，开设超市 4 家。

4. **新田下村** 明景泰六年（1455）寿宁建县，新田下村属政和里十都二图十甲。知县冯梦龙在《寿宁待志·都图》中写道："政和里十都二图十甲：南门，住九岭新田下，离城二十里，民做麻山。粮易。"

2017 年，新田下村有土木结构瓦房 11 幢，砖混结构房屋 2 幢。俞姓 20 户、100 多人；张姓 5 户、23 人；朱姓 5 户、22 人；吴姓 3 户、12 人。村民外出开超市的有 6 户、18 人，开设超市 6 家。

5. **九岭新村** 2004 年，九岭溪村库区移民 11 户、51 人，统一在丰谷庵建九岭新村。新村在九岭溪畔，与抗倭英雄黄大汉墓园毗邻。水、电、路、通讯、电视等基础设施完善，居住环境舒适、整洁、卫生。2006 年，铺灌通村水泥公路。

6. **丰谷上坂新村** 2004 年，牛头山库区下坂移民 17 户、76 人，统一在丰谷上坂建移民新村。新村水、电、路、通讯、电视等基础设施完善，居住环境舒适、整洁、卫生。2017 年，丰谷新村有土木结构瓦房 6 幢，砖混结构房屋 25 幢。朱姓 32 户、160 多人；胡姓 1 户、8 人。村民外出开超市的有 15 户、30 多人，开设超市 15 家。

新村下游有大王宫 1 座，占地面积 80 平方米。附近有 1 块高约 6 米的人形岩石；有 1 块岩石形似衣橱；还有 2 块相距约 4 米像货郎担一样的岩石，过去曾架有一条石板桥，形似货郎担上搁着一条扁担。此外，还有 1 株古樟、2 株柳杉，胸径需 2 人方能合围。

【废 村】

1. **胡历村** 村中原有朱、王二姓，土木结构瓦房 2 幢。1950 年，村民迁往广地、野坑、九岭溪等村定居。

2. **下坂村** 村中原有房屋 22 幢，朱姓 50 多户、吴姓 3 户。2006 年，牛头山水库蓄水后，下坂村被淹没。村民迁上坂新村、芹洋村、寿宁县城定居。

3. **九岭溪村** 因濒临大溪，又是九岭古道的起始点，故得名九岭溪村。海拔 316 米，距乡政府驻地芹洋村 2 千米，原为芹洋乡海拔最低的行政村。九岭溪村分里村、外洋、旁甲山 3 个居住点。

清乾隆年间，叶闻标由平溪东溪村迁阜坪，旋再迁九岭溪村为叶氏肇基之祖。此外，还有黄、朱、夏、吴等姓。村中原有土木结构瓦房 32 幢，58 户、280 多人。其中 40 多户外出打工、开超市。

九岭溪村原有榨油坊 3 座、黄山公庙 1 座、水电站 1 座、水坝 1 座、石拱桥 6 座、凉亭 3 座、小学 1 所、村委楼 1 座、小卖部 1 处、医疗站 1 处。木拱廊桥（飞虹桥）系芹洋人黄彦畴捐资建造，位于九岭溪村旁，1976 年修建寿宁县城至芹洋公路时拆毁。除九岭古道外，还有通往上九岭的九岭路、广地岭、丰谷岭、芹洋岭、阜莽岭、石落路等通往邻近村庄。

九岭涠电站是芹洋乡第一座水电站，水头 30 米，流量 0. 40 立方米/秒，集水面积 3. 2 平方千米，装机容量 12 千瓦，1984 年 11 月建成，低压线路 0. 70 千米，供电 62 户。20 世纪 80 年代曾作为寿宁三中的教育实践基地，后废弃，大坝也被洪水冲毁。

九岭溪村经济作物主要是茶、油茶、脐橙、板栗。2006 年，牛头山水库蓄水，九岭溪村被淹没。村部迁往丰谷新村，居民多数迁芹洋新村，部分迁寿宁县城和福鼎市龙安开发区。

九、可观村

可观村在芹洋乡东南部，距乡政府驻地芹洋村 15. 5 千米。可观村门下是长濑溪、九岭溪交会后的长溪。东与清源乡毗邻，南与斜滩镇石井村隔溪相望。海拔 464 米，土地面积 2. 1 平方千米。2017 年，辖外塆、洋边、岗后、岩头岗等自然村，共 180 户、820 人。

可观村原名“可更村”，后来因“可更，可更，烂糟同一罐”的俗语（方言“更”与“罐”谐音），而改名为“可观村”。明正统年间，吴珂一从托溪溪坪到可观搭菇楼做香菇，随之在此肇基为可观吴姓之祖。清康熙六年（1667），胡从旭从浙江庆元县竹坪迁可观。

2017 年，可观村有巷道 5 条，土木结构瓦房 26 幢，砖混结构房屋 6 幢。全村 75 户、300 多人。其中吴姓 36 户、150 人；胡姓 32 户、120 人；张姓 7 户、30 多人；陈姓 7 户、30 人；刘姓 2 户、10 人；周姓 2 户、10 人；何姓 2 户、8

人。村民外出开超市的有 2 户、10 人，开设超市 2 家。

1961 年，建土木结构教学楼 1 座办可观小学；1989 年，有民办教师 6 人，设 1 ~5 年级，学生 110 人。2000 年，建砖混结构教学楼一座。2010 年，因生源不足学校停办。

可观村传统经济作物有茶园 100 亩、柿子 100 株，也盛产毛竹。2008 年，浇灌通村水泥公路。

【自然村】

1. **岗后村** 2017 年，村中有房屋 10 幢。其中张姓 6 户、12 人；刘姓 1 户、1 人；黄姓 1 户、1 人。村民外出开超市的有 1 户、2 人，开设超市 1 家。村中有百年枫树、锥树各 2 株；毛竹 400 多亩。至今，通村公路尚未修通。

2. **洋边村** 2017 年，洋边村有房屋 8 幢，吴姓 8 户、10 人。2007 年，铺灌通村水泥公路。

3. **外垮村** 2017 年，外垮村有房屋 16 幢，13 户、26 人。其中吴姓 11 户、20 人；柳姓 1 户、4 人；张姓 1 户、2 人。村民外出开超市的有 2 户、4 人，开设超市 2 家。2007 年，铺灌通村水泥公路。村中有挂牌保护的百年枫树 8 株。

4. **岩头岗村** 2017 年，岩头岗村有房屋 5 幢，叶姓 3 户、10 人。2013 年，铺灌通村水泥公路。

【废　村】

1. **上西坑村** 原有房屋 6 幢，8 户、50 多人。其中黄姓 3 户、15 人；朱姓 1 户、8 人；叶姓 1 户、4 人。毛竹林 400 多亩。2015 年，全村相继迁广地村、寿宁县城定居。

2. **下西坑村** 原有房屋 10 幢，12 户、70 多人。其中胡姓 10 户、60 人；黄姓 2 户、10 人。毛竹林 400 多亩。2015 年，全村相继迁清源、寿宁县城定居。

十、山头村

山头村在芹洋乡东北部，距乡政府驻地芹洋村 10 千米。山头村海拔 839 米，雄踞百山之上，村如其名，也是芹洋乡海拔最高的行政村。土地面积 6.9

平方千米，辖乾山、黄瑶、亭下、山头洋、梅积坑、金钟洋、单竹洋等自然村，共290户、1500多人。

清乾隆中期，叶家修由广地村迁入山头村为肇基之祖。2017年，山头村有土木结构瓦房9幢，砖混结构房屋47幢，钢筋水泥框架结构的楼房3幢。全村80户、360多人。其中叶姓62户、267人；黄姓4户、17人；沈姓4户、16人。村民外出开超市的有20户、100人，开设超市15家。

1958年，借用民房开办山头小学；1968年，建土木结构教学楼1座。1978年，又建砖混结构教学楼1座。1998年，迁址建砖混结构教学楼一座，校园占地600平方米。2003年，有公办教师7人，设1~5年级，学生280人。2007年，因生源不足学校停办。

20世纪70年代，寿宁县城至芹洋公路穿村而过。21世纪初，各自然村均修通机耕路。2004年，宁德市公安局派黄文挺到山头村挂职，任村党支部第一书记，帮助群众发展生产，改善生产生活条件，将长垅湾填成3000多平方米大坪供今后发展之用。村中有砖窑和茶叶加工厂。适宜种植大御豆、小尖椒、铁观音、金观音等经济作物。村外湾大王坪有百年以上古树1株，胸径1米多。

【自然村】

1. **亭下村** 村中有房屋16幢，李姓30户、160多人。2016年，铺灌通村水泥公路。村中有百年以上柳杉1株。2017年，村民外出开超市的有15户、75人，开设超市10多家。留守村中的仅有6户、12个60岁以上的老人。

2. **黄瑶村** 黄瑶村有房屋16幢。2010年，铺灌通村水泥公路。村中有挂牌保护的百年以上柳杉4株。2017年，村民外出开超市的有18户、90人，开设超市10多家。留守村中的仅有黄姓4户、8人；刘姓1户、2人。

3. **乾山村** 2017年，乾山村有房屋18幢，30户、150人。其中黄姓27户、135人；俞姓3户、15人。村民外出开超市的有15户、75人，开设超市10家。2012年，铺灌通村水泥公路。村中有百年以上樟树1株、红豆杉1株、枫树2株。

4. **单竹洋村** 2017年，单竹洋村有房屋6幢，12户、70人。其中巫姓11户、65人；张姓1户、5人。村民外出开超市的有5户、25人，开设超市3家。

2013 年，铺灌通村水泥公路。

5. **山头洋村** 2017 年，山头洋村有房屋 8 幢，15 户、78 人。其中徐姓 10 户、50 人；黄姓 5 户、28 人。村民外出开超市的有 1 户、9 人；开小百货店的 1 户。2013 年，铺灌通村水泥公路。

6. **金钟洋村** 造福工程新村。1997 年，水坝下村赖姓 10 户、60 人；猪牳岗村赖姓 25 户、130 人，因一方水土难养一方人，在县政府支持下统一迁往金钟洋村定居。新村有砖混结构房屋 35 幢，35 户、260 余人。2017 年，村民外出开超市的有 20 多户、100 多人，开设超市 20 多家。

7. **龙凤洋村** 造福工程新村。1998 年，梅积坑村陈姓 74 户、176 人，胡姓 1 户、11 人；乾山村黄姓 1 户、9 人；山头洋村叶姓 1 户、12 人，因一方水土难养一方人，在县政府支持下统一迁往龙凤洋村定居。新村有砖混结构房屋 77 幢，77 户、208 人。

【废 村】

1. **寨下村** 村中原有房屋 1 幢，李姓 1 户、20 人。1986 年，回迁亭下村定居。

2. **水坝下村** 村中原有房屋 5 幢，赖姓 13 户、75 人。1990 年，3 户迁寿宁县城定居。1997 年，余下 10 户统一迁金钟洋村定居。

3. **猪牳岗村** 村中原有房屋 10 幢，赖姓 25 户、130 人。1997 年，全村统一迁金钟洋村定居。

4. **梅积坑村** 村中原有房屋 12 幢，75 户、176 人。其中陈姓 74 户、165 人；胡姓 1 户、11 人。1998 年，全村统一迁龙凤洋村定居。

十一、山底村

山底村位于芹洋乡东北部，距乡政府驻地芹洋村 7 千米。海拔 698 米，土地面积 4.5 平方千米。2017 年，山底村辖石落、岩头坂、横栏岗等自然村，共 176 户、826 人。

山底村为夏氏血缘聚居之村。清乾隆九年（1744），夏长鹤由托溪漈头村迁山底村为肇基之祖。2017 年，山底村有土木结构瓦房 17 幢，砖混结构房屋 4

幢。夏姓80多户、376人。村民外出开超市的有10户、20多人，开设超市10家。村中门楼路，宽3米、长10米；牛栏巷，宽2米、长10米；水槽巷宽2米、长14米。

1953年，借用民房办山底小学；1998年，建砖混结构教学楼1座，占地面积100平方米；校园面积150平方米。1985年，教师4人，其中公办教师2人、民办教师2人。设1~4年级，学生93人。2004年，因生源不足学校停办。

山底村以水稻、茶叶为主。果树有柿子、板栗等。适宜种植大御豆、铁观音、金观音。林地面积较大，杉、松、毛竹成片。

山底村下游有百年以上古树16株。其中松树9株、枫树1株、槠树2株、假樟树2株、木犁丁1株、红豆杉1株。

【自然村】

1. **石落村**　为范姓血缘聚居之村。清乾隆十四年（1749），范义旦由浙江庆元县二都大岩村来石落搭菇楼做香菇，后在此定居为肇基之祖。2017年，石落村有土木结构瓦房21幢，砖混结构房屋12幢。村中有范姓70多户、500余人。村民外出开超市的有10多户、20多人，开设超市10多家。1998年，铺灌通村水泥公路。石落大王旁有百年以上米槠树10多株；村边还有百年以上枫树4株，孔雀树2株。

1960年，借用民房办石落小学，老师1人，学生7人。1995年，建砖混教学楼1座，占地面积60多平方米。2000年，因学生流失学校停办。2010年，石落小学改为村民活动中心。

2. **岩头坂村**　主姓吴，从托溪际底村迁此肇基。2017年，村中有土木结构房屋15座，砖混结构房屋1座。全村53户、240人。其中夏姓2户、12人。村民外出开超市的有6户、50人，开设超市20家。2017年，铺灌通村水泥公路。1965年办小学，1位老师。2000年小学停办。

3. **横兰岗村**　2017年，有房屋4幢，吴姓6户、26人。村民外出开超市的有2户、7人，开设超市2家。2016年，铺灌通村水泥公路。芹洋往托溪的乡际公路将在村境内通过。

【废　村】

1. **北山村**　村中原有房屋3幢，杨姓4户、20多人。2000年，全村迁芹洋村定居。

2. **底墓村**　村中原有房屋3幢，杨姓5户、20多人。2000年，1户迁芹洋村、4户迁寿宁县城定居。

3. **岭头坂村**　村中原有房屋1幢，吴姓3户、13人。2000年，1户迁寿宁县城、2户迁托溪村定居。

十二、底洋村

底洋村在芹洋村东部，距乡政府驻地芹洋村13.5千米，位于九岭溪、长濑溪合流后的长溪畔，海拔478米，全村面积约10.2平方千米。2017年，辖大岗、墩洋、东瓜漈等自然村，共140户，680人。

底洋村原名樟树下，又叫樟树岗，因有一株大樟树而得名。后来樟树被砍，樟树岗村失去了标志物，渐渐地也就没人再称樟树岗村或樟树下村了。因樟树岗村在墩洋村里面，方言“里”“底”二字有相通之意。久而久之，樟树岗村也就被人叫成了底洋村。

底洋村为吴姓血缘聚居之村。吴姓从鳌阳高厝下迁三望洋村，再迁墩洋村。清乾隆年间（1736~1793），又从墩洋村迁到樟树岗村（底洋村）肇基。

2017年，底洋村有吴姓65户、260多人。村中坑边路，宽4.5米、长110米；上路巷，宽2米、长130米；下路巷，宽2米、长130米；中心巷，宽2米、长100米。村中有土木结构瓦房23幢，砖混结构房屋8幢。村民外出开超市的有8户、40人，开设超市8家。

1954年，借用民房开办底洋小学，老师3人，设一、二、三、四年级，学生50多人；1995年，建占地面积120平方米砖混结构教学楼一座，校园占地面积300平方米。设一、二、三、四年级，有教师2人，学生50多人。2010年，因生源不足学校停办，教学楼暂借用为村委楼。

2007年，省委老干局派陈祖生到底洋村挂职，任村党支部第一书记。浇灌了通往芹洋的水泥公路，新建了自来水，修缮了村委楼并改造了周边环境，村民的生产生活条件得到很大改善。

底洋村有柿子200多株，年产约500担。有茶园800多亩。村下游有挂牌保护的古松4株、古枫2株；村后有古松8株、古枫2株。桔子林边的自然景观——水牛上天岩，岩石上有“牛蹄印迹”数十处，传说有水牛在此上天。

【自然村】

1. **大岗村** 清乾隆三年（1738），胡芝遇由浙江庆元县松源竹坪迁入大岗村为肇基之祖。光绪年间（1875～1908），胡元星广置田产，号称“百万”。胡元星故居虽毁，但其宅中的石鼓、石垄、石花瓶、石脚盆等清代石器仍在。

2017年，大岗村有土木结构瓦房12幢，砖混结构房屋12幢。村中有胡姓15户、70多人；黄姓2户、22人；吴姓2户、13人；张姓1户、6人。村民外出开超市的有5户、30多人，开设超市5家。2010年，铺灌通村水泥公路。村旁有百年以上柳杉4株、枫树2株。

2. **墩洋村** 2017年，墩洋村有土木结构瓦房8幢，砖混结构房屋3幢。村中有吴姓21户、90多人；韦姓1户、6人。村民外出开超市的有4户、25人，开设超市5家。2008年，铺灌通村水泥公路。村旁有百年以上枫树1株、松树5株。

3. **东瓜漈村** 2017年，东瓜漈村有土木结构瓦房4幢。村中有何姓4户、25人；黄姓3户、16人；王姓3户、18人；龚姓2户、9人。村民外出开超市的有5户、30人，开设超市6家。2008年，铺灌通村水泥公路。2006年，村民黄立根在东瓜漈村旁开发水果场，栽培桔、脐橙、杨梅、芦柑、柚子等水果。

【废　村】

1. **林下村** 林下村原有土木结构瓦房1幢，柳姓2户、10人。1976年，迁可观村定居。

十三、上修竹村

上修竹村在修竹溪南岸，海拔432米，土地面积2.4平方千米，距乡政府驻地芹洋村5.5千米。上修竹原属修竹行政村，1982年分出。2017年，辖岔头坂、八垅碇等自然村，共192户、886人。

上修竹村与修竹村毗邻，因为位于修竹村上游，地势也比修竹村高，而且肇基之祖也是修竹、长溪村李氏宗亲，为不忘祖源又能有所区别，因此取名上修竹。

上修竹为李姓血缘聚居之村。李氏一支从修竹村迁入，另一支从平溪长溪村迁入。2017年，全村118户、600多人。其中李姓80户、400人；吴姓16户、80人；叶姓14户、75人；陈姓4户、20人；蔡姓2户、20人；张姓1户、6人；林姓1户、5人。村民外出开超市的有80户、260多人，开设超市90多家。

村中有1条小溪，全村房子沿着小溪修建，因此村庄狭长如带状。村中有2路、2巷道。其中溪边路宽4.5米、长360米；环村路宽7.5米、长660米。村头巷宽2米、长200米；山后巷宽1.5米、长200米。全村有土木结构瓦房36幢，砖混结构房屋50幢。

民国时期，借用民房开办上修竹小学；1963年，建土木结构教学楼1座。1998年，建砖混教学楼1座。2002年，上修竹小学有教师5人，其中公办教师4人、民办教师1人。设1~5年级，学生60多人。2017年，上修竹小学有公办教师2人，设一年级与幼儿班。一年级学生1人，幼儿班幼儿3人。

上修竹村沿着小溪而建，村中有各式桥梁12座。其中有两座宋代石板桥，系宋绍兴三十二年（1162）建，距今已855年。村上游的一座由两条石板相拼而成。一条石板长4.4米，宽0.37米，厚约0.25米，内阴刻“叶彦明造式荐考妣二亲尊魂生界”；另一条石板长4.2米，宽0.42米，厚约0.25米，内阴刻“绍兴壬午”四字。另一座石板桥在村中，也由两条石板相拼而成。一条长3.7米，宽0.46米，厚约0.25米，内阴刻“致政西道功在日开石庆寿堂□众募”；另一条长3.4米，宽0.42米，厚约0.25米，内阴刻“绍兴壬午叶彦明建造”。

最长的一座石拱桥在村下游，长约50米、宽5米，2007年建。1座水泥桥，长10米、宽4.5米，2017年建。2006年，芹洋通往修竹、上修竹、岔头坂的水泥公路，与斜滩至平溪公路相衔接。

村中有1座肇基时建的木结构众厅，占地面积150平方米，2016年重修。此外，还有1座慈济宫，占地面积80平方米。1座奶娘宫，占地面积88平方米。村北大王林有5株挂牌保护的古树。上修竹村以农耕经济为主，主要有茶叶、脐橙。近年引进铁观音茶，发展前景良好。

【自然村】

1. **岔头坂村** 与平溪镇长溪村毗邻，通往斜滩镇、平溪镇、芹洋乡的公路都从村中穿过。2017 年，村中有房屋 22 幢，45 户、220 人。其中蔡姓 38 户、180 多人，来自下党曹坑村。此外还有 4 户姓李、2 户姓吴、1 户姓高。2017 年，村民外出开超市的有 20 多户、50 多人，开设超市 30 多家。其中蔡岩林一家在广州开超市 10 多家，是芹洋乡开办超市最多的“超市之家”。

【废 村】

1. **山后村** 村中原有房屋 6 幢，吴姓 20 户来自托溪村，100 多人。2017 年，全村均已迁尤溪、岔头坂、上修竹、长溪等村及建阳市定居。

2. **金钟林村** 村中原有房屋 3 幢，李姓 6 户来自高山村，30 多人。2017 年，全村均已迁往平溪、斜滩、芹洋等村定居。

3. **八龙碇村** 村中原有房屋 6 幢，17 户、80 多人，是老区村。其中蔡姓 10 户，由下党槽坑村迁入。此外还有李姓 4 户、吴姓 2 户、高姓 1 户。2017 年，全村均已迁往岔头坂村定居。

十四、发竹坪村

发竹坪村位于芹洋村西南，距乡政府驻地芹洋村 8.8 千米，海拔 633 米，面积约 2 平方千米。

相传，最早开发化竹坪的是林姓，始居水井边的坂林。因四野到处长满化竹，故得名“化竹坪”，后被改为同音不同字的“发竹坪”。其后，又有毛姓、蔡姓来此，居住在旧厝坪。

明景泰六年（1455）寿宁建县，化竹坪村属政和里八都二图三甲。知县冯梦龙在《寿宁待志·都图》中写道：“政和里八都二图三甲：南门，离城四十里，住化竹坪村。民淳，耕绩。”

现在的发竹坪，为谢氏血缘聚居之村，村中有上谢、下谢之分。上谢，从龙岩汀州迁入，肇基至今已繁衍 19 世；下谢，原在尤溪村河坑自然村，后移居到黄潭村。相传，下谢的祖先去福安赛岐挑盐，在凉亭歇息时与上谢的祖先相遇，两人谈得很投机。此后，二人常结伴挑盐，结下了深厚的友谊，就像亲兄弟一样。因此，上谢邀请黄潭村谢氏移迁到化竹坪村定居。虽然二人情同兄弟，但毕竟支系源流不同。因此，化竹坪村有上谢、下谢两座谢氏祠堂。

发竹坪村原属尤溪大队，1981 年 10 月分出。发竹坪村东、西、北 3 个方向，分别有古道通往斜滩、平溪、尤溪和芹洋。村中有路 1 条、巷道 2 条，其中村中路宽 2 米、长 200 多米；村头巷宽 1.5 米、长 60 多米；村尾巷宽 1.5 米、长 60 多米。全村有土木结构瓦房 40 幢，砖混结构的房屋 4 幢。

2017 年，全村 110 户、600 多人。其中谢姓 99 户、540 人；吴姓 8 户、40 人；刘姓 3 户、20 人。村民外出开超市的有 10 户、40 多人，开设超市 10 多家。还有 2 户在广东办厂。

1957 年，借用奶娘宫开办发竹坪小学；1990 年，建砖混教学楼 1 座，占地面积 75 平方米，校园占地面积 1300 平方米。2002 年，小学有教师 5 人，设 1 ~ 5 年级，学生 60 多人。2006 年，因生源不足学校停办。

1972 年动工兴建的“平芹水利”，大坝筑在平溪公社南溪大队下游溪流。渠长 32 千米，其中平溪公社境内长 24 千米，芹洋公社境内长 8 千米，1975 年底竣工。工程投资 34 万元，其中，国家补助 12 万元，共投工 7.2 万个工日。渠经平溪公社的溪底、龙头坑、东木洋、平溪、岭根和芹洋公社的发竹坪、尤溪、溪源等 8 个生产大队。工程原设计灌溉面积 6250 亩，后因资金不足，工程质量较差；加上渠道过长，维修资金缺乏，无法发挥应有作用。1989 年，芹洋乡境内尤溪至溪源段已废。1995 年，平芹水利全线报废。

发竹坪村主要种植粮食、茶树、果橙、林木和毛竹等。2016 年，寿宁县城至平溪的寿政二级公路修通，发竹坪村与寿政二级公路连接线也同时通车，交通条件有了很大改善。

【废　村】

1. **毛竹岗**　村中原有谢姓房屋 1 座，1 户人家。民国年间，由化竹坪村迁毛竹岗。1952 年回迁化竹坪村，2016 年旧屋拆除。

十五、下坪碓村

下坪碓村在芹洋乡最北面，距乡政府驻地芹洋村 20 千米。海拔 611 米，土地面积 6.7 平方千米。辖蔡坑、铁炉坪、杨梅坪、九斗洋、石门后、水尾坑、石马后、石马洋等自然村，共 336 户、1460 人。

下坪碓原叫下坪源，后来铁炉坪人在门下建水碓，故改称下坪碓。清雍正十年（1732），刘朝琯由浙江庆元县二都岩坑迁石门后定居，到下坪源牧牛发现群山皆雪而此地独无，群牛皆宿此。乾隆十八年（1753），为方便开荒、放牛，刘朝琯与哥哥再迁至下坪源，为刘姓肇基之祖。

2017 年，下坪碓村有土木结构瓦房 18 幢，砖混结构房屋 9 幢。全村 86 户、380 人。其中刘姓 84 户、371 人；叶姓 2 户、9 人。村民外出开超市的有 4 户、7 人，开设超市 4 家。村中有巷道 3 条，其中村头巷宽 2 米、长 30 米；村中巷宽 1 米、长 40 米；村尾巷宽 1 米、长 100 米。

1965 年，借用刘家祠堂开办下坪碓小学；1988 年，建砖混结构教学楼 1 座，校园占地面积 760 平方米。1989 年，有教师 6 人，其中公办教师 2 人、民办教师 4 人。设 1 ~ 5 年级，学生 90 人。2010 年，因生源不足学校停办。2013 年，因高压线经过，教学楼被拆除。

下坪碓村中有石拱桥 1 座，水泥桥 3 座。桥下水口筑堤成湖，湖旁有 3 株百年柳杉。2008 年，铁炉坪到下坪碓村道浇灌水泥公路；自来水也进村入户。2014 年，将原土木结构村委楼的三分之一拆建为砖混结构。现新旧村委楼共占地面积 200 平方米，建筑面积 400 平方米。经济作物有茶、板栗、脐橙、芦柑。

1981 年 3 月，下坪碓电站建成，水头 27 米，流量 0.20 立方米/秒，集水面积 2 平方千米，装机容量 26 千瓦，低压线路 0.60 千米，供电 81 户。1995 年电站废弃。

【自然村】

1. **载坑村**　2017 年，载坑村有土木结构瓦房 27 幢，砖混结构房屋 10 幢。全村 92 户、396 人。其中肖姓 46 户、172 人；许姓 40 户、188 人；冯姓 1 户、9 人；练姓 1 户、8 人；吴姓 3 户、12 人；刘姓 1 户、6 人。村民外出开超市的有

3 户、9 人，开设超市 3 家。2017 年，铺灌通村水泥公路；重修占地 20 平方米的马仙宫。村中一条古道，公路未通之前是寿宁县城通往浙江庆元县的必经之路。村头有一株树干中空，挂牌保护的二人合围的百年红豆杉。

2. **铁炉坪村** 明景泰六年（1455）寿宁建县，铁炉坪村属政和里十都二图八甲。知县冯梦龙在《寿宁待志·都图》中写道："政和里十都二图八甲：南门，住铁炉坪，离城十五里。民耕读，颇淳。粮易。"

寿宁县城至托溪公路从铁炉坪村前经过。村中有土木结构瓦房 16 幢、砖混结构房屋 23 幢，原有 54 户、300 多人。2017 年，全村 35 户、210 人。其中许姓 31 户、189 人；冯姓 1 户、7 人；赖姓 1 户、3 人；叶姓 2 户、11 人。村民外出开超市的有 6 户、30 多人，开设超市 6 家。1985 年，铺灌通村水泥公路。村下游有 1 座马仙宫，2005 年建，30 多平方米。

3. **杨梅坪村** 明景泰六年（1455）寿宁建县，杨梅洋村名叫杨梅林村，属政和里十都一图七甲。知县冯梦龙在《寿宁待志·都图》中写道："政和里十都一图七甲：南门，离城八十里，住杨梅林。民贫，耕田。粮少，易完。"

2017 年，村中有土木结构瓦房 12 幢、砖混结构房屋 2 幢。全村 31 户、180 人。其中许姓 29 户、161 人；刘姓 2 户、19 人。村民外出开超市的有 2 户、13 人，开设超市 2 家。1985 年，铺灌通村水泥公路。

4. **九斗洋村** 村中有土木结构瓦房 8 幢，原有范姓 24 户、140 多人。2017 年，村中有范姓 13 户、90 人。2016 年，铺灌通村水泥公路。

5. **石门后村** 康熙五十七年（1718），刘朝罴从浙江泰顺县荒村洋迁石门后为肇基之祖。2017 年，村中有土木结构瓦房 15 幢，砖混结构房屋 6 幢。刘姓 31 户、150 人；谢姓 3 户、19 人。2012 年，铺灌通村水泥公路。村下游有百年柳杉一株。

6. **石马洋村** 2017 年，村中有土木结构瓦房 1 幢，仅两个 80 多岁的练姓老人居住。

7. **水尾坑村** 村中有土木结构瓦房 4 幢。原有许姓 8 户、40 人；黄姓 1 户、5 人。2017 年，村中仅一幢房子居住两对老夫妻，其中一对 50 多岁，一对 80 多岁。

十六、甲廷岔村

甲廷岔村在芹洋乡东北面，距乡政府驻地芹洋村 17 千米。西北与托溪乡相邻，海拔 678 米，土地面积 3.7 平方千米。2017 年，辖水尾自然村，全村 111 户、447 人。

甲廷岔为冯姓血缘聚居之村。明正统十年（1445），冯全一迁葛湖村为肇基之祖。因村中有湖，湖畔长满葛藤，因此得名葛湖村。不知何时，葛湖村被人更名为葛藤岔村？后来为图书写方便，“葛藤”又被易为笔画更少，与方言谐音的“甲廷”。冯梦龙在《寿宁待志·物产》中写道：“棕出三都葛藤岭。”冯梦龙笔下的“葛藤岭”，不知是不是葛藤岔？

甲廷岔村原有土木结构瓦房 29 幢，冯姓 70 户、360 多人；许姓 2 户、2 人。2017 年，村中有土木结构瓦房 27 幢，砖混结构房屋 5 幢。宽 1.5 米巷道 2 条，一条长 150 多米，一条长 30 多米。村中常住的有冯姓 15 户、40 多人。村民外出开超市的有 5 户、30 多人，开设超市 5 家。

1962 年，借用冯氏宗祠开办甲藤岔小学，老师由村民自聘，每天由村民轮流供饭。1978 年，建土木结构教学楼一座，占地面积 100 多平方米。1993 年，在原址拆旧建砖混结构教学楼一座，校园占地面积 300 多平方米。设一、二、三、四年级，有教师 3 人，学生 40 多人。1997 年，因生源不足学校停办，教学楼改为村委楼。

甲藤岔村经济作物主要是茶叶。1982 年，引山涧水进村入户；2007 年，浇灌通村水泥公路。村中有挂牌保护的桧树 2 株、楮树 3 株。大王附近有高 20 多米的古松 1 株。甲藤岔村下游有 1 条石板桥，长 5 米、宽 1.6 米，由两条石板拼成，2014 年机耕路通车后废弃。

【自然村】

1. **水尾村**　村中原有陈姓 15 户、80 多人；叶姓 1 户、9 人。2017 年，村中有土木结构瓦房 10 幢。常住村中的都是 70 多岁以上的老人，其中陈姓 2 户、5 人；叶姓 1 户、1 人。村下游有百年以上楮树 4 株；大王旁有 30 多亩天然林。

【废　村】

1. **头梳盒村**　村中原有土木结构瓦房5幢，冯姓5户、40多人。1996年，4户迁芹洋茶场，1户迁托溪坪坑村东山定居。

十七、官路洋村

官路洋村位于芹洋乡东北面，距乡政府驻地芹洋村15千米，海拔664米。2017年，全村土地面积1.8平方千米，辖八碇、岩头面等自然村，96户、498人。

官路洋原称“九岭洋”，因为村庄在九岭古道之下。明景泰六年（1455）寿宁建县，九岭是寿宁县城通往政和县和建宁府的必经之路，官员来往频繁，商旅络绎不绝，故改称官路洋。

崇祯年间，官路洋属坊隅四图八甲。知县冯梦龙在《寿宁待志·都图》中写道：“城南，住官禄洋。男耕女绩。”书中，冯梦龙将“官路洋”写成同音不同字的“官禄洋”，不知是否冯老先生笔误？

清雍正十二年（1734），寿宁县划归福宁府管辖。随着寿宁政治重心的南移，在九岭古道上来往的官府人员大量减少。20世纪70年代，公路通车以后，九岭古道行人锐减，因而日趋荒凉。只有那“官路洋”的村名，深深地烙着往昔岁月的印记与履痕，令人发思古之幽情。

清乾隆年间，叶作祺迁入官路洋，至今繁衍10代。叶作祺祖籍浙江松源卯山，经过庆元县杨良、荷地桃坑、寿宁县日洋浦、源地、桃树等村多次迁移后，再到官路洋定居。周姓入迁官路洋比叶姓还早。土改时，官路洋仅4座房屋，原属广地生产大队。1981年，分设官路洋生产大队。

官路洋村沿小溪而建，村中有土木结构瓦房25幢，砖混结构房屋1幢。溪两岸各有1条宽1.5米的沿溪村道，其中一条长200多米，一条长100多米。2016年，在两岸溪边建护栏296米。村下游有1条水泥公路桥，长30米，宽6米。为使村庄藏风聚气，2016年在桥上建宽2米的长廊。

村中原有叶姓20多户、100多人；李姓10户、50多人；刘姓7户、30多人；周姓3户、12人；陈姓2户、9人；甘姓1户、6人。2017年，官路洋常住村民仅8户、10人。村民外出开超市的有6户、30多人，开设超市6家。

1981 年，在水电站楼上开办官路洋小学；1990 年，建占地面积 90 平方米教学楼 1 座，小学校园占地面积 300 多平方米。设一、二、三年级，有教师 3 人，学生 60 余人。2005 年，因生源不足学校停办，小学教学楼改为村委楼。

官路洋村中过去建有水碓，清光绪年间建水头亭。20 世纪 80 年代，官路洋建的小水电站，是芹洋乡最早电站之一。芹洋村的自来水源自官路洋村后蓄水池，铺十多里管道引到芹洋村。2008 年，官路洋水泥公路与寿芹公路相接。村民副业为茶、竹、林。村中大王旁边有挂牌保护的古松 6 株，古柳杉 1 株。

【自然村】

1. **八碇村**　全村姓刘，由浙江庆元县岩坑迁八碇村 6 代。2017 年，村中有土木结构瓦房 10 幢，砖混结构房屋 3 幢。村中原有 40 户、150 多人。2009 年，浇灌通村水泥公路。2017 年，八碇村常住村民只有 8 户、10 人。

2. **岩头面村**　全村姓吴，从托溪圈石村迁岩头面村肇基。村中原有 25 户、120 多人。2017 年，村中有土木结构瓦房 9 幢。村民外出开超市的有 2 户、10 人，开设超市 2 家。2013、2016 年，分两次浇灌通村水泥公路。村民大多迁往芹洋村、寿宁县城定居。2017 年，岩头面村常住村民只有 4 户、7 人。

第七章　资源特产

芹洋乡山地众多，土壤肥沃，农业资源丰富。境内人民在长期的生产生活中培育了许多名优特产品，如茶叶、脐橙、油茶（榛油）、板栗、柿子、桐油、地瓜、马铃薯、猕猴桃等。尤为知名的是茶叶、脐橙、油茶（榛油），邑人誉称“芹洋三宝”。

一、经济类

1. 茶　叶　早在宋元时期，芹洋境内就开始栽培茶叶。现在的茗坑村，就因为村中那条川流不息的小溪，两岸茶树郁郁葱葱茗香飘逸而得名——茗川。

芹洋属中亚热带山地气候区，适宜茶树栽培，历来是寿宁的产茶大乡。《寿宁县志》记载，寿宁茶农长期自选自育而推广的地方群体品系，有 6 个品种。其中芹洋选育的就有两种，一是芹洋菜茶，一是芹洋早茶。

《寿宁县志》写道：“芹洋早茶，茶农称之为白毛茶。原产于托溪乡上渺洋村海拔 1020 米的高山上。1979 年，县茶叶区划调查时被发现。其特点是白毫多、芽头小而密。一般在谷雨前开采，9 月上旬停止采摘。1980 年 10 月，经县茶叶区划组初步鉴定命名为‘芹洋早茶’。”

《寿宁县志》对芹洋茶园管理和高产茶园也有记载，“芹洋的重点茶园采用在茶树行间铺稻草，以降低地温，减少蒸发，保持土壤湿润，限制杂草生长”。“1989 年，芹洋亩产 100 公斤以上高产茶园 208 亩，其中 100 ~ 149 公斤的有 139 亩，150 ~ 199 公斤的有 33 亩，200 ~ 249 公斤的有 31 亩，250 公斤以上的有 5 亩。”

2008 年，寿宁县委、县政府号召建设闽浙边界生态新茶乡，把发展茶产业作为增加农民收入、改善民生质量，促进民富县强的主导产业。当年，芹洋乡在芹洋、尤溪、山头、山底 4 个村示范引进安溪铁观音、金观音等乌龙茶新品种。山底村在海拔 700 多米的荒坡上开辟茶园 230 亩，全部种植乌龙茶苗。村里还筹集资金 10 万元，开通 3 条机耕路将肥料直接运到茶园。2017 年，芹洋乡约有茶园 1.2 万亩，其中安溪铁观音、金观音等乌龙茶新品种 2000 多亩，“福云六号”茶园 1 万亩，形成长濑溪、九岭溪库区沿岸连绵 10 多千米的茶叶种植园区。

芹洋乡生产的茶叶主要有红茶和绿茶两大类。1952 年以前，制茶都是手炒、脚揉、火焙、日晒；工具主要是竹笏、簟、笼、箩、焙笼、铁锅等。这种原始的制茶方式，效率低、花工大，制 50 公斤茶干需 12 天。1953 年春，引进“五三式”木制人力揉捻机，利用祠堂、庙宇等场所办初制厂，为机械制茶之始。

1989 年，芹洋乡有茶叶加工厂 4 家，初制机械设备有滚筒杀青机 4 台、揉捻机 11 台、烘干机 4 台、解块机 2 台、瓶式炒干机 16 台、双瓶式炒干机 21 台。2015 年，芹洋乡有茶叶加工厂 13 家，其中登记注册的有 8 家。主要生产绿茶、红茶，生产乌龙茶的仅鑫雁茶厂 1 家。

2017 年，芹洋乡有茶叶加工厂 28 家，通过 QS 认证并成功申报的规模以上企业有理仁、纯馨两家茶叶公司。炜康茶厂注册了“洪旗山”商标。

2. **油　茶**　俗称“榛树”，榛果从开花到果子成熟，历秋冬春夏四季，吸天然雨露，纳日月精华。果实成熟期也是花开时节，花果并存，同株共茂，堪称人间奇果。香油（榛油），就是由榛果提取而成。芹洋乡种植油茶、提取榛油已有 500 多年历史。明清以来，芹洋、尤溪、九岭等村庄，都建有人力或水力带动的油坊，以加工香油（榛油）。

榛果浑身是宝。榛油不饱和脂肪酸含量远远高于豆油、菜油和花生油。与橄榄油相比，维生素 E 含量高一倍，并含有山茶甙等特定生理活性物质，具有极高的营养价值；榛籽粕中含有茶皂素、茶籽多糖、茶籽蛋白等，是化工、轻工、食品、饲料工业产品等的原料；榛籽壳可制成糠醛、活性炭等；榛油渣是天然优质的护发原料，用来洗发，具有去油腻、不掉发、去屑，保持头发乌黑亮丽的功用。

传统榛油加工程序，先将榛果放在太阳底下曝晒，开裂后取出果仁，经晒干，去皮，剩下白嫩的果肉。然后将果仁放在石臼里舂成细粉，用细筛筛后放到饭甑里蒸熟。蒸熟的果肉用棕或稻草包成直径约20厘米的“油饼”，放入水碓油坊或油槽，用木片、木槌敲打“油饼”，榛油便从油槽下方注入油箱。

2011年，芹洋乡引进福建御榛食用油有限公司，以仙坑尾为油茶示范基地，采取“公司+基地+合作社+农户”的方式发展油茶种植项目。农户以土地入股，有效益后按比例分红；公司向农户提供种苗和技术，有收成后由公司收购油茶鲜果。

近年，芹洋乡继续加大对新垦油茶林、抚育提高示范林、老茶园套种油茶等予以资金补助，先后开发了仙坑尾、可观、底洋3个种植基地。2017年，全乡有油茶面积1万多亩，其中新垦种植油茶8000多亩，垦复旧油茶约2000亩。万亩油茶的培育，为芹洋乡的绿色农业产业增添了一支具有强劲发展潜力的生力军。

3. **桐　油**　《寿宁县志》载：“油桐，主要分布在斜滩、芹洋、平溪3个乡镇。”俗话说：“家有千株桐，子孙不会穷。”民国时期，芹洋乡的修竹，以桐油为重要经济收入来源。

1977年，供销社开始发放垦复油桐扶植基金。1978年，芹洋公社建立桐油生产基地，组织农民垦复油桐、新辟油桐示范林。20世纪90年代末，随着化纤塑料制品的广泛应用，桐油需求量减少，供销部门停止收购桐油，境内油桐种植面积趋少，桐油产量也急剧下降。

4. **葛　根**　冯梦龙在《寿宁待志·物产》中，对寿宁水果评价最高的就是芹洋出产的葛根，冯梦龙写道：“葛根大于臂，色白味佳，略如梨，最为佳味。”偏好葛根的冯梦龙还不吝笔墨地介绍，葛根“十月、十一月可取食，余月则否。又有色微红者，多渣不佳”。芹洋葛根的主产地是葛藤岔，因盛产葛藤而得名。葛根生于山坡草丛、路旁、疏林中较阴湿处，为药用植物。《本草纲目》载：葛根，性凉、气平、味甘，具清热、降火、排毒诸功效。现代医学研究表明，葛根对高血压、高血脂、高血糖和心脑血管疾病有一定疗效。

5. **山苍子油**　山苍子树原为野生，大暑前后采摘，开采后3~5年便枯死。民间习惯用山苍子作为解暑草药，夏秋季节家家户户常以山苍子泡茶解暑。

1960年，寿宁县在芹洋等地移植野生幼苗，营造成片山苍子林。以山苍子为原料，以铁锅、木桶、铁皮管道为工具，用蒸气蒸馏法提炼山苍子油。由于山苍子油经济价值高，芹洋各村一度广泛栽培山苍子树。

6. **石　斛**　2013 年，尤溪村民张岩秋从浙江学习石斛栽培技术归来，投资 40 余万元在尤溪村马仙岗创办“云雾马仙石斛栽培基地”，基地面积约 5 亩。

石斛，又名吊兰、林兰、金钗花等，花姿优雅玲珑、花色鲜艳、气味芳香，为四大观赏洋花之一。石斛秉性蕴含“刚强、忠厚、可亲”，花语为“欢迎你，亲爱的”。每年 6 月 19 日“父亲节”，人们都将石斛兰送给父亲，故石斛又称“父亲节之花”。

石斛为药用植物，具有清热解毒、防癌抗癌作用。将石斛、麦冬、绿茶一起冲泡，能养阴清热、生津利咽；石斛也有食用价值，将瘦猪肉与石斛、白芍、红枣加清水适量炖汤，具有益胃养阴止痛的功效。

石斛喜温暖、潮湿、半阴半阳的生长环境，以亚热带深山老林中生长为佳，多野生在疏松且厚的树皮或树干上，有的生长在石缝中。因此，张岩秋栽培的近万株石斛，全部种在杉木桩、天然岩石上。

二、水果类

明崇祯间，冯梦龙在《寿宁待志》中记载：“芹洋有藕，皆细小。莲子如常，但不多得耳。葛根大于臂，色白味甘，略如梨，最为佳味。”当时，境内大宗野生水果有杨梅、猕猴桃等。农家在房前屋后零星种植的果树有桃、梨、柿子、板栗等，但数量极少。迄今为止，境内栽培面积最大、产量最多、效益最可观的水果唯有脐橙。脐橙，也是寿宁县有史以来引种最成功的水果。

1. **脐　橙**　芹洋引进栽培的“纽荷尔”脐橙原产美国，因橙果长花处似人的肚脐而得名。脐橙含有人体所必需的各类营养成分，具有降低胆固醇、分解脂肪、清火养颜、防癌抗癌、延年益寿之功效。

2003 年，芹洋乡政府组织农户到古田等地考察。同年，在尤溪村建立了 500 亩美国“纽荷尔”脐橙种植示范基地。尤溪村生产的脐橙无渣无籽，肉嫩汁多、味美芳香、口感清甜，颇受消费者青睐。

美国脐橙在尤溪村引进种植成功，很快辐射带动了溪源、芹洋、阜莽、茗坑、修竹、九岭等村农民的种植热情。2017 年，芹洋乡种植脐橙 8000 多亩。亩产约1500公斤，产值3000元/亩，每年收入2000多万元。

芹洋有得天独厚的富锌土壤条件，生产的脐橙不仅橙红美观、肉质脆嫩，而且富含的微量元素——锌，是维持人体健康长寿所必需的“生命之花”。脐橙不仅营养价值很高，且保鲜期达3个多月，是春节佳期馈赠亲友之上品。脐橙不仅“食之清香盈口”，将脐橙果皮收集晒干，做成“香枕”放在枕头之下，“置之幽香满室”，既有助睡眠还能吸纳室内废气。

四季常绿、花果飘香的脐橙，不仅丰盈了芹洋果农的钱袋，更美化了芹洋大地的生态。春天，脐橙花开时节，芹洋遍野清香飘逸，令人心旷神怡；金秋，成熟的脐橙像红灯笼一样挂满枝头，橙园里氤氲着令人陶醉的幽幽橙香。沿湖两岸长达10多千米的脐橙园，构成芹洋生态观光农业的一道美丽风景。自2008年开始举办的“芹洋富锌生态脐橙采摘节”，至今已连续举办了10届。每年都吸引众多游人呼朋邀友，携妻挈子，来芹洋欣赏橙园的美丽，品尝脐橙的甘甜，分享果农丰收的喜悦，放飞自己快乐的心情。

2. **柿　子**　为浆果类水果，成熟季节在秋冬之间，果实扁圆，不同的品种颜色从浅橘黄色到深橘红色不等。有甜柿与涩柿两类，前者成熟时已经脱涩，后者需要人工脱涩。

《寿宁县志》载：“柿，芹洋主要有水扁柿、无核水扁柿和牛心柿，粒重在120~270克之间，果肉橙黄味带涩，柔软多汁。果实可加工成柿饼，经食盐浸渍后也可鲜食。”20世纪80年代，曾在可观等地大面积种植。2017年，芹洋境内栽培柿子的主要有山底、可观、底洋等村。其中，底洋村年产柿子500余担。

3. **板　栗**　俗称栗子，芹洋境内栽培板栗的有芹洋、九岭、野坑等村庄，铁炉坪村栽培板栗已有数百年历史。1988年后，随着芹洋板栗基地的建设，面积逐年扩大，产量亦渐增加。

芹洋板栗果实较大，果肉色泽金黄。板栗营养丰富，生吃熟吃均可。新鲜板栗既可水煮也可爆炒，趁热食之香甜酥脆味美可口。板栗也可以和猪排骨、鸡、鸭、鹅等一起炖食。板栗还可以加工制作成栗干、栗粉、栗酱、栗糕、栗子罐头等食品，既可代粮又可佐餐。

此外，板栗富含维生素、核黄素，可以防治口腔溃疡。俗话说：“八月的梨枣，九月的山楂，十月的板栗笑哈哈。”秋天空气干燥容易口腔溃疡，每天吃五六个板栗可以有效地防治口舌生疮。板栗能补肾、益脾、止泻。《本草纲目》载："有人内寒，暴泻如注，令食煨栗二三十枚顿愈。"

4. **猕猴桃** 芹洋俗称藤梨。李时珍《本草纲目》载："其形如梨，其色如桃，而猕猴喜食，故有诸名。"《寿宁县志》载：野生猕猴桃，主要分布在芹洋乡可观、山头、山底村，主要种类有藤梨、白毛桃、红毛桃、乌蛋等。

猕猴桃刚采摘时不能吃，需放在木桶或竹篓里用糠壳覆盖10多天后，变得柔软了方可食用。猕猴桃肉肥汁多，营养丰富。果实中含糖13%，含酸2%，每百克果肉含维生素400毫克，比柑橘高6倍，鲜果酸甜适度，清香爽口。因其维生素C含量在水果中名列前茅，故被称之为"超级水果"。除鲜食外，猕猴桃还用来酿酒或加工成果汁、果酱、果酒、糖水罐头、果干、果脯等。猕猴桃的枝叶、根、藤都是很好的中药材。

三、食品类

1. **番　薯** 俗称地瓜。明万历二十一年（1593），福州府长乐县陈振龙贿赂吕宋岛土著，得其薯藤数尺。陈振龙将薯藤绞入汲水绳混过海关，经七昼夜航行回到福州。试种成功后，陈振龙呈请福建巡抚金学曾在全省推广。此后，番薯传入芹洋。冯梦龙在《寿宁待志·物产》中写道："薯有红、白二色，白者较胜。"

芹洋地处亚热带季风气候，夏无酷暑，冬无严寒，日照时间长，生产的番薯以淀粉多、含糖量高而著称。从明代引进到20世纪80年代以前，番薯米一直是老百姓的主粮。实行联产承包责任制后，大米成了主粮，番薯主要用于喂猪，种植面积逐年减少。

番薯是番薯扣、番薯干、糕点、果酱等食品的重要原料。近年，随着生活水平的提高，番薯的需求量增多，芹洋番薯的种植面积随之有所增加。其主要用于鲜食，将去皮的番薯切成块和大米一起煮，或加工成番薯粉、番薯干、番薯咸。

2. **糯　谷** 芹洋糯谷品种较多。冯梦龙《寿宁待志》载："糯米有红糯、白糯、肥糯、真珠糯四种。"到了清代，又出现大糯、珠糯、三下槌、林下黄、大小黄、紫红等品种。糯谷加工成糯米，质地松软、色泽乳白。用糯米制成的糯米饭、糯米糍和糯米酒等食品美味清香。

20世纪80年代初，开始引进种植闽糯580和荆糯2号。该品种经试种后，因植株形态好、茎叶繁茂、分蘖力强、穗长粒多、米质好、产量高，遂在全乡推广，种植面积和产量亦逐年提高，经省农产品质量监测中心检验认定，该产品糙米率、精米率、粒长宽比和透明度均达优质糯标准。

3. **马铃薯** 俗称芋蛋。清代，芹洋就开始种植“陕西芋”。民国时期又引进“平阳芋”。马铃薯具有容易种植、生长期短、产量高、易贮存、美味可口的特点。

芹洋是马铃薯生产大乡。1959年，芹洋供销社开始收购马铃薯供省外贸局出口。1961年，从黑龙江引进“德友一号”良种“朝鲜芋”。1985年，应用地膜覆盖栽培马铃薯获得成功。此后，由于省内各地马铃薯生产发展迅速，外贸出口的质量标准过高，收购价格不尽合理，影响了农民生产马铃薯的积极性。

4. **御　豆** 俗称皇帝豆，一年生草本植物。外壳如鱼形，有大小两种。大御豆扁而椭圆，略带黄、红花斑。小御豆有红、白两种。大、小御豆都含丰富淀粉、蛋白质和维生素，肉质疏松鲜美，是豆类中的佼佼者。

芹洋种植御豆历史悠久，各村均有种植，以山底村种植御豆最多。御豆是山中珍品，待客佳肴，既可供寻常人家作家常菜蔬，也能登酒家宾馆为宴客珍品；既可充小碟当零食品尝，也能做主菜煎炒水煮。

5. **金针花** 别名萱草、黄花菜、忘忧草，俗称“金针”。是多年生草本植物，具短根状茎和粗壮的纺锤形肉质根。叶基生，宽线形，对排成两列。初夏开花，花期6月上旬至7月中旬。每株开花6~10朵，花蕾长10~14厘米，花葶细长坚挺，花瓣呈红黄色。

芹洋各村均有栽培，田边地头甚至路旁、房前屋后随处可以看到金针花的娇艳身影。金针花可以鲜食。将刚采摘的金针花蕾洗净，在沸水中焯一下捞起，置锅中与猪肉片一起炒熟，加入食盐、红酒、味精等调味品即可。也可以将洗净的金针花蕾与猪肉片一起放锅中爆炒，加入调料后上桌。金针花可以制成干品。将刚采摘的金针花蕾洗净，放在蒸锅里蒸熟，置阳光下晒干贮存。干品金针花多与鸡、鸭、鹅、猪肉等一起炖汤，也可以与猪肉片一起烧炒，食之可助睡眠。

6. **糯米馍**　糯米馍的主要原料是糯米、红小豆，配料有糖、炒熟的芝麻、花生仁等，还需准备若干竹叶。糯米馍的制作方法是，先将糯米用清水浸泡一个晚上，然后磨成糯米浆，装在袋子里用磨盘等重物挤压将水滤干，再把干湿适度的糯米粉团放在案板上反复揉捏，到不粘手为止。

接着是做馅。把红小豆煮烂捣成泥和糖、炒熟的芝麻、花生仁（压碎）等一起搅拌，搓捏成一粒粒拇指大的圆馅。再把糯米粉团搓成比馅大两三倍的馅皮，并用手将馅皮圈成凹状，把馅填入搓圆即成。再将洗干净的竹叶剪成杯口一般大小，作为糯米馍的衬底。衬着圆竹叶的糯米馍放进蒸笼，蒸熟的糯米馍吃起来口感润滑，有一股淡淡的糯米、竹叶清香。

7. **番薯糖**　1978 年以前，物资奇缺，糖要按家庭人口凭票限量供应。芹洋盛产番薯，因此家家户户都会加工番薯糖以自给自足。番薯糖的主要原料是番薯，再配以适量的麦芽做辅料。

番薯糖的加工方法是，先把洗净的番薯刨成条状的番薯米，倒入锅内和水煮熟后，装进圆木桶。接着把嫩绿的麦芽舂碎，掺入桶里，搅拌均匀后，盖紧桶口，发酵两三个小时，再用白布袋或编织袋滤去渣。将过滤后的汤汁倒进锅里加热，直至汤汁中出现“牛眼泡”或“米筛花泡”时，用筷子向锅里一蘸，迅速拿起，对着嘴轻轻吹气，倘若黏稠的糖汁不会滴落，说明火候到了，番薯糖也就可以起锅了。

番薯糖呈琥珀色，口感柔滑，甜而不腻。过去白糖稀缺，农村多用番薯糖来制作春节食用的米[illegible]。将柚子皮洗净，放到盛着番薯糖的锅里熬制成柚皮糖，味道绝佳。

8. **番薯扣**　也称地瓜扣，是芹洋知名土特产。经厨师烹调的番薯扣是一道传统名菜，而且还是宴席上的“头道菜”。番薯扣是番薯加工成番薯米衍生的淀粉产品。芹洋盛产番薯，当地许多农户均生产番薯扣，家庭主妇大都会烹调番薯扣这道传统名菜。

番薯扣的加工生产要选择天气晴朗的日子。其制法：先将番薯粉放进水桶里，再加入适量用碱树灰（用常绿灌木——“碱柴”烧制成的碱灰）过滤后的碱水，搅拌均匀成粉浆，用勺舀入糕䈂置于锅内蒸煮几分钟至熟，再添加一层粉浆蒸煮。如此反复几次至糕䈂满时，从锅里取出翻转倒在大竹䈂上晾干后，用木夹子把它夹住，两人合作用刨具将其刨成粉丝，再将粉丝环成团摆放在篾垫上，放在阳光下晒干，番薯扣就加工完成了。番薯扣既可以作为主料也可以作配料，既可以水煮也可以煎炒烹调。

9. **立夏糊** 每年立夏之日，芹洋多数人家都会做“立夏糊”。其制作程序是，先将大米用水浸泡一夜，磨成米浆；然后将猪瘦肉、目鱼丝、笋丝等加入盐、红酒、味精等调料烹调成配料；再将黄豆、花生米爆炒至香脆。上述准备工作完成后，将米浆置锅内微火煎熟，然后加入已加工好的猪瘦肉、目鱼丝、笋丝和黄豆、花生米等配料搅拌成糊，一道美味的立夏节令小吃就可以上桌了。

10. **重阳糕** 重阳节，民间有蒸米糕的习俗，也称登糕（糕与高谐音）。芹洋米糕有白糕和有馅糕两种。白糕就是将米糕卷成团，放进碗中，加入用酱油、味精、葱、食用油等调制的糕汤就着吃；有馅糕就是在白糕上面铺上一层用碎肉片、菜叶、番薯扣、笋干、鱿鱼丝等原料烹调成的馅，然后卷起来，再加入用酱油、味精、葱、食用油等调制的糕汤就着吃。此外，也可将米糕切成条状，与肉片、菜叶、番薯扣、笋干、鱿鱼丝等原料放入锅中烹炒，谓之“炒糕”。

第八章　风俗民情

1000多年的繁衍生息，芹洋境内形成了许多富有地域特色的风俗民情。这些传统习俗，既有需要传承弘扬的良风美俗，也有需要遗弃破除的陈规陋俗。随着社会的发展进步，境内人民的“衣食住行”，30多年来有了翻天覆地的变化。

一、人生习俗

婴儿出生时的第一声啼哭，标志着新生命的诞生；丧礼上的哀乐，则是生命的终结。芹洋一带伴随生命历程的传统习俗主要有诞生礼、婚嫁礼、寿辰礼、丧葬礼等。

（一）诞生礼　婴儿诞生后，人生礼仪也由此拉开序幕，最初上演的就是满月之庆。

1. **送　酒**　婴儿出生之后，要备酒、肉向外婆家报喜，俗称“送酒”。外婆家则回以鸡、蛋、婴儿衣裙等。

2. **洗三旦**　婴儿出生第三天，要“洗三旦”，办“三旦酒”宴请亲友。

3. **满月酒**　婴儿出生后，至亲好友闻讯向产妇、婴儿送礼物、红包，东家以红蛋答谢送礼的亲友。婴儿满月要理发，俗称“剃满月头”；要办“满月酒”宴请亲友。

4. **做周岁**　婴儿出生一周年，俗称“纪岁”。婴儿父母以“纪岁面”宴请亲朋好友，祝婴儿健康长寿。外婆及亲戚朋友前往贺周岁，馈赠红包，也有送粽子、童装、玩具、童车等礼物，俗称“送晬”，家里要办“晬酒”宴请亲友。

（二）婚嫁礼　旧时婚姻，由父母包办，凭媒妁之言。一般女子15、16岁出嫁，男子 18、20 岁左右结婚。男女婚嫁，主要有媒人牵线说合、订婚、结婚等程序。20 世纪 50 年代以来，提倡婚姻自由。男女青年大多自由恋爱，待双方心有所属后，男方再托媒人到女方家中说合。

2. **订　婚**　经媒人、介绍人说合后，男方择日送聘礼到女家订立婚约，议定礼金数额、结婚日期等。订婚之日，男方备酒席招待女方家人、亲友。

20 世纪 90 年代，越来越多的男女简化订婚仪式，直奔结婚主题。但婚前男方给女方送彩礼依然盛行。由于货币贬值，收入提高，彩礼数额也逐年递增，由 20 世纪 80 年代的千元，到 90 年代的万元，20 世纪的三五万元。2017 年，彩礼已升至 10 多万元。

3. **结　婚**　封建社会，男女婚嫁必须有父母之命，媒妁之言，衙门不过问个人婚姻。民国年间，男女结婚要到政府民政机构登记，但前往登记者寥寥。

20 世纪 50 ~ 80 年代，结婚仍以家庭举办婚宴为准，到政府民政机构登记结婚者为数不多。20 世纪 90 年代，由于生育、购房、宾馆住宿等均要出示结婚证，大多数结婚者方到婚姻登记处领取结婚证书。由于国家强制推行“一胎化”生育政策，也有一些青年男女未婚同居，待生儿育女后再去登记结婚、补办婚宴。

2000 年开始，国家推行婚前健康检查，男女双方需到县妇幼保健所进行婚检，再到婚姻登记处领取结婚证书。同时，结婚男女也开始流行拍摄室内、室外婚纱照。

4. **嫁　妆**　时代不同，嫁妆也不一样。20 世纪 50 年代以前，女方陪嫁物品多为木制家具，如桌、椅、脸盆、脚盆、马桶、梳妆台等，豪门大户陪嫁物品多达 36 杠满路红。

20 世纪五六十年代，结婚陪嫁被视为旧风俗革除，男女双方将衣被等日常生活用品凑到一起，婚房门贴上喜字、对联就行了。70 年代后期，嫁妆为男方筹办，流行“36 条腿”，即床、桌、厨、柜、沙发等木制家具。80 年代，嫁妆流行“三转一响”，即手表、缝纫机、自行车、音响。90 年代，嫁妆流行“三大件”，即彩色电视机、洗衣机、电冰箱。21 世纪以后，嫁妆升格为液晶大屏彩色电视机、双门电冰箱、自动洗衣机、摩托车等。

5. **迎　亲**　20 世纪 50 年代以前，新娘出嫁都要坐花轿。因此，境内流行

“大姑娘坐轿——第一回”“扛轿理扛轿，不管新娘有尿无尿”等歇后语。

20世纪50年代，花轿被废除。自此以后一直到20世纪80年代中期，路程在一天以内的新娘都是和抬嫁妆的亲友、伴娘一起步行到男方家中。路途遥远的则搭乘客车前往。

80年代中后期，流行吉普车、小轿车迎亲。90年代以后流行“花车”，即在轿车上用绢花、绸带装饰。车头贴一束鲜花，车前贴大红“囍”字。

21世纪以后，迎亲轿车改用鲜花、绸带装饰。迎亲车队由轿车、面包车组成。一般6辆左右，并有逐渐增多之势。迎亲队伍中照相、摄像人员必不可少。车队到女方宅前停下，女方燃放鞭炮。然后，介绍人引领新郎及新郎的兄弟姐妹入宅。女方在桌上摆放“茶水”——糖茶、花生、瓜子、糖果、糕点，迎亲人员吃罢“茶水”，即在宅外燃放鞭炮，称为“催上轿”。新娘哭嫁习俗在20世纪80年代已经消亡。新娘由父母送上轿车，新娘的兄弟姐妹、姑表兄弟姐妹、好友送嫁。近年，亦有男方邀请女方长辈及亲友参加婚宴“会亲酒”。迎亲车队返回男方家时，男方燃放鞭炮迎接新娘一行入宅招待。

6. 婚　礼　旧时，结婚日期由双方父母协商确定。婚礼仪式要一拜天地，二拜高堂，三夫妻对拜，而后将新娘送入洞房。

20世纪50年代以来，结婚日期由男女双方及父母协商确定，一般选用“五一”“十一”等节假日或吉日良辰。男女结婚不再举办婚礼仪式，一般由男方设宴招待亲朋宾客。

进入21世纪，国家实行计划生育政策已20多年。“80后”的男女双方多为独生子女，因此男女双方大多合并在一起办喜宴。20世纪50年代以后，亲友赴婚宴要送红包。1982年，政府规定婚宴不得超过3桌，婚宴红包3元；90年代初，婚宴红包10元。此后，婚宴红包由30元、50元、100元、200元，一路涨至2013年的300元。虽然婚宴红包数额在不断上扬，但万变不离其宗，一般都是当年月工资的十分之一左右。20世纪80年代，婚宴请柬发放对象为亲朋好友三五桌人；21世纪以后，因婚宴有利可图，请柬发放范围也不断扩大，婚宴酒席多达30~50桌。

婚宴之时，新郎西装领带、新娘穿婚纱到场敬酒。婚礼全程拍照、录像，制成DVD永久留念。婚宴后，新郎、新娘入洞房，有些地方还保留“闹新房”

的习惯。

芹洋境内婚宴，都是在家中烹饪、宴客。旧时婚宴菜肴，多由当地土特产如鸡、鸭、御豆、豆干、番薯扣以及猪肉、排骨、猪血、猪肠、猪肝和海带、鲐干、天干等组成。21世纪以来，婚宴菜肴变成全鸡、全鸭，螃蟹、甲鱼、鲍鱼等必不可少。婚宴“喜烟”也由昔日的“红双喜”变为硬“中华”；“茶水”则由昔日的绿茶变更为可乐、雪碧等饮料；“喜酒”也由昔日的家酿红酒，变更为厂家生产的白酒、葡萄酒。

7. **回　门**　旧时，婚后第三天新娘要回娘家，新女婿上门，备鱼、肉、烟、酒等礼品孝敬岳父、岳母。席间，新女婿由岳母引见女家长辈，向长辈敬酒敬烟，长辈亦给新郎“见面钱”。

20世纪80年代，改为第二天女方家宴请亲戚朋友，新娘在新郎陪同下回娘家吃“回门酒”。近年，有些地方在新娘出嫁日，中午女家设宴，新郎及男家亲友到女家吃喜酒；晚上男家设宴，新娘及女家亲友到男家吃喜宴。

（三）寿辰礼　21世纪以前，境内少年儿童无做生日之说。男女年满50虚岁，亲戚朋友始送寿礼。21世纪以来，少年儿童庆贺生日的日趋增多；50岁做寿者日渐减少。花甲之年、古稀之岁、耄耋期颐者，六亲九眷必具贺寿礼仪。

1. **生　日**　21世纪以来，开始流行少年儿童过生日。家长准备蛋糕、蜡烛等邀请同学、朋友欢聚，齐唱生日歌、寿星许愿、吹蜡烛、分蛋糕给众人品尝。古稀老人生日，子女煮一碗长寿面，上街买一套衣裳、鞋袜，以示孝敬。

2. **寿　庆**　旧时，女婿至亲等送寿仪，衣、帽、鞋、袜整套，并寿联、寿烛、寿面、猪脚、米粿等装成盒担，寿者一一收纳，回赠过半。一般亲属送寿联、寿面、猪脚等。农历正月初一早上，做寿之人登堂受子孙跪拜，亲眷亦前往贺寿。做寿之家备茶、酒酬答，并赠以1~2元红包为挂红。初二日，寿者家属请唢呐、吹鼓手随行逐户回拜，并举办寿宴答谢众亲友。

20世纪50年代以来，寿庆仪式从简。一般为全家聚餐，一起吃寿面。21世纪以来，父母寿庆，子女要备蛋糕、寿宴及衣帽鞋袜等礼物。有的人家不收贺仪，还发给赴宴者26元、36元至66元不等的“红包”。贺寿者在做寿之人门前鸣放鞭炮、爆竹，烟花四射，浓烟扑鼻，污染空气。

（四）丧葬礼　境内之人去世，亲戚朋友必临祭吊唁，送香、纸、豆腐、挽联之类丧仪，直到亡者入土为安。

1. **送 终** 父母、长辈临终时，儿孙们应在父母、长辈生前见最后一面，称“送终”。

2. **报 丧** 家人去世后，儿孙要及时向亲友们报丧。旧时，交通不便，通讯不灵，报丧之人要步行前往亲友家。到亲友家后，报丧之人将雨伞置桌上，亲友就知道此人是来“报丧”。

3. **守 灵** 家人去世后，将遗体安放家中，床头点香烛至出殡。亲属日夜守望，谓之“守灵”。儿孙、至亲之人穿白布衣服，腰扎草绳，称披麻戴孝。

4. **挖 墓** 21世纪以前，家人去世后要请风水先生择地安葬。村人、亲友会自动前来帮忙挖穴，多者上百人，少的也有几十人。因为地窄人多，许多人都在旁观闲聊，因此俗话云：“十人挖墓，九人瞧。”

5. **出 殡** 丧家择吉日良辰出殡，备饭菜招待吊丧者，谓之“吃豆腐饭”。死者如是高寿之人，丧家将丧事当作喜事办。出殡之日，男女老少孝子孝孙披麻戴孝，亲朋送葬者亦挂孝，送葬者多至几百人，将棺柩护送至埋葬之地。安葬之后，丧家设筵酬谢，谓之“吃死人”，花费甚巨。

20世纪80年代以来，流行用花圈、挽联、鼓乐护送棺柩。90年代以来，流行用轿车送葬。2008年以来，政府强制推行尸体火化，死者全部被送往县城火葬场火化。同时，择地挖墓之举也随之消失。但出殡之后，丧家仍要设筵酬谢亲友。

6. **做 七** 旧时，死后第七天为“头七”，到“断七”共49天。逢“七”那天，要供饭菜、点香烛、烧纸钱。“五七”比较隆重，除供奉饭菜、点香烛、烧纸钱外，再次设酒席招待亲戚朋友。

“文革”期间，“做七”被视为迷信予以革除。20世纪80年代，死灰复燃。90年代以来，一些丧家开始扎纸楼房、纸彩电、纸冰箱、纸洗衣机，供死者阴间使用。请道士画符、念经，超度亡灵。

7. **安 葬** 旧时，境内葬法有三：①亡者年龄50岁以下或家境贫寒者，挖土埋棺以葬，称通天冢；②亡者年龄50岁以上，扦冢埋棺以葬，称扦冢；③家境富裕者，建厂贮棺以葬，称厂葬。2008年，县政府规定亡者尸体全部送火葬场火化。丧家将骨灰盛骨灰盒或金瓮中，择机延请风水先生选址安葬。

二、节令习俗

2008 年 1 月 1 日，国务院将传统节日“春节”“清明节”“端午节”“中秋节”规定为国家法定节日。改革开放以后西风东渐，“情人节”“圣诞节”等西方节庆习俗也开始传入境内。

1. **春　节**　俗称过年，有祭灶、祭祖、守岁、迎春等一系列民俗活动。

祭　灶　农历腊月二十四，家家户户打扫内外卫生，恭送灶神回天庭。据说每年年底，灶神都要回天庭述职，向玉帝禀告人间善恶是非，故人们大多在此时奉拜家中灶君，俗曰“祭灶”。然后将灶君旧像焚之，谓之送灶。

年夜饭　除夕日，挂年画、贴春联、杀鸡宰鸭、烹肉煎鱼，做年夜饭供祀祖宗，全家团圆吃“年夜饭”。除夕，又买新灶王画像供上，谓之接“灶神”；长者给小字辈“压岁钱”。

守　岁　入夜，全家围炉守岁。若能守岁到天亮，父母就会“长命”。20 世纪 80 年代以后，家中有了电视，家家围炉收看中央电视台播出的“春节联欢晚会”。

迎　春　初一早晨，全家人从头到脚新帽、新衣、新袜、新鞋，晚辈向长辈奉茶拜年。然后开大门，迎财神，点香燃放鞭炮，迎接新的一年到来。民间认为初一鸡、初二狗、初三羊、初四猪、初五牛、初六马、初七为人日，期间忌讲不祥语，不扫地倒垃圾。

拜　年　初三开始，亲友之间送往迎来，相互拜年。20 世纪 80 年代以来，拜年形式花样翻新，有 BB 机留言拜年、电话拜年、贺卡拜年、鲜花拜年、手机短信拜年、手机微信拜年等。春节期间，多以看电视、搓麻将、打纸牌、野外踏青、走亲访友、同学聚会为主。2000 年，国家规定春节为“黄金周”，放假 7 天，外出旅游度假者日渐增多。

2. **元宵节**　农历正月十五为元宵节，家家户户吃汤圆，寓意全家团圆。21 世纪以来，村民自发在元宵夜燃放烟花、爆竹、天灯等，欢度元宵佳节。

3. **清明节**　清明日（清明期间），全家前往祖先墓地祭拜扫墓。先在墓前、土地神位前燃香点烛，摆上 3 杯茶、3 杯酒、鱼肉菜肴等；然后清理墓地周边杂草；最后在财神炉内或墓前焚化纸钱、冥币。近年，一些村民扫墓祭奠从简，用水果、糕点代替酒菜。

4. **端午节**　农历五月初五的端午节，原为纪念爱国诗人屈原。而芹洋一带与众不同，是在五月初四日过端午节，以纪念明景泰六年（1455）配合官军攻打官台山寨，为寿宁建县立下不朽功勋的英雄。

是日，境内户户包粽子，门边挂艾叶、菖蒲。中午，设家宴供祀英雄先祖。饮雄黄酒、小儿额头涂抹雄黄以驱避毒虫；儿童到新婚媳妇处“记节”，结扎红头绳，日后会爬树。

5. **七　夕**　农历七月七日为牵牛织女聚会之夜，是我国最具浪漫色彩的传统情人节。是夕，少女陈瓜果于庭中，穿七孔针以乞巧，祈求有情人成眷属，一生婚姻幸福。相传，每逢七月初七，喜鹊要上天为牛郎织女搭鹊桥银河相会。七夕夜深人静之时，人们能在葡萄架或瓜果架下听到牛郎织女的脉脉情话。诗云：七夕今宵看碧霄，牵牛织女渡河桥，家家乞巧望秋月，穿尽红丝几万条。

6. **中元节**　农历七月十五日为中元节，家家设酒菜、烧纸钱，祭祀列祖列宗。因此俗称“七月半”“鬼节”。20 世纪 90 年代以来，由于大批乡村人口入城定居，农村人口日渐减少，“七月半”祭祖活动也随之式微。

7. **中秋节**　农历八月十五为中秋节。是日，至爱亲朋互送月饼，新婚、未婚女婿尤重此俗。中秋夜，家人围坐庭中，欣赏皓月当空美景，吃月饼、豆荚、花生等其乐融融；少女中秋拜月，愿貌似嫦娥，幸福美满、圆如皓月。

8. **重阳节**　农历九月初九日为重阳节。重阳时节，金桂飘香，黄菊送爽，适逢丰收之时。家人出游，登高赏景，插茱萸、吃重阳糕、饮菊花酒等。是日，一代爱民清官黄槐在邻乡鹤溪升天成仙，邑人尊奉为大德至善之神——黄山公。近千年来，芹洋境内的修竹、广地、九岭、山头等村，都要举办隆重的祭祀活动。

三、衣食住行

（一）衣　包括服装、帽子、袜子、鞋子以及床上用品、饰物等。

1. **服　装**　明代多着蓝麻布，人人用布兜护肚，很少戴帽，贫家裤不掩膝。自清至民国，穿着以蓝色、藏青色土布为主，下田上山劳动，仍着自织的苎布衫头，男子夏日光背短裤。富绅则着细布、绸衫、绒袄。

20 世纪 50～70 年代后期，物资十分紧缺，全国统一按人口发放布票。家家户户都是“新三年，旧三年，缝缝补补又三年”。因此，一件衣服补丁加补丁，要穿几代人。冬季，人人都靠火笼取暖。20 世纪 80 年代初，中山装依然普遍。农村中老年人仍有穿对襟衣、宽裆裤的。

20 世纪 80 年代初期，服饰面料以涤卡、的确良、灯芯绒、花细呢为主，农村保留有少量土布，仅部分老年人沿用。20 世纪 80 年代中期，男青年以西装、领带、皮鞋，女青年以裙装为时髦，鲜见中山装。20 世纪 90 年代，羊毛衫逐渐代替毛线衫。人们追求服饰的舒适性，羊绒衫、茄克、裙子等广为流行。21 世纪以来，服装款式渐趋多样化，皮装、牛仔衣、皮夹克风光一度；T 恤衫、牛仔裤等休闲服饰成为主流；女裙经历长裙、喇叭裙、西装裙、一步裙、短裙等不断演变；吊带衫、超短裙、露脐装、九分裤等受到女青年青睐。

2. **鞋**　明清时，穿布鞋、木屐，“贫儿多赤脚”。男性布鞋为黑色圆头低帮，女性多为红、绿等颜色鲜艳的绣花尖头鞋。民国二十四年（1935）以后，女孩不再缠足。女鞋款式除颜色艳丽外与男性相同，只是多一根横扣的鞋带。

20 世纪 50～70 年代，冬春季以布鞋为主，夏秋季以木屐为主，农民劳作穿草鞋或赤脚。1965 年以后，塑料拖鞋、凉鞋上市。20 世纪 80 年代，农民劳作，解放鞋代替了草鞋；女性时兴穿高跟鞋。20 世纪 90 年代，塑料凉鞋被淘汰，男士以皮鞋为主；女青年夏秋季多穿高跟皮鞋，冬春季则流行中、长筒皮靴；学生及青年则喜穿球鞋、旅游鞋。

3. **袜**　明清时期，妇女以布缠脚、外罩绣花褶箍，男女鲜穿袜子。20 世纪 50～60 年代，富者多穿线袜，贫者无袜。70 年代以后，尼龙袜逐步取代线袜。80 年代以后，袜子有棉纱、丝织、化纤等，冬季一般穿棉纱袜，夏季以丝袜为主。

4. **帽**　自明清至民国，老年男性有的戴棉帽，小孩多戴虎头帽，中年妇女束绸帕，老年妇女戴横包棉帽圈，富家男子戴毛织帽、风帽。1950 年后，青年男子爱戴军帽，小孩子多戴毛织或纱织帽。老年人普遍戴棉帽、毛织帽。1985 年后，男女青年流行太阳帽、鸭舌帽、塑料帽、软草帽等。

5. **床上用品**　自明清至 20 世纪 70 年代末，只有少数富户才置棉褥、棕垫、毛毯、绣缎棉被、蚊帐；普通人家均用稻草编成的草垫垫床，上铺草席。结婚时新弹的棉胎和粗布被套，一般都盖上一辈子。棉胎久睡之后板化，又扯开翻弹；被套也是补了又补。夏天，多数人家无蚊帐，只好用艾草、锯末熏蚊。

20世纪80年代以后，草垫为棉褥所代替，床单逐渐普及到农户。绣花枕套、人造丝被面、线毯、尼龙蚊帐也相当普遍。多数家庭有毛毯、电热毯、踏花被，新婚多用席梦思床。

6. **饰　物**　21世纪初，饰物流行，开始是珍珠，以后是金银。主要有戒指、手链、镯子、项链、胸针等，材料有银、金、玉石等。

（二）食　包括主食、菜肴、茶叶、饮料、烟、酒、水果等。

1. **主　食**　20世纪80年代以前，境内主要以番薯米为主食，青黄不接时马铃薯也成为主食，一年难得吃上二三天白米饭。因此，民谣云：地瓜当粮草，糠菜半年粮。20世纪80年代，农村实行联产承包责任制，普遍种植杂优水稻之后，开始以大米为主食。番薯除少量鲜吃，多用以沥粉、喂猪。

2. **菜　肴**　20世纪80年代以前，家庭菜肴以青菜、咸菜为主，全部自种、自腌、自吃，市场无青菜售卖。如无来客，桌上鲜有豆腐、猪肉、咸带鱼。海蟹子一斤2分钱，家家用酒糟腌制数十斤，吃上一年半载。一直到80年代，猪肉还要凭票供应，肥肉比排骨、瘦肉贵，人均一年吃不上1斤猪肉。

20世纪80年代末，海蟹子无人问津，遂绝迹。家常菜一般为荤素搭配烹制，花色繁多。90年代起，各种反季节蔬菜大量面市，一年四季均有新鲜蔬菜供应。荤菜类除猪肉、牛肉、羊肉、家禽、蛋外，由于养殖业的发展，各种海产品及淡水鱼成为家常菜肴。肥肉少人问津，排骨、瘦肉比肥肉贵。

3. **食用油**　20世纪50～70年代，用猪油炒菜，每次用竹筷子点一点，全家一年的食用油还没有现在一星期吃得多。参加结婚、盖房等喜筵，每人一块重约3～4两的猪肉，谁都舍不得吃掉，带回家做炒菜之油。进入21世纪，猪油日渐被植物油取代。

4. **茶　叶**　境内俗云：开门七件事，柴、米、油、盐、酱、醋、茶。居民素有喝茶习惯，称茶叶为“茶米”。让座、敬茶为待客必备之礼仪。妇女相聚喝茶，还有炒熟的黄豆、南瓜子、葵花籽和番薯干、萝卜吉、蕨咸、笋咸、菇咸等配套零食。传统茶叶有绿茶、红茶，还有姜茶、麦芽茶、橘皮茶等。21世纪，又有了铁观音、白茶等。

5. **饮　料**　20世纪80年代，开始出现汽水、橘子水等饮料。90年代，雪碧、可乐等碳酸类饮料风行。21世纪又有牛奶、果汁、奶茶、矿泉水等。

6. **香　烟**　20世纪50～70年代，烟民抽的多为自种的烟丝，或者购买0.09元一包的“丰产”牌卷烟，最高档的是0.50元一包的“大前门”牌卷烟。80年代，一般为3.00元一包的“牡丹”牌卷烟。21世纪，先富一族抽的都是40元一包的硬“中华”牌卷烟。2017年，又流行10支一包的细烟。

7. **酒　类**　20世纪80年代以前，政府禁止个人酿酒，但私自偷酿者众。村民除节日或宴客外很少饮酒，妇女只在坐月子时才用红酒炖鸡。不管是酒席宴客还是产妇月子用酒，用的都是家酿红酒。

80年代以后，白酒、红酒各占半壁江山。“三两半”“梦龙米烧”“莱阳白干”“黄华山米烧”等风行一时。90年代，啤酒和葡萄酒受到青睐，具有保健功能的补酒也颇受欢迎。21世纪以来，由于假白酒、假葡萄酒泛滥，啤酒多饮易患风痛症，饮料又有防腐剂，人们转而饮用家酿红酒。

8. **水　果**　境内传统水果有桃、梨、柿子、杨梅、梅子、猕猴桃等，但数量不多。20世纪80年代以前，外地运进的水果主要是春节消费的桔子、甘蔗。80年代以后，外地运来的桃、梨、苹果、桔子、葡萄、杨梅等水果逐渐增多。21世纪以后，随着交通运输的日益便捷，龙眼、荔枝、香蕉、菠萝等水果也进入境内。2005年以来，随着脐橙的大量上市，来芹洋收购脐橙的外地客商不断增多。2008年以来，芹洋乡政府每年都举办隆重的“芹洋脐橙采摘文化节”。

（三）住　包括住房、家具、厕所、厨房用具、家用电器以及燃料、照明、通信工具等。

1. **住　房**　明代，境内民宅多为单层木构瓦房，四围垒土为墙。清代以后，结构以三开间二进或五开间三进为主，均有楼厅，底层高3米；第二、三层高2米。中间为堂屋，后堂作灶房，两厢为卧室，前后或左右另搭灰寮，用作牛栏、猪圈或堆放柴草、农家肥处所。除店宇外，民宅讲究风水，重坐向，轻采光。富家建房占地面积大，厝中前厅有大天井，后厢有小天井采光。少数深宅大院还有与邻屋隔绝的风火墙，俗称“火墙包栋”。店宇多是双层，楼上作居室，楼下开店铺，或临街设铺面，后边作灶房。店员多以柜台为床，俗称“起倒铺”。民国时期，结构多沿清代模式，新建的住宅很少。

20 世纪 80 年代以前，境内民宅均为土木结构。80 年代以后，民间始建砖木、砖混结构的 3 层平顶房。21 世纪以后，出现钢筋、水泥浇灌的框架结构。一些富户新建的住宅，外嵌瓷砖，内灰粉壁，地面铺地砖、石板材、木地板。卫生间有热水器、抽水马桶等卫浴设备；庭院内外养花种树，饲鸽养鱼，十分讲究。近年，外墙瓷砖遭淘汰，流行外墙粉刷油漆。

2. **家　具**　20 世纪 50 年代以前，大户人家的室内陈设有青漆雕花木架斗床，以及衣橱、皮箱、藤箱、藤床、藤椅、八仙桌等；小户之家仅有饭桌、凳子、箱子、衣橱、木板床等日常必备之物。20 世纪 80 年代以前，都是请木匠到家中制作家具。

境内家具变革，始于 20 世纪 80 年代中后期。当时，男青年准备结婚，请木匠制作的家具主要有高低床、三门橱、五斗橱、写字台、床头柜等。21 世纪，流行购买成套组合家具，如茶几、沙发、餐桌、衣橱、老板桌、老板椅、电视柜、床头柜、美得梦床等。

3. **厨房用具**　20 世纪 80 年代以前，境内用的都是烧柴灶。90 年代后期，芹洋村少数居民开始使用燃气灶、电饭锅。21 世纪，燃气灶、电磁炉、电炒锅、微波炉、抽油烟机等厨房电器基本普及。

4. **通信工具**　20 世纪 80 年代中后期，芹洋个别村民家中安装固定电话。90 年代后期，部分村民用上寻呼机。2010 年以来，手机开始流行。且功能不断更新，除通话外，还可摄影、摄像、游戏、上网、微信。

5. **家用电器**　20 世纪 70 年代以前，境内家用电器仅有手电筒，个别人家有钟表。此前计时，只能听公鸡报晓，看太阳估时。80 年代，家用电器主要有手表、速热器、收音机、录放机、电风扇、电饭锅、黑白电视机。90 年代，家用电器主要有音响、VCD、DVD、电熨斗、电风扇、洗衣机、彩色电视机。21 世纪，家用电器主要有冰箱、电脑、洗衣机、热水器、数码相机、液晶大屏彩色电视机等。

6. **厕　所**　20 世纪 80 年代以前，一般人家都在房旁屋后搭一简易厕所，以解决内急之需。厕所内置尿桶、粪桶。在粪桶上横几片旧棺木，靠墙处搭一木梯，门口挂一破草席，简陋至极。20 世纪 70 ~ 80 年代，单位厕所多为蹲式水泥粪坑，地上尿水横流，蛆虫遍布，令人恶心至极。21 世纪以来，新建公房、私宅，都有冲水卫生间，卫生状况极大改善。

7. **燃　料**　境内历来以柴草、木炭为燃料。农村办起小型水电站后，农家普遍用上鼓风机。1990 年以来，电饭煲、电炒锅、液化气等相继进入普通家庭，为保护森林资源做出了极大贡献。

8. **照　明**　明清时期，家庭多用火篾、松明等照明，只有少数富绅、商户用桐油、茶油点灯或蜡烛、灯笼照明。民国十九年（1930）开始供应煤油，富绅开始用煤油灯，商店逐步用上“风不动”（桅灯）。民国后期，煤油灯开始进入民家。由于煤油紧缺，直至20 世纪60 年代，民间仍在沿用火篾、松明、桐油灯、茶油灯。70 ~80 年代，始有电灯照明，但灯光昏暗，时有时无。90 年代以后，电压稳定，室内灯光明亮如白昼。21 世纪，村中街、巷开始设路灯。

（四）行　从古至今，境内代步工具先后有轿子、自行车、客车、摩托车、电动车、轿车等。

1. **轿　舆**　公路未通之前，人们长年累月在崇山峻岭之间的古道上跋涉，只有少数官绅、富户出门乘坐轿子或滑竿。此外，新娘在结婚之日也会被抬上花轿风光一回。

2. **自行车**　20 世纪 80 年代后期，芹洋村少数家庭开始拥有自行车。

3. **摩托车**　20 世纪 90 年代后期，境内一些先富起来的青年开始购置摩托车。

4. **电动车**　2012 年，电动车开始出现。其速度介于自行车和摩托车之间，非常受欢迎。

5. **轿　车**　21 世纪以后，境内外出经商办企业者购买轿车的越来越多。每年春节、清明期间，村子里到处停着外地回来的轿车。2016 年，随着寿宁县城到芹洋二级公路的通车，一些乡村干部也购置了轿车。

6. **客　车**　20 世纪 70 年代，寿宁县城到芹洋的公路通车以后，由寿宁县城经芹洋至平溪、政和；由寿宁县城经芹洋至下党的客运班车先后开通。此后，山头、广地、丰谷、芹洋、张坑、尤溪、岔头坂等公路沿线村庄每天都有班车停靠。21 世纪以后，江瑶、溪源等村也有客运班车来往。

四、流行习俗

1. **择 日** 芹洋境内，建房、迁居、嫁娶、出行、丧葬、生意开张、工程动工等等，都要选择吉日，因此家家必备择日《通书》。建房上梁之日，要张贴“红星高照”“立柱喜逢黄道日”“上梁巧遇紫微星”等对联。上梁时辰一到，鞭炮齐鸣，木匠师傅将正中缠好红布和七宝袋的正梁架好，同时，祭拜鲁班师傅。接着，抛糯米饭或大馒头，任人捡取，以示发彩。晚上宴请工匠和亲邻，称之为“上梁酒”。20 世纪 50 ~ 70 年代，“择日”被视为迷信活动予以破除。“文革”结束以后，民间婚丧喜庆又恢复择日之俗。

2. **八 字** 境内之人大都相信“出世一声啼，百事都注定”“人生有命，富贵天定”，因此家家都有《命簿》，新生儿一出世就请算命先生“定八字”。20 世纪 50 ~ 70 年代，算命被视为迷信活动予以破除。“文革”结束以后，民间算命之风又随之风行。

3. **寻 龙** 境内历来重视风水之说。建房、盖亭、建宫庙，都要看“风水”择基；葬墓，必要寻“龙真穴的”的风水宝地。20 世纪 50 ~ 70 年代，看风水、寻龙葬墓被视为迷信予以破除。80 年代以后，看风水、寻龙葬墓之风再起，请风水先生寻找风水宝地以安葬先人骸骨的越来越多。

五、传统陋俗

1. **溺弃女婴** 20 世纪 90 年代以前，境内溺弃女婴的现象一直存在。其根源有二，一是重男轻女；二是嫁妆负担重，养女儿不合算。

明崇祯九年（1636），知县冯梦龙在平溪湖潭村听见小女孩唱童谣《月光光》，那哀怨凄惋的曲调令他想起县城“子来桥”上，常有被遗弃的女婴在撕心裂肺地哭啼。他将此事放在心上，沿途了解弃婴情况。不问不知道，一问吓一跳，冯梦龙发现邑内溺死、遗弃女婴的现象十分普遍。为革除陋习，冯梦龙特发布《禁溺女告示》予以专项治理，收到一定成效。但官府禁令治标不治本，冯梦龙离任后，境内溺弃女婴的现象又死灰复燃。

20 世纪 90 年代，犀溪姑娘率先外出务工，赚钱回家建起一座座新楼房，女儿胜过了男子汉。从此，遗弃女婴的现象在邑内绝迹。

2. **祈　雨**　20世纪70年代以前，每逢大旱，农民无奈之下只好请道士设坛施法，祈求黄山公或马仙降雨。80年代以来，境内祈雨活动已经绝迹。

3. **问　花**　巫婆将已婚女性比作一棵树，树上开红花即生女，开白花即生男。若树上无花蕊，则不会生儿育女，要设法祭度，使之开花。

4. **做功德**　20世纪50年代以前，盛行人死后请道士做道场以超度魂灵。50~80年代被政府禁止，80年代以后又死灰复燃。

5. **观　魂**　巫婆、神汉替求神者到阴间地府去探望已故亲人的魂灵。20世纪50~80年代被政府禁止，80年代以后，又有巫婆、神汉重操旧业。

6. **赌　博**　明、清、民国期间，境内牌九、麻将、押花会等赌博现象一直存在。1950年至1965年，政府严禁赌博，赌徒金盘洗手。1966年以后，赌风复燃。20世纪90年代以后，麻将、六合彩屡禁不止。

六、民间禁忌

1. **春节禁忌**　正月初一至初七，禁打骂小孩；禁讲粗话恶语。忌讲病、苦、穷、死、灾、杀等不吉利话；忌看病、服药；忌扫地、倒垃圾；忌付款，正月内忌讨账，不清偿债务。初二日，忌出门访友。

2. **数字禁忌**　民间对数字一、五、七的禁忌较多。每月初一、十五是敬神祭鬼的日子，忌服药、忌探病、忌说不吉利话。“逢五莫出门”，即每月初五、十五、廿五这三天，婴幼儿不宜出远门。农历七月初一至十五，忌小孩子夜出和躺在厅堂长凳上睡觉或玩耍、忌搬家。凡婚嫁、丧葬、做墓、添丁及奠基、上梁、封顶、入迁新居等，七天之内钱、谷等不外借，忌付款理账。

3. **生育禁忌**　家有孕妇，忌在屋宅钉铁钉。产妇“做月子”，忌吃咸菜、咸鱼、酸菜；探望未满月的产妇，忌直入产妇卧室；婴儿未满四个月，油类食品不能沾唇，否则会生马牙；儿童忌吃鱼籽，否则将呆板不善计算；忌小孩用手指指彩虹，彩虹是仙人的拂袖，指彩虹会被仙人怪罪；忌说小孩子长得漂亮，要说长得丑；忌用尺打小孩子，否则长大做人失分寸；忌说小孩大得快，会被孩子父母责怪，若小孩有什么意外事会找你麻烦，要你担当。

4. **丧葬禁忌**　病人异地弥留之际，得设法抬回家中，不得作古在外。认为死在外面是做“门外鬼”，不吉利。忌尸体入村，认为“冷尸入村败到底”，故身死异地者，若被村人知道只能停尸于村外。老人逝世称“归终”或“回去”。办完丧事，亲友、帮工们各自回家，禁言谢，忌挽留。

5. **日常禁忌** 忌反穿衣服。反穿衣服如穿孝服，表示家中服丧事。吃饭搛菜忌用筷敲击盘碗，用筷子敲击盘碗是乞丐讨吃的手法，也是逗狗猫等畜生进食的讯号。忌将筷子竖插在饭菜碗上，这是祭死人的方式。

建房上梁时，忌讲“没钉”，因“没钉”与“没丁”谐音。卧室床铺忌正对屋顶横梁。床位不可直向房门。忌妇女跨越扁担、拄杖、蓑衣、斗笠等农具。忌女人裤子晾晒在行人道上，男人忌从女人裤子下通行。忌将猫赠亲友，俗谚“猪来勤、狗来富；猫咪来，戴孝布”。

6. **其他忌讳** 忌乌鸦叫，乌鸦为鬼马，叫了村里会死人。忌黄昏公鸡啼。有一更火（失火），二更贼（失窃）之说。忌母鸡打鸣。谓母鸡啼为阴阳颠倒，阴盛阳衰，主祸事，家门不吉。忌耳朵发烧。有“左耳烧财（破财），右耳烧事（祸事），两耳烧都没事”之说。耳烧时，撕纸一张，中间挖空，套于发烧之耳，谓之“戴纸枷”，说是可“避邪”。

七、方 言

芹洋境内百人以上的姓氏有30多个，各姓均从不同地区迁入，因此境内方言较多，主要流行的有寿宁话、闽陲话。

1. **寿宁话** 境内通用寿宁话的有山头、广地、底洋、山底、九岭等村庄。

2. **闽陲话** 境内通用闽陲话的有芹洋、修竹、尤溪、溪源、阜莽、茗坑等村庄。

第九章　寺庙庵堂

芹洋境内，最负盛名的道教庙宇是黄山公庙，庙中供奉的是爱民清官、大德至善之神——黄槐。佛教有九峰堂、栖林寺、天堂寺、仙山庵、天竺寺、东山庵、林树庵等寺庙。

一、道教宫庙

（一）黄山公庙

黄山公，名黄槐，寿宁韶托人，北宋徽宗年间进士、官徽州知州。任上，为赈灾救民而开仓放粮，是福建民间影响力最大的一位爱民清官。宁德市纪检委将其列为“闽东历史清廉人物”；福建省委宣传部将其列为“闽文化的精神力量”代表人物。

黄槐弃官后更名黄山遁隐鹤溪36年，为百姓狩猎除害、设馆办学、采药治病、兴修水利、创建廊桥、引进先进农耕技术。传说逝后升天成仙，被尊奉为大德至善之神，闽浙诸省为其建庙塑像500多座。2017年1月，福建省人民政府将“黄山公信俗”列入“非遗”项目名录，并继续申报国家级“非遗”。

为纪念爱民清官、大德至善之神——黄槐（黄山公），闽浙两省信众每年春夏秋冬四季都要举办十分隆重的黄山公巡游祭祀活动。

春　季　每年春节期间，武济村、广地村、修竹村都要举办隆重的黄山公祭祀巡游活动，以纪念爱民清官、大德至善之神——黄槐（黄山公）。每年农历正月十三日，修竹村善男信女齐聚黄山公庙做清醮，举办黄山公巡游祭典，祈保全村清吉平安，学子功成名就。

夏　季　韶托是黄槐故里，农历六月十九是黄槐生日。因此，每年农历六月十九，韶托都要举办隆重的黄山公巡游祭典，以纪念先贤、爱民清官黄槐。

秋　季　传说宋绍兴三十二年（1162）九月初九，黄槐在鹤溪升天成仙。从此，每年重阳期间，鹤溪的托溪、洋尾、溪坪、洋后四境及圈石村，都要挑选最大的猪在黄山公庙前宰杀献祭，摆上丰盛的筵席供奉。然后全村男女老幼出动，众人高举五彩龙伞、各色旗幡，八抬大轿抬着黄山公神像，手持彩旗、香火的善男信女们紧随其后。巡游队伍前舞龙，后舞狮，一路敲锣打鼓、号角鸣奏，沿途鸣铳放鞭炮浩浩荡荡。沿途信众设供，焚香点烛、燃放鞭炮迎接，在村中祭祀斋醮做完法事，祈保一境安乐吉祥后，次日又依照昨日迎神规模，浩浩荡荡将黄山公神像送回。在两村交界处，另一村庄的迎神队伍也以同样规模，浩浩荡荡将黄山公神像迎回村中祭祀斋醮做法事。待周边各村都巡游祭祀完毕，最后再将黄山公神像恭送回庙。

冬　季　鳌阳黄山公庙的祭祀、斋醮、巡游活动，则是每年冬季举办。祭祀、斋醮活动在三峰公园虎头山的黄山公庙进行。巡游祭祀活动也是众人高举龙伞、旗幡，一路敲锣打鼓、铳炮轰鸣，浩浩荡荡地巡游全城，祈保风调雨顺、国泰民安、家家户户平安吉祥。

在儒道释三教中，道教、佛教人物，一般都是一年一祭；儒教的孔子，每年春秋二祭；唯有爱民清官、大德至善之神黄山公，每年的春夏秋冬四季，信众们都要举办隆重的巡游祭祀活动。这种四季巡游祭祀活动，举世皆无，神州唯一，成为中华传统民俗文化中的一朵奇葩。

芹洋境内的武济村、野坑村、修竹村、广地村、山头村、底洋村、石落村、可观村、九岭溪村都建有黄山公庙，茗坑、芹洋廊桥和芹洋的天堂山都供奉黄山公神位。

1. **武济村黄山公庙**　武济（牛替）村人最信奉黄山公，村中建有专门供奉黄山公的黄山公庙。每年正月，武济村都要举办隆重的黄山公祈福民俗活动。以前由于经济贫困，百姓生活困难，每年黄山公祈福活动的首事，都是全村轮流，周而复始依序循环。2010 年以来，随着生活条件的不断改善，村民们争相为首举办黄山公祈福活动。

武济村黄山公庙是邑内早期修建的黄山公庙之一，始建年代不详，香火鼎盛。清光绪八年（1882）易址重建。1958 年“破除迷信”，村民将黄山公神像偷藏起来，待运动结束后再抬回庙中供奉。“文革”时，庙宇被毁。1981 年，李林栋等首事在原址重建，坐北朝南，占地面积 200 多平方米，土木结构，建筑面积 110 平方米。2016 年 3 月，叶贵生等乡贤筹资 13 万元，修一条路面宽 5 米，长约 1 千米的环村公路通往黄山公庙。

2017 年春，黄山公庙因年久失修，庙宇墙体多处出现裂缝，屋顶雨水渗漏。村民叶贵生、叶清寿、廖齐寿、叶尧章、李福平、李启全等筹资 70 多万元，在原址扩建黄山公庙。新建的黄山公庙宽 13 米，深 20. 5 米，上下两厅，三开间，建筑面积 260 多平方米。

武济黄山公庙大门楹联：“威灵显赫恩施世界，善德长存爱暖人间。”庙中有 32 根圆石柱，每一根石柱都有阴刻楹联——

滔滔鹤水颂德政，绵绵青山写春秋。
善政佳绩载史册，道骨仙风传千秋。
六畜兴旺喜心头，五谷丰登庆佳年。
水旱疾疫祷之应，功名利禄求之灵。
保四季风调雨顺　佑八方国泰民安。
黄公庇佑有真意，众生祈愿须诚心。
仙岩胜迹祥云绕，武济殿宇气象腾。
人杰地灵千古迹，民安物阜万家春。
仙岩托迹恩泽遍大地，武济添福气象满人间。
徽州赈济饥粮救万民，鹤溪悬壶济世泽苍生。
一身浩气与仙岩并立，两袖清风共鹤水长流。
宋时挂冠遗音犹在耳，今朝有求必应存于心。
徽州黎民至今思知州，鹤溪隐士终究为名士。
为官清正廉洁之典范，从政一心为民之楷模。
一生行善积德为百姓，千年里闾邑众尊黄公。
韶托青山绿水育先贤，武济翠柏苍松歌圣哲。

2. 野坑村黄山公庙　明洪武十年（1377），野坑村王姓肇基之祖王念四在村前建黄山公庙，占地面积 100 多平方米。庙旁有一株挂牌保护的槠树，树龄

500 多年，胸径需 3 ~4 人方能合围。

庙前有一座六角亭，庙后有一个 300 多平方米的停车场。野坑大王与黄山公庙隔涧相望，占地面积 50 多平方米，大王旁边有 1 株槠树，树龄 500 多年，胸径需 4 ~5 人方能合围。大王后还有 4 株槠树，树龄也有几百年。

3. **九岭溪村黄山公庙**　清顺治二年（1645），九岭溪村叶姓先祖在九岭溪村边鼎建黄山公庙。“文革”期间，黄山公庙被毁。1986 年，叶用乾为首在九岭溪桥头冈重建。

2006 年，牛头山水库蓄水后，九岭溪村被淹没。居民多数迁往芹洋新村，部分迁往丰谷新村、寿宁县城和福鼎市龙安开发区。2009 年，叶用乾等首事再次将黄山公庙迁建于芹洋悬索大桥内侧的溪门山路旁。坐午加丁，砖墙琉璃瓦，供奉黄山公。占地面积 160 平方米，建筑面积 100 平方米。流芳碑联：“神宫重焕彩，百姓得安康。”

4. **山头村黄山公祠**　清乾隆中期，叶家修由广地村迁入山头村为肇基之祖。嘉庆四年（1799）黄仲月，村民在村中建黄山公祠一座，坐北朝南，占地面积 200 平方米，建筑面积 135 平方米，奉祀大德至善之神——黄山公。

民国十二年（1923）十月重建黄山公祠。“文革”时神像被毁。1992 年，叶允乾、叶允孚等首事重修黄山公祠。2008 年 2 月 28 日，村民集资大修，祠貌焕然一新。山头村黄山公祠的大门楹联颇有特色，联曰：日昍晶䝉观天下，月朋朤镇乾坤。大殿柱联：银灯辉映千家月，金炬光摇万户春。神龛楹联：恩泽遍大地显迹在仙岩，善行登仙境功业遍人间。

5. **可观村黄山公庙**　位于可观村北的仙宫冈，坐丙加午，明万历元年（1573）建。内外两堂，土木结构，占地面积 480 平方米，建筑面积 280 平方米。供奉黄山公神像。“文化大革命”时，外堂被拆，神像、大殿木柱金字板联等被毁。1997 年，肖乃勤、吴良春等为首重建外堂，修整内堂。2010 年 7 月，重修内外二堂。大殿悬“功在生民”匾额。

6. **修竹村黄山公庙**　修竹村黄山公庙原建在栖林寺旁的修竹溪畔，始建年代不详。庙前古道，北连九岭通往寿宁县城；西接尤溪、平溪通往政和县。

“文革”时，黄山公庙被毁，村民冒着被批斗抄家的风险将黄山公神像偷藏村中。“文革”结束后，村民将黄山公神像供奉在村中众厅。2004 年 5 月 1 日，李金生等首事募资在村中动工修建黄山公庙，历时半年完工，坐乙加辰，占地面积200平方米，建筑面积160平方米。庙门、殿柱、神龛均有墨书楹联——

脱迹鹤溪成仙圣，威镇凤竹惠黎民。
大法推官真义士，空仓济众救黎民。
视之不见求之灵，听则无声叩则应。
鹤溪脱迹威显神通，廉政爱民名垂千古。
廉洁奉公名昭千古，赤胆忠心为国为民。

2008年2月28日，一场大火将修竹村自下而上烧成一片废墟。唯独黄山公庙及其周边四幢房屋如有神灵护佑，得以安然幸免，丝毫无损。“修竹大火，不烧黄山公庙”的奇事逸闻，一时之间传遍四邻八乡。

7. **广地村黄公圣境**　清光绪六年（1880），村民在广地村口建黄公圣境。1975年修筑的寿宁县城至芹洋公路从广地村前经过，建在村口的黄公圣境被拆。

1998年8月，朱阿甲等首事在广地村中择址重建黄公圣境，供奉黄山公及两位夫人。黄公圣境坐亥，占地面积150平方米，建筑面积100平方米。庙门对联：仙岩托迹传千古，赈济灾粮救万民。每年春节期间，广地村都要举办隆重的黄山公祭祀巡游活动，以纪念爱民清官、大德至善之神——黄槐（黄山公）。

8. **底洋村黄山公庙**　民国元年（1912），底洋村民在仙宫冈建黄山公庙，供奉爱民清官、大德至善之神——黄山公。这座原本无名的山冈，因为建了神庙，因此得名仙宫冈。

“文革”期间，底洋村黄山公庙、神像被毁。1998年，吴冬业为首在仙宫冈重建黄山公庙。坐东朝西，占地面积120平方米，建筑面积50平方米。供奉黄山公、马仙等。

9. **石落村黄山公庙**　1976年，石落村范世张、范世文为首在天龙坂建造黄山公庙，占地面积300多平方米，建筑面积240平方米，供奉黄山公等神像。

10. **茗坑廊桥黄山公神位**　民国三十六年（1947），茗坑村民在茗坑上村建石拱廊桥。南北走向，桥长20米，宽4.3米，孔跨5米，6开间，28柱。桥中间设神龛，供奉黄山公等神位。茗坑廊桥原为村中要道，自公路修通后少有行人来往，逐渐成为村中专司祭祀的场所。

（二）临水宫

芹洋境内的临水宫，纪念的是在古田县临水村施法祈雨而殁的陈靖姑。唐天祐二年（905）正月十五日，陈靖姑在福州下渡出生。一说唐中和二年（882）正月十四日，陈靖姑生于福州下渡，为福建莆田县醴泉里竹林村人。又一说陈靖姑生于唐大历二年（767）正月十五日。也有说是五代闽王时期人。

相传，陈靖姑17岁到闾山学法，能降妖伏魔，扶危济难。学成归来途中斩妖除邪，收女将36人，玉女72人。陈靖姑18岁时嫁给古田人刘杞。先后在闽江流域及闽北诸地施医救产，除恶安良。后唐天成三年（928）大旱，靖姑带孕施法祈雨消灾，几经险恶环境，终至难产献身古田临水，年仅24岁。后人感其恩德，在其殁地大桥临水村建庙崇祀。

芹洋境内的发竹坪村、尤溪村、广地村、下坪碓村也建有“临水宫”“临水宝殿”，以纪念护产女神陈靖姑。

1. **发竹坪临水宫** 清咸丰年间建。“文革”时，神像被毁。1998年春，临水宫毁于回禄，同年重建上殿，2000年再建下殿，建筑面积260平方米。供奉临水夫人、土地神等。

2. **尤溪临水宝殿** 清光绪四年（1878）建。坐东南朝西北，上下两厅土木结构。上厅深12米、宽13米、20柱，其中4柱为缠龙柱。下厅深12米、宽13米、16柱，中间是戏台，两侧为二层厢房，右侧用作斋房。门额书“临水宝殿”，占地面积350平方米，供奉临水夫人。

1958年，破除迷信神像被毁，宫殿改作尤溪小学。1983年，重塑临水夫人神像。

3. **广地临水宫** 清光绪三十四年（1908）八月建，坐落在芦碧岭尾。1958年，破“四旧”时神像被毁，宫殿用作小学教学楼和大队办公室。1987年重建，2014年重修。坐西朝东，二层砖木结构，上下两厅。深16米、宽11米，建筑面积176平方米，主祀临水夫人陈靖姑。

4. **下坪碓临水宫** 1998年建，原名通天灵宫。2003年重建，更名临水宫。坐北朝南，建筑面积30平方米。供奉临水夫人、马仙、元帅、土地等。

此外，阜莽、茗坑、甲垄、载坑、上修竹、石门后等村也建有临水宫，野坑村、甲垅村、芹洋村建有奶娘宫。

（三）马仙宫

芹洋境内的马仙宫，供奉的是唐代人马五娘。马五娘生卒年月不详，出生地也有多种说法。《闽大记》《建宁府志》《寿宁待志》都说马五娘是福建建安将相里人；《福宁府志》说她随父来闽，18岁到寿宁，死于鸬鹚村为神；《景宁县志》则说马仙是浙江景宁县鸬鹚乡人，名叫马天仙，又称马孝仙、马佛、马夫人；《霞浦县志》又说马仙是"温麻里马氏女"。

传说，马五娘未婚夫死后誓不二嫁，以纺织为生，精心供养婆婆。马五娘死后尊称马仙姑，成为解旱济灾的保护神。人们立像建祠纪念，定六月十六日为其神诞。芹洋境内的茗坑村、尤溪村、溪源村、大岗村、可观村、铁炉坪村建有马仙宫。

1. **茗坑马仙宫** 明万历年间建，1958年破"四旧"时毁。1982年重建，建筑面积55平方米，供奉马仙、奶娘、元帅等。

2. **尤溪马仙宫** 清道光年间建，原位于尤溪村下游风水林中，后迁建"四角深潭"上的仙殿冈。1958年，"大跃进"期间被拆毁，将木料、瓦片、砖头用于建尤溪茶叶加工厂。2006年9月24日子时重建，建筑面积80平方米。联曰：天仙降临咸赐合境吉庆，菩萨到座佑护井里和平。

3. **溪源仙殿** 清光绪年间建，1958年破除迷信时毁。1983年重建。2009年，因牛头山水库蓄水，再次移建。占地面积120余平方米，建筑面积70平方米，供奉马仙、五谷仙和元帅等。

4. **可观马仙宫** 明万历二十七年（1599）建。

5. **铁炉坪仙宫** 1997年建。坐北朝南，建筑面积20平方米，供奉马仙。

（四）五显殿

芹洋境内的五显殿，供奉的是华光大帝。华光大帝又称马元帅、马天君、五显灵官、三眼灵光、华光天王等。相传，华光大帝姓马名灵耀，生有三只眼，故民间又称"马王爷三只眼"，系道教护法四圣之一。

马灵官身上藏有金砖火丹，随时用火降伏魔怪，所以民间又把他视作"火神"。相传农历九月十八日是华光大帝的神诞，举行拜祭华光帝仪式，可以祈福免除火灾，俗称"华光诞"。

明朝前期，华光大帝马灵官又化为宋徽宗时林灵素的再传弟子王灵官。王灵官，名王善，死后由玉皇大帝封为“先天主将”，司天上、人间纠察之职。永乐间封为“隆恩真君”，敕建“天将庙”。宣德间改为“火德观”。王灵官的塑像，赤面、三目、披甲执鞭，作为道观镇守山门之神。

芹洋境内修建的五显殿、五显灵官大帝宫、雷霆风火院等宫殿，除了供奉道教四大护法神将马元帅、温元帅、赵元帅、康元帅，奉祀的还有田、叶、宋、钟、郑一、郑二、郑三、杨招显、杨招德、杨招达等“元帅”。

1. **仙山尾五显殿** 2008 年建，位于芹洋村仙山尾金钟寺右，坐癸加子，建筑面积 40 平方米，供奉五显灵官大帝、土地等。

2. **甲廷岔五显宫** 甲廷岔村的五显灵官大帝宫，始建时间不详。

3. **石落村元帅宫** 建在村庄侧对面的腰架坂上，始建时间不详。

4. **牛替雷霆风火院** 1998 年建，位于牛替村岭头。坐庚加酉，砖木结构，占地面积 80 平方米。奉祀田、马、赵三大元帅。

（五）八仙宫

八仙，指由八位凡人得道而成的神仙。明代以前，八仙之名众说不一。有汉代八仙、唐代八仙、宋元八仙，所列神仙各不相同。自从明代吴元泰的演义小说《东游记》问世后，“八仙”才排定顺序：一、铁拐李，二、汉钟离，三、蓝采和，四、张果老，五、何仙姑，六、吕洞宾，七、韩湘子，八、曹国舅。八仙所持的扇、拐、笛、剑、檀板、葫芦、拂尘、花篮等八物为“八宝”，代表八仙之品。

芹洋境内的发竹坪村、石落村、岔头坂建有八仙宫。

1. **石落村八仙宫** 建在村庄侧对面的腰架坂上。

2. **发竹坪八仙宫** 1996 年建，位于发竹坪村后门冈。2010 年在原址重建。坐辛加酉三分，建筑面积 70 平方米。

（六）大王庙

大王、城隍，是冥界的地方官，职权相当于阳界的市长、县长、乡长。京都的称都城隍；府、州、县的称城隍；乡村一级的则叫大王。凡村庄均设有大王神位（社稷坛），以祭祀土地神、谷物神，护佑村民四时平安吉祥。

土地神又称“社神”“福德正神”，朱元璋在土地庙出生，因而对土地神的上司城隍神格外敬重。洪武二年（1369），朱元璋下诏加封天下城隍。并严格规定城隍分都、府、州、县四级。于是全国各地的城隍庙便如雨后春笋般修了起来。朱元璋说“朕立城隍神，使人知畏，人有所畏，则不敢妄为”。“以鉴察民之善恶而祸福之，俾幽明举不得幸免”。从此，城隍由护卫神变为阴界监察系统。

芹洋境内的芹洋村、尤溪村、上尤溪村、溪源村，都建有大王庙、大王宫；尤溪村文明桥也供奉大王神位。

1. **芹洋大王庙**　位于芹洋村旗山脚下左侧，始建于明万历年间。1958 年拆毁。1994 年重建，坐壬加亥，建筑面积 120 平方米。

2. **尤溪大王宫**　位于芹洋乡尤溪村下游笔架山的鲤鱼坂上，原宫始建时间不详，“文革”期间毁。1995 年 8 月重建。

3. **上尤溪大王宫**　位于芹洋乡尤溪中村下游，神龛、供桌系花岗岩精雕细刻，“文革”时被拆除，石料用于建尤溪大队楼。2011 年农历十一月重建，坐癸加丑三分。

4. **溪源村平水大王庙**　清嘉庆二年（1797），在村上游峡口大枫树岩崖下建平水大王庙。庙内一对精工雕琢的石香炉，近年被窃。

5. **文明桥土地神位**　尤溪村文明桥左桥头奉祀土地。

二、佛教寺庵

佛教源自古代印度，宣扬“善有善报，恶有恶报”；劝人心存善念，慈悲为怀，普度众生。佛教戒律森严——禁伤害生灵；禁男女性生活；禁吃肉喝酒。芹洋境内现存最早的佛教建筑是修竹栖林寺，知名度最大的是九峰堂。

1. **栖林寺**　南宋绍兴三十年（1160）建，位于修竹村下游的官道边。当年，寺院四周茂林修竹，溪畔绿柳红梅，景致十分优雅。宋乾道五年（1169）冬，状元王十朋从泉州任上回浙江乐清梅溪老家时，途经栖林寺触景生情，留下一首脍炙人口的七言绝句：“我如倦鸟欲栖林，喜见禅僧栖处深。家在梅花小溪上，一枝聊慰北归心。”

明正德年间重修栖林寺。万历二十八年（1600），善众舍田产数顷以供香火。万历四十三年（1615），住持僧性晓等捐资凿石水槽蓄水饮用。清光绪间，因邻近修竹村，栖林寺改称修竹庵。梅洋进士林栋多次陪同母亲李眉芝回修竹娘家探亲，常到修竹庵进香，曾赋《题修竹庵》："图成竹处影横斜，一首清诗重外家。倍忆老人携雏子，梅湖湖上种梅花。"《腊月题修竹庵》："大雪满山行径绝，庵梅几树图清冽。山僧头白香不热，稽首花前诵佛说。"

"文革"时，栖林寺（修竹庵）遭破坏。1980 年，村民募捐重建，土木结构，占地面积 500 平方米，建筑面积 450 平方米。供奉三宝、观音、伽蓝等佛像。虽劫后重建，但难掩破败衰微，昔日清幽净雅现已无从寻觅。

2. **仙山庵** 又名金钟寺，位于芹洋村仙山尾。芹洋《黄氏宗谱》载：明永乐四年（1406），黄氏五世祖黄孟十夫人练妙智创建仙山庵，舍水田 15 亩以供香灯。仙山庵坐癸加丑，占地面积 1350 平方米，原建筑有大雄宝殿、天王殿等。

1958 年，金钟寺被芹洋公社拆毁，木料用于修建芹洋公社干部宿舍楼。1975 年，芹洋大队在庵址办茶场，建茶叶加工楼和宿舍楼。

1999 年，村民在茶场楼上塑三宝、送子观音、伽蓝、韦驮等佛像 19 尊。2009 年，芹洋村善众集资人民币 42 万元，于 4 月 15 日子时动工重建砖木结构大雄宝殿、天王殿。并续建斋房、宿舍、放生池等。2010 年，浇灌芹洋村至仙山庵长 5 千米，宽 3. 5 米的水泥公路。泰顺增生王恩宇赋《仙山夕照》，诗云："回峦苍翠峙溪东，时有岚光返照融。叱石成羊疑是处，修真定与赤松同。"邑人吴谦赋《仙山夕照》，诗云："仙山耸翠立村东，夕照光辉瑞气融。最是晚霞笼罩处，岱天一色景相同。"

3. **九峰堂** 葛藤岔《冯氏宗谱》在《九峰堂记》中记载：明正统十年（1445），冯全一在葛湖村肇基之后，冯全一与黄、朱、张、陈、吴、徐等姓在葛湖村石门后共同创建九峰堂，"当时堂皇齐整佛像森严，共括田数百亩命僧焚香供养"。因寺院坐落在九岭之巅的葛藤岔石门后而得名。

九峰顶为芹洋乡最高峰，九岭如玉带从它身边蜿蜒而上，九岭溪似锦缎环绕山脚飘然而去。在九岭之巅的石马岔，散布着天然神似的石马、石龙和释迦牟尼石像。曾有人赋《石马朝天》，诗云："一顾马群空，萧萧啸西风。主人何处去，翘首问天公。"九峰堂雄踞在万绿丛中，面前九峰叠翠，宛似代代沙弥迎信众，岭下九溪奔涌，恰如芸芸善士拜如来。

弘治年间，葛湖村民募缘重建九峰堂，置有水田数十亩，森林百亩，还在上马洋设粮仓一座（今旧址尚存）。规模宏伟环境清幽的九峰堂，僧尼最多时达150多人，为寿宁五大禅林之一。

1992年版《寿宁县志》载："九峰山顶下，万绿丛中，有座九峰堂，始建于明洪武年间（注：此处有误，明洪武年间冯氏尚未在葛湖肇基。）。规模宏敞，环境清幽，为寿宁五大禅林之一。旁有一井泉水，常年不枯，可供千人饮用。传说，清初靖南王耿精忠与太平军均曾屯兵于此。1984年，从庵堂古井内挖掘到刻有'耿精忠'三字的宝剑一把，现存。"该井深1米，宽1米，长2米，四周条石嵌砌，井旁立有石碑，镌"景泰元年建"等字。

咸丰八年（1858）三月初一，太平军将领杨国忠率部占据政和县城。六月二十八日，杨国忠探闻与天王洪秀全决裂的太平天国翼王石达开大军将至，即弃城退去。七月初九，石达开率部攻打政和县城，未破。向水吉方向退去。同年六月，杨国忠、石达开两支太平军中的一支试图攀越九岭攻占寿宁县城，被驻守九岭头的卓麟英部团练所阻。同治六年（1867），九峰堂僧徒私设暗室，诱奸信女村姑，被群情激愤的村民纵火烧成废墟。

1972年，县医药公司与芹洋公社联合在九峰堂旧址种植药材，并建楼一座。1981年，葛藤岔村民重建大雄宝殿，坐巽加巳。1984年，塑三宝、三大士、三接引、阿难、迦蓝、迦叶、十八罗汉、二十四诸天、四大天王、弥勒、韦驮、地藏、孔子、土地等数十尊。1997年，建砖木结构天王殿，左右两厢及宿舍、斋房。九峰堂占地面积1800平方米，建筑面积共750平方米。

虽然历经沧桑，现在的九峰堂早已难觅昔日风光，但其悠久的历史与传奇般的史迹，仍吸引着众多游人前来访古寻幽，并留下诗文墨迹。如李前村的《游九峰寺》，诗云："九峰高耸插云中，天际飞霞架彩虹。莽莽群山环足下，煌煌旭日染山红。"连德仁的《游九峰堂》，诗云："携来诸友大山游，翠竹迎风探古幽。碑勒千年留井底，杜鹃似火着山头。"缪旭照的《九峰堂》，诗云："九峰并列九峰堂，溪水纡回古道长。石马石龙争礼佛，居然冷落靖南王。"龚真元的《咏九峰堂》，诗云："叠翠层峦峰外峰，云低雾霭寺朦胧。钟声远彻千山外，香客频行九岭中。洪武兴工留胜迹，耿王遗剑识行踪。江山多彩真奇幻，且听山僧说色空。"

4. **天竺寺**　原名天竺堂，位于可观村底洋自然村左，坐艮加寅。据大殿梁书，明景泰六年（1455）始建，时请福州涌泉寺高僧兄弟二人住持。嘉靖年间重建。隆庆元年（1567），吴犁六捐水田18坵并勒石流芳，碑尚存。嘉庆年间，可观、底洋两村共建。1982年重建。1999年再建，土木结构，占地面积600平方米，建筑面积550平方米。2003年再修。2006年，建砖木结构三层斋房、宿舍楼1座，面积80平方米。

5. **东山庵**　明万历年间建，位于山面村右1000米，坐甲加卯。民国年间重建大雄宝殿，土木结构。“文革”时佛像被毁，墙壁被拆。1992年，建土木结构斋房，占地面积316平方米。1999年，修葺扩建，塑释迦牟尼、三接引等佛像13尊。

6. **林树庵**　又名灵岩庵，位于山底村岩头坂自然村。岩头坂村《吴氏宗谱》、沙潭村《杨氏族谱》载：清顺治年间，杨氏捐献庵基，吴万五、吴文二建寺庵，故灵岩庵为吴、杨两姓的祠庵。康熙年间，杨氏施入田产并勒碑为据。1958年，托溪、芹洋公社将林树庵拆毁，木料盖公社畜牧场，庵废。1980年，村民募资重建，土木结构，建筑面积325平方米，坐甲加卯。奉祀三宝、伽蓝、阿难等佛像。

6. **天堂寺**　位于芹洋村后山腰，始建年代不详。民国二十二年（1933）遭兵燹，民国二十四年（1935）重建，坐乾加亥。1971年，住持黄芝兰等率众重修，土木结构。占地面积550平方米，建筑面积480平方米。1979年1月重建，供奉三宝、伽蓝、观音等佛像。2016年，修筑通往天堂寺的水泥公路。

泰顺增生王恩宇赋《天堂风咏》，诗云：“直步云梯到碧巅，天堂小住禅情添。吟风啸月殊无□，一咏归来类散仙。”邑人吴谦赋《天堂风咏》，诗云：“寻芳步上翠微巅，心旷神怡俗虑□。俯察白云缠脚下，举头咏月话神仙。”邑人缪旭照赋《天堂寺》，诗云：“天堂坂上建天堂，龙伞都弥般若香。莫道山中尘世远，千余石级自芹洋。”

7. **天台山观音阁**　2000年11月4日卯时建，位于牛替村岭头坂，坐甲向寅，砖木结构，建筑面积150平方米，奉祀观音等佛像46尊。

8. **广地观音阁**　2004年建，位于广地村公路内侧湖畔，坐坤加申，建筑面积20平方米，供奉观音。

9. **慈济老佛宫** 在上修竹村。

10. **奉祀观音的廊桥** 尤溪村文明桥、里仁桥、钟鼓桥，茗坑桥、长濑溪桥（2006 年，牛头山水库蓄水淹没，迁建芹洋村）等廊桥，均供奉观音神位。

11. **境内历代废弃寺庵** 坂庵，位于广地村东坂庵底。双岩寺，位于九岭古道旁，宋建炎三年（1129）建，明初废。茗坑庵，位于茗坑村，明嘉靖年间建。1965 年“破四旧”，拆木料建茗坑大队办公楼。可观庵，位于可观村石马后。凤龟庵，位于芹洋村。丰谷庵，位于丰谷村，始建时间不详，1949 年后废。溪源庵，又名龙凤庵，位于溪源村下游。1958 年拆，木料建芹洋公社党委楼。青山庵，位于广地村西青山洋。苦竹岭庵，位于苦竹岭，始建时间不详，民国二十二年废。杨长垄庵，位于尤溪杨长垄。淡竹洋庵，位于金钟洋淡竹洋村新庵处。后门地庵，位于广地村西后门地。水尾桥庵，位于广地村西。黄竹冈庵，位于黄竹冈。石门后庵，位于九峰堂北，民国时建，1958 年被拆。

三、俗神崇拜

以自然崇拜、图腾崇拜、祖先崇拜以及地方神灵崇拜为核心，没有统一信仰体系和宗教经典，具有地域性、分散性、自发性、民间性的信仰习俗为俗神崇拜。如境内供奉的五谷仙、白鹤仙、李世民等。

（一）神农氏

邑人俗称“五谷仙”，相传是远古时代发明农业和医药的人。他还亲尝百草，为民治病疗疾，著《神农本草经》。

1. **牛替五谷仙宫** 1969 年建，位于牛替村左冈顶，2007 年 3 月 18 日丑时重建。坐艮加寅，二层砖木结构，上下两堂，飞檐翘角，雄伟壮观，占地面积 100 平方米。汽车可至仙宫，同时建条石岭道 201 级。奉祀五谷仙、南极仙君、财神等。

2. **阜莽五谷仙殿** 2002 年建，位于阜莽村后门山。坐西朝东，建筑面积 110 平方米，供奉五谷仙、八仙、土地等。

3. **牛替灵山宝殿** 2002 年 2 月 8 日辰时建，位于牛替村岭头坂。坐庚加酉，砖木结构，占地面积 250 平方米。奉祀五谷仙等神像 17 尊。

4. **牛替五谷仙殿** 2005 年建，位于牛替村往斜滩镇的公路边。建筑面积

160 平方米，供奉五谷仙。

5. **岔头坂五谷仙宫**　在上修竹村岔头坂自然村。

6. **张坑村五谷仙岗**　传说，明洪武年间农历五月二十五日，张坑村牛角头边的山岗飞来一个“香炉”。村人认为是神仙显灵，便请道士在山岗砌石安放香炉。从此，每年农历五月二十五便有村民来这里朝拜，但谁也不知道朝拜的到底是什么神仙。很久以后，村中一位长者梦见仙人，说是五谷仙。因此，这座小山岗便被称为“五谷仙岗”。

（二）白鹤仙

1995 年版《景宁县志》载：秦汉时齐人，与李斯师事荀子。汉时隐居浙江景宁境内，沐鹤于溪，筑台垂钓。邑人尊为“白鹤仙”。

1. **石落白鹤仙宫**　石落村对面的腰架坂上建有白鹤仙宫。

2. **九峰山白鹤仙宫**　清光绪三十四年（1908）二月建，位于九峰山冈顶。1926 年重建时，石匠在铺设石马岔至冈顶的石路时，不幸被雷电击毙而停止。1999 年，日洋铺村民集资重建。塔式石木结构，占地面积 100 平方米。正面为白鹤殿，左为赤松子殿，右为八仙殿，后为南极仙殿。

仙殿座下有一洞，直径 60 厘米，深不可测，现为殿堂覆盖。南面山腰亦有一洞，口窄内宽，洞室宽约 6 平方米，高 2 米。洞内泉水呈红色，有香气。东南面石壁耸立，巨石奇形怪状。

（三）李世民

李世民是唐朝第二位皇帝，也是中国历史上有名的政治家与明君之一，开创了著名的“贞观之治”。

1. **太子宫**　在芹洋境内的牛替村山脚的三关虎墓附近，供奉李唐太子。

2. **李世民宫**　1996 年建，位于修竹村头万年坪。建筑面积 200 平方米，供奉唐太宗李世民、皇后及徐茂公等将相。

（四）其他宫阁仙殿

1. **牛替灵山宝殿**　2002 年建，在牛替村岭头坂，建筑面积 250 平方米。

2. **牛替天台山阁**　2000 年建，在牛替村岭头坂，建筑面积 150 平方米。

3. **芹洋福祥灵宫**　2003 年建，在芹洋村茶场北山，坐子向午，占地面积 360 平方米，建筑面积 183 平方米。供奉临水夫人、德天夫人、马云夫人、张觅娘及土地等。

4. **张坑杨柳倪仙殿** 传说明洪武年间，张坑村抛佬仙岗三峰顶的香炉飞到离村一里的仙殿岗。因此，张坑王、石、杨三姓在仙殿岗共建一座仙殿，供奉“杨、柳、倪”三位神像。

四、基督教

基督教的创始人是耶稣，基本经典是《圣经》，认为上帝创造宇宙万物，是至尊无上的神。人要赦免罪恶，就必须信奉耶稣，向上帝忏悔。遵守基督十戒，死后会进入天国。最初，基督教只有一个教会，以后分化为天主教、东正教、新教三大派别。

清光绪年间，基督教由福安县传入寿宁。2013 年，丰谷村传教点有教徒 3 人，其中男 1 人，女 2 人；广地村传教点有教徒 6 人，其中男 3 人，女 3 人；缸窑村传教点有教徒 5 人，其中男 2 人，女 3 人；阜莽村传教点有教徒 100 人，其中男 30 人，女 70 人。

芹洋基督教堂 1998 年建，坐落在芹洋乡芹洋村。三层砖混结构，占地面积约 250 平方米，建筑面积约 420 平方米。

第十章　传说故事

宋朝以来，境内广为流传的民间故事，主要有“芹洋黄大汉”“义勇大夫三兄弟”“修竹圣旨牌”“九岭蛇墓”“武举吴玉衡”等；载入《神奇官台山》一书的有“黄昌永墓葬之谜”“义勇大夫黄普英”；载入《冯梦龙寿宁民间传说》一书的有“冯梦龙与九岭古道”“冯梦龙重修报功祠”“冯梦龙修建旌善、申明亭”“冯梦龙捐建英雄亭”等传说故事。

修竹圣旨牌

修竹是李氏血缘聚居之村，村中珍藏着一尊高 28 厘米、宽 18 厘米，造型精美、雕工精细的龙形木雕“圣旨牌”。

“圣旨牌”实际上应该说是“万岁牌”，因为在龙形木雕中间漆成红色的木板上，镏金楷书的是“皇帝萬歲萬萬歲”7 个繁体字，而不是皇帝的圣旨。由于“万岁牌”未标注年代，因此，修竹这尊“万岁牌”究竟是何年何月之物，现在已经难以考证。

传说，李氏迁居修竹第 14 代时，印潭村李氏将“圣旨牌”送到修竹村，交由修竹李氏族人保管，至今已有 500 多年历史。

为什么印潭李氏要将“圣旨牌”送到修竹保管呢？《李氏宗谱》载，由修竹迁居印潭村的李球，武功高强。明景泰六年（1455），李球响应官府征召，配合官兵征剿官台山寇郑怀茂，生擒山寇 60 人，解救被掳良家妇女 370 人。为此，明朝皇帝钦赐李球等 13 位壮士为“义勇大夫”，在建宁府大中寺赐宴庆贺，三司大行奖赏。朝廷为表彰李球功绩，特赏赐“圣旨牌”一尊。

李球回到印潭后，将这尊“圣旨牌”供奉在村中官厅。这尊“圣旨牌”给印潭李氏族人带来了无上的荣耀，但也增添了许多烦恼。因为印潭供奉着皇帝御赐的“圣旨牌”，所以官员往来经过寿宁都要到印潭官厅朝拜圣物。李氏族人不敢怠慢这些朝廷命官，不仅要鞍前马后好生侍候，还要备办好酒好肉款待来人。长此以往，李氏族人财力不支、疲于应对。无奈，只好将这尊“圣旨牌”送到修竹村旁的栖林寺（后改称修竹庵），交由同宗一脉的修竹李氏宗亲保管，一直珍藏至今。

修竹条石铺直

话说印潭李氏族人因无力承受来往官员前来朝拜“圣旨牌”的接待之苦，便将“圣旨牌”送交修竹村宗亲保管。

当年，寿宁县城前往建宁府的官道途经修竹村，因此来来往往的官员都要来朝拜这尊“圣旨牌”。官员们一进村，修竹村不但要安排专人陪伴参拜，李氏族人还要备办酒宴款待来宾，这些都要村民自掏腰包。一年来个一次两次还可以，要是来个十次八次，那花费可就难以承受了。因此，这尊承载着先人无上荣耀的“圣旨牌”，现在倒成了修竹村民的烫手山芋——供奉，每年要花费大笔银钱，财力不支；销毁，这是皇家圣物，罪不容赦。

一天，又有一位朝廷大员要来参拜“圣旨牌”，牢骚满腹的修竹村民将黄竹铺满村道，令人无处下脚。这位官员看到村中一路黄竹，便查询原委，得知村人因为“圣旨牌”迎来送往，应酬艰难后，十分同情。便挥毫写下：“条石铺直，不得宿食；来官不接，去官不送”16 个大字。从此，修竹村道的条石改为直铺，村民也免除了迎来送往的接待之苦。

溪源龙潭大蟒

溪源村临溪而建，溪上游有一个深潭，两岸地势险峻，人们俗称龙潭。古时，龙潭两岸悬崖峭壁上植被繁茂，林木森森。先贤赋诗《龙潭石壁》，云：遍览桃陵上碧滩，波平浪静挽狂澜。潭壁陡峭高千仞，唯有乘龙许可攀。

清咸丰年间，洪秀全在广西金田村揭竿起义，全体将士蓄发易服，头裹红巾，建立太平天国。相传，“长毛”（太平军）多次入境寿宁，沿途见人就杀，见房就烧。村民经常听说“长毛”造反，杀人放火的消息，心中十分恐惧。

一天消息传来，说是“长毛”从芹洋向溪源方向而来。全村百姓大惊，大家拖儿带女纷纷往龙潭方向逃避。到了龙潭，却无舟桥可以过溪，大家困在溪边进退无路，人人如热锅上的蚂蚁惶恐不安。

正在着急之际，忽见龙潭中浮起一段如楻桶一般粗大的朽木，慢慢地向下游漂去，刚好在潭尾处卡住，就像搭起了一条独木桥。这真是天无绝人之路，大家一看大喜，忙向潭尾奔去。一位长者率先登上朽木，向对岸走去。全村男女老幼百余人一个接一个随后而行全部到了对岸。

最早上岸的长者蹲在溪边，一边抽烟一边等待大伙过河。一袋烟抽完，大家也都上岸了，长者习惯性地随手将竹烟斗在朽木上敲打几下，以清除烟斗中的烟灰。这时，只见那段朽木动了动，慢慢地向潭中溜去。众人大感惊奇，大家瞪大眼睛仔细一看，原来帮助众人渡河的不是朽木，而是一条千年大蟒。

黄超拜师习武

古时，芹洋村有个名叫黄超的汉子，非常醉心练武，一天到晚不是打拳便是舞剑。

一天，黄超登上芹洋村后的天堂坂练武。一个老和尚路过天堂坂，看见黄超练武的招式，不禁笑了一笑。黄超看见和尚向天堂寺而去，忙收拾好练武器具，一路跟进山门，请求老和尚指点自己习武。老和尚见黄超练武心诚，就将黄超收为徒弟悉心指教。黄超既聪明好学又认真研习，不到半年就将师父所教的功夫全部掌握了。黄超很高兴，觉得自己的武功和师父不相上下了，心里颇为自负，学武练功也就没有过去那么用心了。师父将这些全看在眼里，便语重心长地留下“山外有山，人上有人；习武修身，学无止境”16 字，外出云游去了。

师父外出云游之后，黄超没有听从师父教诲，自觉武功高强，到处找人比武。几场比武较量，黄超不是一拳将对手打倒，就是一脚将对手踢飞，十里八乡找不到一个水平相当的对手。

一天，黄超来到城里，远远看见一堆人在连声喝彩叫好。黄超好奇地挤进人群，原来是一个年方 20 左右，容貌十分清秀的姑娘在练武卖艺。只见姑娘舞动银枪，那上下翻飞的枪尖令人目不暇接；姑娘挥起双剑，那出神入化的双刃让人眼花缭乱。人们为姑娘娴熟的枪法、剑术所倾倒，人群中不时腾起一阵阵喝彩叫好声。

黄超在人群中看见姑娘功夫了得，早就手心痒痒想上前切磋切磋、比试比试，那一阵阵雷鸣般的喝彩叫好声，更像是武士听到催征的战鼓，让黄超热血沸腾。只见黄超一个箭步跃入场中，朝姑娘双手一揖："在下黄超，见姑娘一身好功夫，愿多多领教领教！"姑娘忙躬身回礼："小女只为谋生献艺，不想与人比试功夫。"黄超以为姑娘只是花拳绣腿，不敢与自己比试，因此再三要与姑娘过招，围观人群也在一旁高声起哄："试一试！试一试！"姑娘无奈，只好摆开架势相迎。黄超亮出一招"猛虎扑食"，挥拳扑向姑娘。姑娘气定神闲轻轻一闪，避过黄超重拳。黄超飞起一脚"海底捞月"，姑娘弯腰一弓就地腾起一人多高，再次让过黄超。黄超见自己连续两招都被姑娘轻松化解，知道自己遇见武林高手，忙躬身恳请拜师学艺，但被姑娘婉言拒绝。

黄超一心学武，他见姑娘不收自己为徒，就每天跟在姑娘身后，姑娘在哪里献艺，他就跟到哪里帮姑娘收拾场地、整理刀枪。一个多月过去了，姑娘被黄超的诚心所感动，就将黄超收为徒弟，一边沿村献艺，一边习武练功。师徒二人，男女一双，日久生情，终成人间美眷。从此，在妻子的悉心传授之下，黄超武功不断精进，成为名闻四方的武功大师。这正是，有缘相会拜师娶得美娇娘，诚心习武终成一代大宗师。

溪源武举吴玉衡

吴玉衡，名为光，字德玑，自幼生长在溪源一大富之家。吴玉衡从小聪颖，过目成诵。父亲望子成龙，期望儿子早得功名光宗耀祖，7 岁即聘请塾师悉心予以辅教。10 岁，吴玉衡就能吟诗作对。

但吴玉衡对读书作文不感兴趣，他最喜欢的就是练功习武，每天舞枪弄棒乐此不疲。吴玉衡生性慷慨，喜欢结交朋友，每天都有好多闲人、食客跟在他屁股后边混吃混喝。有人遇到困难求他相帮，吴玉衡从不推托，总是尽力相助。有人向吴玉衡借钱应急，他也是几十、几百地施以援手，从不催人归还。

俗话说坐吃山空。吴玉衡终日游手好闲，花钱如流水，吴家再大的产业也经不起这般挥霍。不到几年，田园、家产全被败尽，连最起码的温饱也难以维持了。“富在深山有远亲，穷在闹市无人问”，昔日那些天天跟屁虫一样混吃混喝的朋友，见吴玉衡穷困潦倒，再也无人上门。

门庭冷落的吴玉衡尝尽了人间冷暖、世态炎凉。一天，妻子拿出仅剩的娘家陪嫁的几件银器，让吴玉衡卖了以维持生计。愧疚难当的吴玉衡自此痛改前非，埋头苦读功课、勤练武功。

清嘉庆三年（1798），吴玉衡考中武举人。重振家业的吴玉衡就在自家门前立武举的木旗杆，在吴氏宗祠大门前立石旗杆，以告诫自己、垂训子孙，以免重蹈昔日败家覆辙。

冯梦龙重修报功祠

明清两朝，寿宁知县每年都要率全体衙门官员到县城西隅的“报功祠”去拜祭。“报功祠”里供奉着明景泰六年奉旨征剿官台山寇，为寿宁建县立下不朽功勋的都御史刘广衡、福建按察副使沈讷和13位“义勇大夫”的塑像。

一天，冯梦龙来到了被遮天蔽日的古樟环抱着的芹洋村。芹洋是黄姓血缘聚居之村，全村百多户人家全部姓黄。冯梦龙来到村中，只见家家户户的正厅供桌上都摆着鸡、鸭、鱼、肉和粽子等供品在祭拜先祖。冯梦龙感到十分奇怪，今天是五月初四，怎么会举村祭祖呢？

冯梦龙信步走进一座大院，只见正厅壁上悬着两面镏金牌匾，一面上书“父子英雄”，为明景泰六年都御史刘广衡所题；一面上书“同胞义勇”，为明万历四十二年寿宁知县蒋诰所书。冯梦龙一边注视着壁上牌匾，一边向主人询问牌匾来历和为何在初四日祭祖？见是知县大人驾临，主人忙恭请上坐、敬茶，并向知县大人详细讲述芹洋黄氏为寿宁建县立下的汗马功劳。

原来，景泰初年，括苍人郑怀茂凭借一身武功在官台山踞险立寨，占山为王。这些山寇不仅强采银矿，拦路抢劫过往商旅，还逼迫村民逢节上贡，强掳霸占闺秀民妇，周边百姓民怨沸腾，官台山被百姓咒为“棺材山”。

景泰六年，朝廷派都御史刘广衡到福建征剿郑怀茂，兵马驻扎在犀溪和赖家洋。由于官台山山高林密，官兵人生地不熟，一时难以下手。刘广衡下令征召周边村庄武功高强的丁壮民勇赴军前效命，芹洋黄氏六世祖黄昌永率儿子黄继黑、黄普焕、黄普耀及侄儿黄周七等应征参战。

五月初四日，官兵民勇提前过端午节。初五日，以给山寨贺节上贡为名，让黄昌永率队挑着粽子、红酒、猪肉混进山寨，趁郑怀茂等山寨首领酒醉不备，内外突袭，一举将其剿灭，救出被掳民妇200多人。黄昌永老英雄血洒战场，墓葬官台山；黄氏三兄弟被敕封为“义勇大夫”，后入祀县城“报功祠”；同年八月，寿宁建县。为了纪念攻夺官台山寨的英雄，此后境内百姓就将端午节改为五月初四，以祭奠英雄在天之灵。

听完上述故事，冯梦龙不禁对芹洋黄氏先贤肃然起敬。他见书房内备有笔砚，上前展纸泼墨，写下“功铭钟鼎，名垂史册”8个大字。回到县城，冯梦龙又再次前往“报功祠”瞻仰先贤，并带头捐俸，将报功祠占地面积由原来的1600多平方米，扩拓为3600多平方米，重修后的报功祠规模恢宏，十分壮观。

——原载《冯梦龙寿宁民间传说》

修建旌善、申明亭

话说冯梦龙踏入寿宁县境，只见在南溪通往寿宁县城的官道上，一座座像廊屋一样的厝桥，有的横跨险滩绝壁之上，有的静卧村落田野之间。这些用数十根粗大原木拱叠拼接，不用一钉一铆修建而成的“八”字形桥梁，不禁让这位来自姑苏平原的冯梦龙大感新奇，恍如看到宋代名画《清明上河图》中的美丽虹桥一般。因此，凡路过廊桥，冯梦龙都要借歇脚之机，流连观赏。

冯梦龙心想，这些如虹桥再世般的桥梁，有的似长虹凌驾碧波之上，有的如蛟龙腾飞青山之间，他们比汴水虹桥更雄奇壮观；而且桥上的廊屋如亭似厝，不仅可供行人遮荫避雨，还可以保护桥身免遭风雨侵袭，使桥梁得以延长使用寿命，冯梦龙不禁为自己治下之民的聪明才智而击节赞叹！

时值八月酷暑，天上骄阳似火。冯梦龙一路行来，早已汗湿衣裳，因此每到一座廊桥，都要在桥中小憩一阵，让清爽的溪风驱走身上暑气。作为一位文学大家，冯梦龙自小养成留心观察身边事物，注意田野采风的良好习惯。稍事休息，冯梦龙就被桥内柱间梁上的楹联墨书所吸引。只见冯梦龙摇着蒲扇，慢慢踱着方步，时而欣赏着桥柱楹联——“四面翠屏山色秀，一条碧玉水光寒”；“上下影摇波底月，往来人踏镜中天”……时而仰头注视着梁上的墨书捐款人名。看着看着，冯梦龙又一次被治下之民有钱出钱，有力出力，热心建桥的善举所感动。冯梦龙深知“廊庙之材，盖非一木之枝也；粹白之裘，盖非一狐之皮也”！这一座座耸立在群山之间的无柱飞桥，每一座都是一项耗资巨大的工程，这些建桥善款都是境内百姓集腋成裘、聚沙成塔募集而来，从而使行客旅人免却临川病涉之苦，冯梦龙不禁又对自己的治下之民多了一份钦敬之情。

一路行来，冯梦龙跨过南溪村的黄竹桥、南城桥、通政桥、浦南桥、南源桥，柯洋村的长春桥，亭下村的许屯桥，长洋村的仁政桥，平溪村的平津桥、卧龙桥，尤溪村的文明桥、里仁桥、公正桥，缸窑村的丹溪桥，芹洋村的飞虹桥、瑞星桥、通济桥等众多桥梁。细心的冯梦龙发现，芹洋村的黄普英、黄普耀、黄彦畴捐资建造的桥梁最多，仅路上经过的就有文明桥、里仁桥、公正桥、丹溪桥、飞虹桥、瑞星桥、通济桥等10多座。冯梦龙敬佩这些热心公益之人，因此将黄普耀、黄彦畴的名字牢牢地记在心上。

到了县衙，在忙完捕虎除害、修复城隘等关乎百姓安身立命的重大工程之后，冯梦龙觉得“磨世砥俗，必章劝诫”，遂将扬善惩恶，教化治下之民的工作摆上议事日程。冯梦龙决定在县衙左右修建“旌善”“申明”二亭，让善人千古流芳，恶徒遗臭万年。

旌善亭建在县治之右，上列黄彦畴、叶伯胜、叶仁杰、孙政、周孙十、叶朝会、王秀以及柳衡三、陈鸣凤、范廷镜、李得显、张叶茂等12位善人之名。

申明亭建在县治之左，上书张谏九、吴至一、项汝登、柳廷诏、刘匡、李鼎、刘槐、韦惟恺、魏銈一、魏洪、魏明观、孙起、符丰、陈伯进等14个恶人之名。

——原载《冯梦龙寿宁民间传说》

冯梦龙与九岭古道

一天，冯梦龙路过芹洋，在黄贡生家中小憩，看见桌上摆着一部《芹洋黄氏宗谱》，便信手翻看起来。忽然，冯梦龙眼睛一亮，原来宗谱中的一首王十朋咏九岭诗“崎岖九岭更双岩，遥见闽山未见三。来访神灵隐见处，翠微深锁古精蓝”引起了他的注意。

王十朋，那可是冯梦龙十分敬仰的著名历史人物。王十朋，字龟龄，号梅溪，浙江乐清四都左原梅溪村人，宋政和二年生，绍兴二十七年丁丑科状元。

王十朋履任泉州知府，赋诗：九重天子爱民深，令尹宜怀恻隐心。今日黄堂一杯酒，使君端为庶民斟。任上，夫人病故，路远无钱运送灵柩回家，赋《乞祠不允》：臣家素贫贱，仰禄救啼饥。况臣糟糠妻，盖棺将及期。旅榇犹未还，儿女昼夜悲。

乾道五年冬，王十朋卸任归家，泉州男女老幼涕泣遮道苦苦挽留。还仿效饶州百姓挽留王十朋的做法，把他必经的桥梁拆断。王十朋只好绕道离去，士民跟随出境送到仙游县枫亭驿。乾道七年七月初三，王十朋在乐清家中逝世，享年60岁，谥忠文。泉州士民在开元寺沉痛悼念，建王忠文祠（梅溪祠）以为纪念。冯梦龙一直将王十朋作为自己的学习榜样，赴任寿宁途中还专程到王十朋故里——乐清梅溪村，追怀凭吊这位令人仰慕的先贤。

冯梦龙问黄贡生："《芹洋黄氏宗谱》中怎么会有王十朋的咏九岭诗？黄贡生回道："据先人所传，当年王十朋任泉州知府时，途经境内的鳌阳、九岭和栖林寺，留下《双岩寺》《栖林寺》《入长溪境》《鳌阳文楼园有感》等律诗。""那《栖林寺》《入长溪境》《鳌阳文楼园有感》三首为何不在谱中？"冯梦龙忙追问。"明永乐年间，祖屋遭回禄，《宗谱》被六世祖黄昌永抢出，但谱序及诗文部分烧毁，仅存这首《双岩寺》，后重修《宗谱》，转录于此。"听完黄贡生之言，冯梦龙连连叹息："惜哉！惜哉！"沉思片刻，冯梦龙又问："我几回往来九岭，怎么途中并未看到双岩寺？"黄贡生回道："双岩寺原在九岭之旁，明初，乞丐宿此烤火，不慎失火焚之，现仅存残基。"冯梦龙听后，又是一声："惜哉！"

黄贡生见冯知县如此痛惜王十朋遗迹的丧失，就上前一步说道："大人如此珍视王状元遗迹，小生愿捐资重建。"冯梦龙轻轻摆手："陈眉公先生尝言：'寺庵为佛家养济院，无此不成郡邑。故有不必废，无不必兴。'此言甚为有理。双岩寺既已废之多时，就不必再兴土木了。倒是九岭之巅的九峰堂已具规模，该堂地处九岭之旁，扼九岭之咽喉，为兵家必争之地。如有匪寇觊觎鳌阳，控此天险，御敌却寇，可保县城无虞。你如愿结善缘，可将九峰堂扩建修整，以备日后用作资粮、枪械仓库及弓兵栖身之所。"黄贡生连声："诺，诺。"

冯梦龙端起茶杯，端详着杯中缓缓舒展的碧绿茶芽，轻轻呡了一口，连声赞道："好茶！好茶！"接着，冯梦龙又连着喝了两口，清了清嗓子，说道："早在宋代，就有状元、知府为九岭赋诗；明嘉靖年间，知县罗献臣也有'戴月振衣悬九岭'之诗句；万历年间，知县蒋诰又在九岭植松、樟、枫树数百株，以蔽行人，九岭真乃寿邑名岭也！”

到了清咸丰八年，太平军由政和入寿宁。卓麟英响应清廷之令，组建团练，以九峰堂为团练驻扎之所，在九岭头踞险抵御，将太平军阻于岭下，使寿宁县城得以免除兵灾，人们都说冯梦龙有先见之明。

——原载《冯梦龙寿宁民间传说》

冯梦龙捐建英雄亭

冯梦龙赴任寿宁知县，首先看见的就是明嘉靖年间被倭寇毁坏的城墙、城门和县衙。不久，又听说当年倭寇入侵寿宁，到处烧杀奸掠，城内百姓纷纷逃往城北镇武山上藏避，但凶残的倭寇仍不放过，他们四处围捕搜山，将数百手无寸铁的无辜男女老幼全部杀死在镇武山上。

冯梦龙在《寿宁待志·城隘》中这样写道：城墙“自遭倭残毁，……从此日就崩塌，四门荡然”；镇武山“高处有平地一片，或指为‘鬼窟’。闻倭乱时，居民避此尽遭屠戮”。冯梦龙查阅旧志，发现在嘉靖四十一年至四十二年的短短两年内，万恶的日本倭寇就三次屠掠寿宁，杀人无数。

一天，冯梦龙来到芹洋村，听说70年前这里出过一位智退倭寇，保境安民的英雄——黄大汉，不免觉得好生奇怪。冯梦龙心想，嘉靖年间倭寇猖獗，一时举国恐慌，人人谈倭色变。可是这小小芹洋，竟有人能略施小计，令凶残倭寇闻风丧胆，夹着尾巴悄然而退。如此奇人，可要认真探访探访。

冯梦龙在村民的指引下来到黄大汉故居，这是一座五榴大厝，历经沧桑的土墙黛瓦木屋，虽古老但却收拾的颇为整洁。黄大汉之孙介绍，其祖官名世亮，字士镜，身长八尺，腰大十把，邑人尊称“黄大汉”。兄弟六人，排行第四。黄大汉扛千斤桥石，建成茗坑石板桥；洋头亭智退倭寇，保芹洋一境免遭烧杀奸淫；金銮殿面圣，获嘉靖皇帝褒奖；拒重金之贿，拓宽改直建宁府街道的故事在寿宁家喻户晓。在故居的楼阁里，还珍藏着一双硕大无朋的布鞋。

冯梦龙又来到当年黄大汉智退倭寇的洋头亭，只见这座富有传奇色彩的小亭，在岁月风雨的侵袭下，已经瓦破墙残摇摇欲毁，见了不免令人心生酸楚。

冯梦龙决定捐俸重建洋头亭，他招来村中里正，令其负责建亭事宜，并将新亭命名为“英雄亭”。冯梦龙在亭门上方手书“英雄亭”三个大字，内墙正中壁上题“福寿”两个大字。六根粗壮的亭柱上都题有墨书楹联，如：“路途迢迢，略坐片刻奔南北。人海茫茫，聊叙一会走西东”；“山高水长，坐一坐吃筒烟。林深路滑，歇一歇喝口水”。这些亭联明白晓畅，奔波过客亭中小憩，吟咏品味，倍感温馨。

——原载《冯梦龙寿宁民间传说》（略有增删）

第十一章　艺文拾零

芹洋人文历史悠久，而且地处县域腹地，自古又是官道必经之地，因此历代诗词文赋较为丰富，主要有诗词、碑刻、散文等。

一、诗　词

入长溪境

王十朋

老矣倦游官，入闽知山川。
三山疑隔海，九岭类攒天。
插稻到山顶，栽松侵日边。
长溪水无限，前更有清泉。

双岩寺

崎岖九岭更双岩，遥见闽山未见三。
来访神灵隐见处，翠微深锁古精蓝。

栖林寺

我如倦鸟欲栖林，喜见禅僧栖处深。
家在梅花小溪上，一枝聊慰北归心。

【作者简介】

王十朋　字龟龄，号梅溪，浙江乐清四都左原梅溪村人，宋政和二年（1112）生。绍兴二十七年（1157）丁丑科状元。乾道七年（1171）七月初三日，王十朋在乐清家中逝世，享年60岁，谥忠文。泉州士民建王忠文祠（梅溪祠）以为纪念。

乾道五年（1169）冬，王十朋卸任泉州知府，途经（寿宁）境内的栖林寺、九岭和鳌阳，留下《栖林寺》《入长溪境》《双岩寺》《鳌阳文楼园有感》四首五言、七言律诗。《栖林寺》《双岩寺》录自福宁知府李拔编纂的《福宁府志·艺文志》。

荣寿堂记

陈鸿渐

李氏乃名族，由政和徙居寿宁之凤竹，邑虽新，而族则旧也。有士也尚文，抱不凡之器，刻志举子业，不远数百里来从予游，矻矻已逾年，将归省。

余嘉其志笃，又喜其尊父宗乐，来春五旬有七。母刘氏孺人，人跻六旬，俱雍容一堂之上，而寿之高也。甫读书循理，谋略过人，为邑人所仰。向坑冶屡有警当道，群公累取其策平之。北多其功闻于□明，特赐冠带，加赏赉。非但旌其能，荣其身，且为后之忠者劝。

予曰：长曰束缚，能捐生报国，其忠义耿耿。至于今不磨，虽死亦荣也。季即尚文，质敏力学，将来未可量，而李氏之荣，盖未艾矣。余乐道从之善，因名其堂曰“荣寿”，诗而张之——

雷风之南称凤竹，绕溪流水如苔绿。
溪外青山高插云，仙家隐隐多乔木。
若翁才思迥不群，有谋有勇亦好文。
胸中意气排山岳，等闲一剑清妖氛。

颖年坑冶多筹划，长揖群公献奇策。
百战争推汗马力，九重宠命饶春色。
雪花点鬓笼乌纱，青山化作云锦花。
于今门地愈增彩，不忝吾邦巨族家。

来春鹤算五旬七，况有鸾俦跻六衮。
南极星联宝婺光，满堂和气迟迟日。
儿孙膝下争承欢，堂中二老颜如丹。
博花暖处祥烟袅，香气拂拂吹芝兰。

思兮寿兮更谁此，贺客纷纷半珠履。
共祝从今庆泽深，东溟浩浩同无比。
大儿报国曾捐躯，丹心耿耿光里闾。
小儿早做泮林彦，从余讲学勤诗书。

翘翘自是青云器，须悟鸢鱼有真味。
他年业就名亦成，也遂荣亲养亲志。
此时亲乐寿弥高，更看锦甃恩光多。
一门荣寿□堪数，匾揭高堂耀千古。

【作者简介】

陈鸿渐 字廷仪，福建连江人。明景泰二年（1451）赐进士出身，历刑部主事、广东司，主锦衣官校狱讼。天顺末，以亲老致仕，家居20余年卒。

黄昌永赞

黄锦黼

矿徒寨踞官台山，劫掠与强奸。
率子征剿勇，冲锋陷阵战险关。
不擒贼首，除民害，誓不回。
深入虎穴决死战，身殉难，贼胆寒，
功铭鼎钟间。

黄继黑赞

同仇敌忾壮心头，誓铲贼魁方肯休。
昆季齐膺褒义勇，报功祠祀享千秋。

黄普英赞

不共戴天切齿羞，兴师锐歼报恩仇。
机谋胜算除凶暴，义勇大名万古留。

【作者简介】

黄锦黼 寿宁县芹洋乡芹洋村人，明崇祯十年（1637）生。16 岁入邑庠生，24 岁补廪膳生，48 岁补岁进士。清康熙四十三年（1704），选福建邵武府泰宁县教谕。康熙四十六年（1707）卒。《黄昌永赞》《黄继黑赞》《黄普英赞》三首录自《芹洋乡志稿》。

丹 溪

李 拔

鳌江春水碧，倒注入斜滩。
稼穑年年茂，秦渠衹利韩。

【作者简介】

李 拔 号峨峰，四川犍为人。清康熙五十二年（1713）生，乾隆十六年（1751）进士，历任长阳、钟祥、宜昌、江夏知县，福宁、福州、长沙知府。乾隆二十四年（1759）春，李拔任福宁知府。勤于政事，治城垣、修水利、劝农桑、兴教化、平冤狱、惩好赌、加意海防武备；喜山水，好吟哦；倡修各县志乘，乾隆二十六年（1761）调任福州知府。著述甚富，尤工地方志乘。先后纂修《犍为县志》《长阳县志》《福宁府志》《福州府志·艺文志》《衡州续艺文志》等地方志书；撰著《四书旁注》《困学心传》《地理探源》《行部纪略》《理学探源》《史学概论》《东西行录》《壮游见闻》《纲鉴折衷》《离骚能意》等。

葛湖隐居赞

姚 梁

问水寻山适葛湖，葛湖景象鳌阳无。
东通都邑皆朱履，北去烟村尽紫帑。
金蛇左倚呈洛瑞，玉龟石拱献河图。
林深肥豚追齐上，世外隐居信不诬。

【作者简介】

姚 梁 字甸之、号佃芝，浙江庆元县城东隅姚家村人，清乾隆元年（1736）生。乾隆二十四年（1759）以“勤学饬躬，文行兼优”“保举充贡”。乾隆三十年（1765）参加顺天乡试以优异成绩得中第三名。乾隆三十四年（1769）会试中第五十名。殿试时中二甲第二十名，赐进士出身。历任饶州知府、四川按察使、川东分巡兵备道、广西提刑按察使司等。乾隆三十五年（1770）以内阁中书任庚寅科顺天乡试同考官。乾隆三十六年（1771）任辛卯科顺天乡试同考官。乾隆三十九年（1774）以宗人府主事任甲午科陕西乡试副主考。乾隆四十二年（1777）任丁酉科广西乡试副主考，山东省学政等等。乾隆三十五年敕封“奉直大夫”，乾隆四十五年诰封“中宪大夫”，乾隆五十年诰封“通议大夫”。

题修竹庵

林 栋

图成竹外影横斜，一首清诗重外家。
倍忆老人携雏子，梅湖湖上种梅花。

腊月题修竹庵

大雪满山行径绝，庵梅几树图清冽。
山僧头白香不热，稽首花前诵佛说。

【作者简介】

林 栋 字德如、号隆山，寿宁县武曲镇梅洋村人，清咸丰五年（1855）

八月七日生。林栋之母李眉芝为修竹村人，林栋是修竹李氏外甥。光绪十七年（1891）辛卯科，林栋中举，光绪二十九年（1903）癸卯科三甲进士。光绪三十二年（1906）升礼部精膳司主事，三十三年（1907）升礼部太常司员外郎，三十四年（1908）升礼部太常司郎中加四级。民国肇建后，膺选福建省闽海道复选区国会众议员，出席中华民国国会第二届会议。1921 年在故居病逝，享年 66 岁，墓葬距梅洋 2 千米的马鞍山山腰。著《梅湖吟稿》。

黄公庙留诗（四首）

——步鹤溪刘佐唐原韵

张纯卿

一

黄公妙方善回天，赫濯声灵万古传。
松柏风声饶翳翠，芝兰露浥倍新鲜。
琼宫境夺蓬莱胜，丹鼎烟腾星斗边。
福地洞天尘不染，来此莫讶得春先。

二

石壁清流岂偶然，徘徊顾盼任流连。
差池掠水门前燕，永日谈风叶底蝉。
物感天香欣泰运，人沾法雨乐丰年。
深幽是处浑忘我，纵不为仙俨若仙。

三

悬崖脱迹忆当年，沧海桑田历变迁。
为爱蒸民垂指点，何嫌俗子叩眉燃。
行深般若波罗蜜，念了真如羽化仙。
悟得色空空即色，落花流水碎还联。

四

活泼天机列眼前，乾坤炉鼎四时煎。
候远九八功当就，果熟三千道已全。

关尹自来觇紫气，文章在昔选青钱。
雪新庙貌梅添艳，谁解银城绚素笺。

黄公庙（四首）

一

庙古神灵别有天，整齐雅饬画难传。
丹楹有耀金炉焰，刻桷无尘玉尘鲜。
倚槛溪声清户牖，对门石壁绕中边。
名都胜地知多少，为爱楼台得月先。

二

显佑黎蒸果有然，士民祷祝恍珠连。
香烟惹出花间蝶，鼓韵催鸣树杪蝉。
鹤水滢回留鹤驭，龟台拥护荫龟年。
至斯漫说桃源胜，何异桃源洞里仙。

三

黄公到此是何年，宋代至今世屡迁。
花谢花开香未断，月盈月缺烛长燃。
芳声殆配前溪水，宝像原同古洞仙。
满壁留题看不尽，报功颂德且蝉联。

四

群将铁砚慰坛前，早识灵丹九转煎。
士子聪明祈启牖，同寅科第望周全。
案头自有点睛笔，箕尾何须饮马钱。
有日声名从继起，无殊雁塔预题笺。

【作者简介】

张纯卿　名恒坤、字厚德，寿宁县芹洋乡溪源村人，清道光五年（1825）八月三十日生，贡生。《黄公庙留诗（四首）——续鹤溪刘佐唐原韵》录自寿宁县托溪《吴氏宗谱》；《黄公庙》（四首）录自寿宁县托溪《刘氏宗谱》。

梦游仙岩

——步张宗祥先生原韵，反龚中意而作之。

张常芳

结伴攀援上翠巅，抬头望断碧云天。
生平早有神游想，到此更无遗憾缠。
挂嘴果圆消色相，天惊石破升霞烟。
宋来是处明称谓，便叫黄山盘眼前。

【作者简介】

张常芳 芹洋乡溪源村人，1941 年生。1961 年临安农校毕业，1987 年华东师大历史系函授毕业。寿宁三中退休教师，2016 年春卒。

黄昌永公一门义勇颂

郑孝禄

剿寇安民愿骋驰，一门义勇拯临危。
报功祠畔明心镜，景泰年间树口碑。
寿邑台山灵爽在，芹洋闾里美名垂。
策勋立县标青史，难得英雄竟布衣。

【作者简介】

郑孝禄 字筱蕗、兰居山人，福建省周宁县人，1937 年 12 月生，居福州市福飞南路。现任福建省逸仙诗词学会会长、福州三山诗社名誉社长，《海峡涛声》《西园雅集》主编。著《兰居吟草》《东瀛吟草》《北游嘤鸣》等。

黄昌永一门英烈颂

郭道鉴

山寇殃民肆横行，父子随军勇出征。
甘冒矢石忘生死，雷霆万钧寇患平。

血洒战场伤老父，官民岁岁祭忠茔。
三子凯旋酬夙志，赫赫战功受褒荣。
一门忠烈垂风范，义士千秋播盛名。

【作者简介】

郭道鉴 福建福州鼓楼区人，1926 年生。福州三山诗社原社长、福建省逸仙诗词学会顾问、福建省诗词学会名誉理事，福建省非物质文化遗产福州诗钟代表性继承人。

赞黄家义勇三兄弟

陈承宝

安民剿寇聚鹏鲲，义勇三黄谁不尊！
矿寨杀声犹在耳，官台战迹永留痕。
芳樽酒酹今春土，青冢松招昔岁魂。
值此鳌阳圆梦日，壮歌依旧震乾坤。

【作者简介】

陈承宝 福鼎市人，1941 年 8 月生。福建师大中文系毕业，福鼎一中高级教师、语文教研组长；中华诗词学会会员、中国楹联学会会员、福建楹联学会理事、福鼎市诗词学会会长。著《听蛙楼诗词》。

读《黄昌永率众巧夺黑风寨》有感

刘建清

天赐银坑本富民，官台矿脉却伤人。
匪徒啸聚苍生苦，兵旅难攻危隘嶙。
幸有芹洋多义士，且为朝寺弃元身。
能歼贼首十三勇，功绩已同端午神。

【作者简介】

刘建清 福鼎市人，1955 年生。福鼎一中高级教师，福建省诗词学会会员、福建省楹联学会会员、福鼎市诗词学会会长。

咏九岭树

黄立云

漫漫九岭路，郁郁遮阴树。
代代天涯客，人人思蒋牧。

父子英雄赞

老骥何曾甘伏枥，率子从征宝刀横。
捐躯官台为剿寇，血洒端阳岂恋生。
景泰肇县垂青史，成化立祠祀永恒。
父子英雄传佳话，同胞义勇铭丹青。

【作者简介】

黄立云 寿宁县平溪镇人，寿宁县地方志编纂委员会原主任，宁德市政协文史研究员、福建省作家协会会员。

谒芹洋黄氏宗祠

缪旭照

旗山千载秀，累世产英贤。
缘首桥梁共，同胞义勇镌。
惊倭传轶事，创业屡丰年。
思树怀源处，巍峨寨宝尖。

【作者简介】

缪旭照 寿宁县犀溪镇人，县国土资源局地籍管理股长、寿宁诗社社长。

怀剿寇英雄黄昌永（二首）

叶何运

其一

官台征剿勇捐身，公是乡闾大义人！
岁岁端阳遥祭拜，名山瘗处紫烟腾。

其二

官台山上匪横行，率子凛然举义旌。
血染青山魂永驻，年年端午祭英灵！

登官台山怀义勇大夫黄家三兄弟

此日登临古战场，犹闻剑影与刀光。
山含物宝招流寇，谁解民悬破乱狂？
沈率奇兵依百姓，钦封义勇首三黄！
龙兄虎弟今何在？大族绵延万世昌！

【作者简介】

叶何运　寿宁县鳌阳人，1956 年生。中华诗词学会会员、寿宁县老年大学诗词研究会理事。

二、碑　刻

芹洋给帖碑志

建宁府督粮总捕厅代理寿宁县事李：

为恳恤民苦，豁免地差事。

据贡生黄锦黼具呈前事，内称切思先祖黄普焕、黄继黑、黄普耀兄弟三人，歼灭巨寇，同树奇勋，始建县治，敕立报功祠，所有名家嗣裔均蠲免地差。独黼籍居芹洋，路当孔道，惟应迎候本县父母及驻协防官往还中伙，其余一切地差悉蒙蠲免。续因给帖遗失，致滋差徭浩繁苦当难堪，族众流离，实如悬磬，殊可悲悯。兹本太公祖按临千载奇遇，每思祖泽难以泯灭，合情陈明，伏乞太公祖怜恤民苦，敕赐给帖，准免芹洋地徭，俾不枉寒生际遇等情。

到县据此查得芹洋村黄姓果有乃祖黄普焕等兄弟三人，于昔年间协力歼灭巨寇，因功树勋，遂有蠲免地差文，例相沿已久。今据黄贡生具呈前来，合行给帖。为此帖下居民人等，一面安心乐业，免输正供。嗣后凡一切地徭蠲免，不许再派芹洋地徭地差，如故违忤，执帖禀究，均毋违忽。

康熙二十四年正月念九日

给帖押

右帖下芹洋准此

儒学教谕黄锦黼同众　立

黄大汉墓志铭

黄公世亮，字士镜，邑人尊称“黄大汉”，寿宁县芹洋村人。《芹洋黄氏宗谱》载：“世亮公身长八尺，腰大十把，兄弟六人，排行第四，为芹洋黄氏第十世祖。”

公一门英豪，彪炳史册。《寿宁县志》载：明朝景泰六年（1455），曾祖黄普英兄弟响应闽浙都御使刘广衡征召，端午日剿灭祸害一方的官台山寨，为寿宁建县立下不朽功勋。朝廷敕封黄继黑、黄普英、黄普耀三兄弟“义勇大夫”，奉祀县城报功祠，千秋祭奠。

公一生传奇，名闻遐迩。茗坑村一显神力，扛千斤桥石；洋头亭智退倭寇，保一境平安；建宁府拒贿拓街，播廉士美名；金銮殿皇帝褒奖，传千载佳话。

公一代人杰，万古流芳。四百多年来，黄大汉的故事代代相传家喻户晓。《中国民间故事集成》《闽东名人故居》《乡土寿宁》和《宁德晚报》均刊载世亮公之传奇事迹。

为缅怀先贤，激励后昆，二〇〇八年二月，墓下裔孙重修世亮公墓园。值此安碑良辰，谨怀崇敬之情，虔诚焚香拜撰。

黄立云

二〇〇八年九月九日

三、文　章

报功祠记

寿宁县治西去百步许，新构祠堂以祀御史中丞刘公、宪副使沈公，从民欲也。二公景泰间拜命来安抚是方，于寿宁功为最多。盖寿宁僻处万山之中，重溪叠嶂，与瓯括接壤，地多矿利。先是县之官台山大宝坑，矿脉尤良，括贼入境盗掘者，以万计。乘时杀居民，俘子女，劫财物，寖漫不可制。时沈公以副使总督坑场事，惕然曰："是不可纵也!"乃计诸刘公，躬率民兵刘良等剿捕破灭之。然而，据险阻要害，时或窃发。为久远计者，莫若立县以统治之，庶可弥厥患。乃会三司而曰诸刘公，公跃然喜曰："此上策也!"遂疏于朝。命下，二公偕藩、臬重臣，亲历兹地上下山川，不惮劳勚，得地曰"杨梅村"建设县治，割政和、福安两地凡二十四里以隶之。县之左建学宫，选民间俊秀以充弟子员。且名其县曰"寿宁"，盖欲斯民之寿且宁也。自寿宁之建，盗贼屏迹，闾里晏然者几三十年。

成化甲辰，县之耆老皆曰："吾民所以享兹安乐者，二公赐也，曷敢忘乎?"乃请诸按察副使周公为立祠。俞其请，遂以事嘱诸邑长陈君庠，市民地于县西，构堂以为尸祝之所，工未竟而以忧去。既而姚君昺视兹邑，遂成其功，塑二公像于中，祀之。

弘治壬子，宪副萧公谦，任公谷，一日按是邑。公暇而谒，睹二公像并处于一祠，谓创非其制，愀然不安。遂各捐俸，嘱县民李添等重市民地，拓旧址构堂，且广者三楹。中处以刘公，而沈公居其左，如古之龛制，规画以法，卑高秩然安顺也。时知县事者，偕僚属，率邑人，月朔兴拜，春秋享祀。用是民心大悦，雨旸时若，亦昭代盛典也。

佥属予记其事以传不朽。窃惟祭义有曰："能捍大患，以劳定国者祀之。"昔兹土之未立县也，其害之于人也如此。自立县以后，将并昔之害而扫除之，纳之于利者又如此，厥功亦大矣！居是邑者，宜有以思其人而追祀之也。呜呼！兴利除害，司牧之责；感恩思奋，民彝之良。是以邑人一请于前，而诸君子相继以成于后，亦义之所激，出于人心之不容已者，岂私于二公哉！刘公讳广衡，江西人。沈公讳讷，姑苏人。是为记。

——明训导　王　贵　原载《康熙寿宁县志注辑》

义　士

天地正气，原不择人，人生侠烈，何必居官？士人策名朝右，临难苟免者，何可胜数。而山僻黔首，身未膺一命之荣，职未受升斗之禄，率先讨贼，奋不顾身，或至阵亡，其忠节凛凛，尤人世所极难者！苟使湮没不传，竟使草莽义士与草木同朽腐，何以激劝后世？因别以义士，次于左——

刘良，十二都人。李球，九都人。刘斌，十一都人。黄继黑，十一都人。童广闰，六都人。黄普焕，十都人。韦荣进，坊三图人。刘回广，十都人。黄普要，十都人。金留住，坊二图人。吴友卿，十一都人。王海，十都人。范住，坊二图人。

以上十三人，始讨坑寇吴金七，继讨叛寇郑怀茂，当道录其功，奏赐冠带。韦荣进后讨刘差庆，战没于阵。其子兴，亦以救父死焉。时副使郎公惜之，制文遣官致祭。刘良等又常以民兵讨政和西里乡寇，当道再旌赏之。

——知县　赵廷玑　原载康熙《寿宁县志》

十三义勇战官台

翻开寿宁历史，跃入眼帘的首先是公元1455年发生在官台山的那一场战斗。官台山之战，为神州大地增添了一个寿宁县；官台山之战，改变了寿宁人民延续千年的端午习俗；官台山之战，让十三位“义勇大夫”流芳千古。

官台山海拔1120米，地处大安、犀溪、坑底三乡交界处，与浙江省的泰顺县毗邻。官台山大宝坑银场是明代闽浙边界四大银场之一，现在溪乾、老厝、山柘坑、外楼等村还有银坑洞遗迹130多处。明朝永乐年间，朝廷在政和县政和乡北里十二都的官田场（今大安乡）设局下官司，并派太监到此专门负责采办银课。当年的太监驻所——“太监府”，现已了无痕迹，但此地至今仍然沿用着“太监府”的村名。明景泰元年（1450），浙江丽水人郑怀茂在官台山踞险立寨占山为王，众喽罗武装开采银矿，肆虐四邻乡民，强掳闺秀民妇，劫掠过往客商，官台山被老百姓咒为“棺材山”。

《明史》载：景泰五年“冬十月庚辰，副都御史刘广衡巡抚浙江福建专司讨贼”。刘广衡檄传福建按察副使沈讷，在犀溪和赖家洋设立军营集结军队，待命征剿山寨王郑怀茂。景泰六年（1455），刘广衡也统率大军亲赴官田场督战，并传令征召周边村庄武功高强的丁壮民勇赴军前效命。五月初四日，官兵民勇提前过端午节。初五日，趁郑怀茂等山寨头领酒醉不备，内外突袭，一举将其剿灭。同年八月，寿宁建县。朝廷论功行赏，敕封黄继黑、黄普焕、黄普耀、刘良、刘斌、刘回广、李球、童广闰、韦荣进、金留住、吴友卿、王海、范住等十三人为“义勇大夫”。明成化二十年（1484），在县城敕建“报功祠”，将刘广衡、沈讷及十三位“义勇大夫”奉祀报功祠，每年春秋二祭。

“义勇大夫”黄继黑、黄普焕、黄普耀三人为同胞兄弟。《宁德晚报》在2006年4月24日三版刊载的《黄昌永率众巧夺黑风寨》中写道：芹洋黄氏六世祖黄昌永响应官府征召，率儿子黄继黑、黄普焕、黄普耀及侄儿黄周七到军前效命。刘广衡、沈讷广泛征求破敌良策，决定官兵民勇五月初四日提前过端午节，大家吃饱喝足，养精蓄锐。五月初五日，黄昌永等民勇装扮成村民，挑着红酒、猪肉、粽子，以贺节为名进入官台山寨。沈讷亲率大军从偏僻山道悄悄逼近，与黄昌永等里应外合。端午日，山寨头领们大碗酒大块肉，推杯换盏吆五喝六之后，醉眼迷离昏昏睡去。众民勇趁机在寨中四处放火，喽啰们猝不及防，一片混乱。沈讷见寨内火光冲天，奋勇争先杀向山寨，激战中身中二箭一枪，仍顽强战斗。黄昌永挥舞大刀连劈数个喽啰，终因寡不敌众血洒战场。黄普焕见父亲死于乱阵之中，恨从心上起，挺枪直扑郑怀茂，一番血战将其刺死。众喽啰见首领丧命，顿成无头苍蝇四处逃窜，悉数被歼。官兵荡平山寨，救出被掳民妇200多人。寿宁建县后，为纪念攻夺官台山寨的英雄，就将端午节改为五月初四日，以祭奠英雄在天之灵。从此，初四日过端午节在寿宁相沿成习，一直延续至今。

《芹洋乡志》载有黄昌永父子咏赞诗：其一，《黄昌永赞》：“矿徒寨踞官台山，劫掠与强奸。率子征剿勇，冲锋陷阵战险关。不擒贼首，除民害，誓不回。深入虎穴决死战，身殉难，贼胆寒，功铭鼎钟间。”其二，《黄继黑赞》：“同仇敌忾壮心头，誓铲贼魁方肯休。昆季齐膺褒义勇，报功祠祀享千秋。”其三，《黄普焕赞》：“不共戴天切齿羞，兴师锐歼报恩仇。机谋胜算除凶暴，义勇大名万古留。”

在芹洋村中的黄氏五世祖大墓前方，竖立着清康熙二十四年正月，官府镌刻给芹洋村黄氏族人的《给帖碑志》。碑文大意如下：“建宁府督粮总捕厅代理寿宁县事李：贡生黄锦黼具呈先祖黄普焕、黄继黑、黄普耀兄弟三人扑灭巨寇，同树奇勋，始建县治，敕祀报功祠。所有名家嗣裔均沾蠲免地差，独芹洋因给帖遗失，致滋差徭浩繁。乞敕赐给贴，准免芹洋地徭。据此查得芹洋村黄姓果有乃祖黄普焕等兄弟三人，于昔年间协力歼灭巨寇，因功树勋，遂有蠲免地差文。今据黄贡生具呈，合行给帖。帖下居民人等安心乐业，免输正供。嗣后，凡一切地徭蠲免，不许再派芹洋地徭地差。如故违忤，执帖禀究。”这通珍贵的《给帖碑志》，是现存的明清两朝官府蠲免芹洋“义勇大夫”黄继黑、黄普焕、黄普耀后裔地徭地差的唯一历史证物。同时也证实了在寿宁建县后，明清两朝都对征剿官台山，为寿宁建县立下不朽功勋的十三位“义勇大夫”的后裔予以特殊优待政策。

《托溪乡志》载：刘斌，鹤溪人。景泰六年五月，官台山贼首郑怀茂等掳掠良民妇女，副都御使刘广衡饬命刘斌统率官军民快一举破贼，搜获被掳妇女二百余人，一一送官领归，奸党殄息，疆域转安。景泰六年新设寿宁县治，朝廷赐义勇冠带，御制金字匾额，县、府鼓乐送入报功祠，享春秋二祭。

《平溪乡志》载：郑怀茂踞官台山聚徒结寨寇掠，朝廷讨之。副使沈讷廉访义勇募用，李球身先士卒，寨寇惊溃，斩掳首级数百，生擒六十名。归获良家被掳男女三百七十口，皆得告给完聚。三司大行奖赏犒劳，钦赐义勇冠带授之。寿宁古无县，自李球破官台山寇而始设县。后奉旨崇祀邑坊报功祠，同刘斌等十余名列朝享春秋二祭。

《寿宁柳氏宗谱》载有岁贡柳遇春《官台山怀古》七绝四首，其引言：官台山距城西二十五里，古称黑风洞，多银矿，又称银坑洞。流匪郑怀茂啸聚二千余众盘踞该洞，到处剽掠。按察副使沈讷战不利，密令民间提前一日过端午节，用刘良、李球等十三人为向导，沈讷亲冒矢石率群众直捣贼巢。贼众饮醉，尽遭歼灭，寇氛遂平。迄今县俗仍以初四过端午节。并在城西蟾溪桥边建祠崇祀十三位烈士，以垂纪念。诗曰：（其一）“不道床头壮士金，利人反酿杀人心。银坑数处刀兵起，弗助苍生助绿林。”（其二）“胜算安排一着先，爻旗蒲剑凯歌旋。千秋中节成佳话，仍过端阳早一天。”（其三）“劲旅长驱下黑风，妖氛扫尽洞门空。五丝不续强梁命，副使功成矢石中。”（其四）“义胆忠肝不顾身，亲临虎穴倍精神。军中向导推刘李，都是功劳簿上人。”

清康熙《寿宁县志》对黄继黑、黄普焕、黄普耀等十三位“义勇大夫”为寿宁建县立下的不朽功勋予以高度评价：“天地正气，原不择人，人生侠烈，何必居官？士人策名朝右，临难苟免者，何可胜数。而山僻黔首，身未膺一命之荣，职未受升斗之禄，率先讨贼，奋不顾身，或至阵亡，其忠节凛凛，尤人世所极难者！苟使湮没不传，竟使草莽义士与草木同朽腐，何以激劝后世?”

历经五百五十五年的日月轮回和朝代更替，曾经尸横遍野血流成河的官台山古战场，早已寨堡无存，刀枪难觅；蟾西桥畔那巍峨壮观香火炽盛，曾被明清两朝知县和善男信女们虔诚拜祭的“报功祠”，今天也已难寻踪迹，但铭刻在寿宁历史上的十三位“义勇大夫”的英名和他们肇建寿宁的历史功绩，将伴随着那有着独特意义的端午习俗，永远为寿宁人民追念缅怀。

——原载《康熙寿宁县志注辑》

鳌阳报功祠

鳌阳报功祠位于鳌阳城西的蟾溪桥头（今胜利街县医院位置），始建于明成化二十年（1484），占地面积约3000平方米，祀明景泰六年（1455）征剿官台山寇，为寿宁建县立下不朽功绩的闽浙都御史刘广衡、福建按察副使沈讷和十三位“义勇大夫”。

明嘉靖《建宁府志·祀典》载：“成化间，知县陈庠欲建祠祀之。事始集而以夏去，后潘日原、姚昺相继成之。每岁春秋，有司具牲醴，率士民致祭。”

清康熙《寿宁县志》载：“报功祠在县治西，以建县功，祀都御史刘公广衡、副使沈公讷，成化二十年（1484）建。弘治间，提学道刘公玉重葺，乃都宪公孙也。万历二十年（1592），知县戴镗重修。”

清乾隆《福宁府志·艺文志·祥异》载：“明嘉靖二十一年（1542），寿宁火报功祠及民屋百栋。”

民国《福建通志·坛庙志》载：“报功祠在县治西。祀都御史刘广衡、副使沈讷，附祀义士刘良、李球、刘斌、黄继黑、黄普焕、黄普耀、童广润、韦荣进、刘回广、金留住、吴友卿、王海、范住等一十三人，明成化二十年建。弘治五年（1492），副使萧谦、参议任谷拓建，王贵有记。后广衡裔孙提学玉复重葺。”

根据上述志书记载，鳌阳报功祠始建于明成化二十年（1484），由知县陈庠倡建，潘日原、姚昺主持修建，地点在鳌阳城西的蟾溪桥头，奉祀闽浙都御史刘广衡、福建按察副使沈讷，附祀李球、刘良、刘斌、黄继黑、黄普焕、黄普耀、童广润、韦荣进、刘回广、金留住、吴友卿、王海、范住等十三位义勇大夫。每年春、秋，知县率士民致祭。弘治五年（1492），副使萧谦、参议任谷拓建报功祠，训导王贵撰《报功祠记》。不久，刘广衡之孙——福建按察司提学副使刘玉巡视寿宁，再次予以重修。嘉靖二十一年（1542），报功祠被大火烧毁。万历二十年（1592），知县戴镗见报功祠年久屋宇墙垣倾圮，又予重修。1954年，报功祠被拆毁，新建寿宁县医院。

刘广衡 字克平，江西万安人，明洪武二十八年（1395）生。永乐二十二年（1424）进士，拜刑部主事，历员外郎、郎中，升陕西按察司副使、陕西右布政使。景泰改元，改都察院左副都御史，镇守陕西。提督辽东军务。天顺改元，召还，调任刑部左侍郎，擢为刑部尚书。天顺二年（1458）十二月十五日卒，年六十四。其为人坦诚，不立崖岸，处事通敏，为时人称道。

景泰初，刘广衡巡抚福建，平建宁草寇。开寿宁县治，辟省城教场，勋绩伟著。子刘乔，成化间为福建按察司副使，总督海道，平寇息民。孙刘玉，正德间为福建按察司提学副使，黜淫祀，崇正学，闽人世戴之。

沈　讷 字文敏，江苏昆山人，明永乐十一年（1413）生。正统七年（1442）进士，授大理寺评事，升寺副。景泰元年（1450）擢福建佥事，有政声。受朝廷之命剿官台山匪，因当地有银矿设寿宁县。天顺二年（1458）官至福建按察副使。善小楷，得宋克笔意。卒于天顺二年（1458）。

李　球 寿宁县九都（今斜滩镇印潭村）人。明景泰六年（1455）响应官府征召，配合官兵剿灭官台山寇，朝廷敕封“义勇大夫”。

刘　良 寿宁县十二都（今大安乡）人。明景泰六年（1455）响应官府征召，配合官兵剿灭官台山寇，朝廷敕封“义勇大夫”。清康熙《寿宁县志·人物志·节烈》载：“金氏，名新，十二都民刘良妻。良佐官军灭寇，后二岁没，氏年方二十一，有媒之者，舅姑欲许焉，常因间从容谕意。氏泣告曰：‘臣妇无二。矧妾夫义士，妾独不能节妇乎？’饮水茹柏。历终身如一日，真女士之不多觏者。”

刘　斌 寿宁县十一都（今托溪乡托溪村）人。明景泰六年（1455）响应官府征召，配合官兵剿灭官台山寇，朝廷敕封“义勇大夫”。

黄继黑、黄普焕、黄普耀　寿宁县十都（今芹洋乡芹洋村）人。明景泰六年（1455），芹洋村黄昌永带领儿子黄继黑、黄普焕（注：谱名黄普英）、黄普耀，侄儿黄周七响应官府征召，配合官兵征剿官台山寇。恶战中，老英雄黄昌永血洒战场，墓葬官台山。朝廷敕封黄继黑、黄普焕、黄普耀三兄弟“义勇大夫”。

童广润　名富、字廷玉、行文四，寿宁县六都（今鳌阳镇禾洋村）人。明景泰六年（1455）响应官府征召，配合官兵剿灭官台山寇，朝廷敕封“义勇大夫”。

韦荣进　寿宁县坊三图（今清源乡）人。明景泰六年（1455）响应官府征召，配合官兵剿灭官台山寇，朝廷敕封“义勇大夫”。清乾隆《福宁府志·人物志·忠节》载：“韦荣进：吴金七、郑怀茂乱作，进与刘良等十三人讨之，捷。赐冠带。及刘别差（注：康熙《寿宁县志》为‘刘差庆’。）贼发，进力战，阵溃，与子兴死之。”

刘回广　寿宁县十都人。明景泰六年（1455）响应官府征召，配合官兵剿灭官台山寇，朝廷敕封“义勇大夫”。

金留住　寿宁县坊二图（今大安乡大安村）人。明景泰六年（1455）响应官府征召，配合官兵剿灭官台山寇，朝廷敕封“义勇大夫”。

吴友卿　寿宁县十一都人。明景泰六年（1455）响应官府征召，配合官兵剿灭官台山寇，朝廷敕封“义勇大夫”。

王　海　寿宁县十都人。明景泰六年（1455）响应官府征召，配合官兵剿灭官台山寇，朝廷敕封“义勇大夫”。

范　住　寿宁县坊二图（今大安乡大安村）人。明景泰六年（1455）响应官府征召，配合官兵剿灭官台山寇，朝廷敕封“义勇大夫”。

——原载《寿宁寺庙志·邑内名人宫庙·报功祠》

传奇英雄黄大汉

黄大汉扛千斤桥石，建成茗坑石板桥；洋头亭智退倭寇，保芹洋一境免遭烧杀奸淫；金銮殿面圣，获嘉靖皇帝褒奖；拒重金之贿，拓宽改直建宁府街道的故事在寿宁家喻户晓，并载入《中国民间故事集成》《闽东名人故居》《乡土寿宁》等书。大气磅礴的“千古论英豪，浩气如虹贯九霄。龙伞冈前真好汉，昭昭，逸事传奇浮想遥。智勇退倭枭，力拔山兮扛石桥，朝圣金銮廉洁誉，骄骄，世亮当年胆色骁。”——《南乡子·黄大汉赞歌》，镌刻在九岭溪畔的黄大汉墓园诗碑上。

《芹洋黄氏宗谱》载：“黄大汉，官名黄世亮，字士镜，身长八尺，腰大十把，邑人尊称‘黄大汉’。兄弟六人，排行第四，寿宁县芹洋村人。”在黄世亮故居的楼阁里，一双硕大无朋的布鞋，四百多年来一直珍藏着。这双鞋子，见证着一段真实的历史——

那是明朝嘉靖年间，倭寇猖狂袭扰东南沿海。大山深处的寿宁也不能幸免，县城被攻破，县衙被烧毁，倭寇杀人放火抢掠财物奸淫妇女，无恶不作。一天，黄大汉上山看田水，将脚上鞋子脱在洋头亭。一队倭寇来到亭前，看到地上那双大鞋，吃了一惊，天下竟有如此长大的鞋子？刚好黄大汉看完田水朝亭子走来，倭寇看见天神般高大的黄大汉，吓了一跳，世间竟有这么壮硕的汉子？黄大汉远远地看到亭内一伙人提刀弄枪，心想这些人不知是不是那杀人放火的贼倭寇？怎样才能阻止倭寇进村呢？黄大汉一边走着，一边转着点子。走到亭前，黄大汉看见倭寇对高高壮壮的自己感到如此好奇与惊讶，他急中生智，从容不迫地说：我算什么高大？我家兄弟十人，九个哥哥谁都比我长得高大威猛，武功高强，一人可敌万夫。只有我长得最小，武功也最不济，天天被哥哥们打发来看田山。这番话，将倭寇吓得大惊失色。眼前这人已经威猛得像庙里的金刚一样了，家里还有九个长得更高大，武功更了得的哥哥，芹洋英雄好汉如此众多，刚才幸好没有贸然进村。倭寇头儿一声令下，一帮倭寇夹着尾巴灰溜溜地从原路退回。

在那举国谈倭色变的明朝嘉靖年间，黄大汉以大智大勇不战而屈人之兵，在洋头亭智退倭寇，使芹洋一境百姓逃过一场大劫难，黄大汉成了保境安民的大英雄。《乡土寿宁》书中写道：明朝年间，芹洋黄氏族人在离村五里处修建了一座路亭，因其地处洋头，所以俗称“洋头亭”。洋头亭粉墙黛瓦，内墙正中壁上楷书“福寿”二个大字，书法极见功力。六根粗壮的亭柱上都题有墨书楹联，如：“路途迢迢，略坐片刻奔南北。人海茫茫，聊叙一会走西东”；“山高水长，坐一坐吃筒烟。林深路滑，歇一歇喝口水”。这些亭联虽出自山野村民之手，但明白晓畅，令行旅客商吟咏品味，倍感温馨。明朝嘉靖年间，芹洋村民黄世亮（黄大汉）在洋头亭智退倭寇的传奇故事，让洋头亭名扬千古，家喻户晓。

今天，黄大汉修建的茗坑村石板桥依然静静地安卧在那潺潺流淌的溪涧上，在路人的踩踏和四百多年岁月风雨的侵蚀下，当年粗糙的青石桥板已被磨砺得平滑如镜光可鉴人，那古老的石桥就像一位历尽沧桑的老人，仍在默默地向每一位过往的旅者娓娓讲述着当年黄大汉造桥的义举与神力。由于改朝换代的战乱毁坏与和平年代的拆拆建建，今天的建瓯城再也难以寻觅昔日明朝老街的踪迹，但黄大汉清廉自律拒贿拓街，将建宁府城街道拓改的像棋盘一样笔直笔直的佳话，依然在一代一代地流传。

翻开明朝嘉靖年间那一段倭寇为患举国恐慌的历史，我们既为黄大汉智退倭寇的胆识而喝彩，更为嘉靖王朝的昏聩而叹息，在那国家危急一将难求之际，勇冠三军的黄大汉竟不为朝廷所用，无缘效命疆场斩将杀敌建功立业。每一次踏进黄大汉墓园，每一次祭拜这位来自民间的草根英雄，诗人龚自珍"我劝天公重抖擞，不拘一格降人才"的呼唤，都会在我的胸中涌起强烈的共鸣！

青山有幸埋忠骨。今天，集智、勇、廉美德于一身的传奇英雄黄世亮，其坐落在寿宁县芹洋村九岭溪畔的黄大汉墓园，已成为牛头山库区的一道亮丽风景。每天都有游人在《黄大汉墓志铭》和"亭外拒倭钦智勇，府前拓路仰清廉。逸闻今日流传广，读罢油然敬意添"及"丰谷旗山见证，金钟九岭扬名。黄宗代代出豪英，四面高山仰敬！鞋大吓跑倭寇，街直漫步黎民。桥石举架重千斤，浩气流芳子胤"的诗碑前驻足流连。伴随着游人的脚步，黄大汉的故事将传播到那更加遥远的地方。

——原载《康熙寿宁县志注辑》

洋头亭

在芹洋村西面有一片较为开阔平整的农田，寿宁人习惯将这种田称为洋田。寿宁建县后，县城通往建宁府的官道就从这里经过。为方便行旅和农耕，明朝景泰、嘉靖年间，芹洋黄氏族人在离村三里处修建了一座路亭，因其地处洋头，所以俗称"洋头亭"。

明朝嘉靖年间，芹洋村民黄世亮（寿宁民间传说中的"芹洋黄大汉"），在洋头亭智退倭寇的传奇故事，让洋头亭名扬千古，家喻户晓。

洋头亭有前后两个大门，官道就从亭中穿过。两个青石砌筑的门框，在左右两侧的齐肩高处都雕琢有供来往行人搁置担子的凹槽。这种人性化设计，不仅可以让行人方便地歇担休息，又能让行人在稍事歇息之后，免得弓腰曲背就能轻松地荷担继续前行。

洋头亭粉墙黛瓦，内墙正中壁上楷书“福寿”二个大字，书法极见功力。六根粗壮的亭柱上都题有墨书对联，如：“路途迢迢，且坐片刻奔南北；人海茫茫，聊叙一会走西东”“山高水长，坐一坐吃筒烟；林深路滑，歇一歇喝口水”。这些亭联虽出自山野村民之手，但明白晓畅，令行旅商客备感温馨。

——原载《乡土寿宁》

黄普耀父子桥缘

黄普耀，寿宁县芹洋村人，系黄昌永第五子，芹洋黄氏“仁义礼智信”五房中的“信”房之祖。明朝景泰六年的端午日，黄普耀与父亲黄昌永、哥哥黄继黑、黄普英一起征剿官台山寨有功，被敕封为“义勇大夫”，奉祀寿宁县城“报功祠”。

随着官台山烽烟的消散，新生的寿宁县在神州大地崛起。建县之初，百业待举，特别是寿宁县城至建宁府的官道，由于溪流众多阻隔重重，常让行路之人望溪兴叹。

黄普耀将这些看在眼里，记在心头。他将修桥铺路作为自己的人生追求，在溪流深涧间架构津梁，让天堑变通途，以改善交通。史籍记载，黄普耀倾尽一生心血，以一己之力，在家乡的绿水青山中修建了八座木拱廊桥，树起了一座让后人无限景仰的历史丰碑！《八闽通志·地理》载：“横渡桥、通济桥、凤竹普济桥、飞虹桥，天顺七年义民黄普耀建。”“托溪荣济桥，天顺七年义民黄普耀、吴廷俊建”。《建宁府志·第十一卷·津梁》载：“瑞星桥，在芹洋岭下，黄普耀建。”“公正桥，在尤溪铺，黄普耀建。”“通济桥，在芹洋仙山下，黄普耀建。”“丹溪桥，在政和里，黄普耀建。”

更为难能可贵的是，在黄普耀的言传身教之下，其子黄彦畴也像父亲一样，以乐善好施而闻名。《建宁府志》记载，黄彦畴修建的木拱廊桥有三座：一是

“飞虹桥，在九岭下”。该桥位于芹洋乡九岭村旁，1976 年修建寿宁县城至芹洋公路时拆毁；二是“里仁桥，在尤溪”。该桥位于芹洋乡尤溪村下游，俗称尤溪桥，明成化年间芹洋村黄彦畴始建；三是“文明桥，在尤溪上村”。该桥位于芹洋乡尤溪村上游，又称尤溪上桥，明成化年间芹洋村黄彦畴始建。

尤为感人的是，黄彦畴不仅在家乡修建木拱廊桥，而且还在遥远的异地他乡——连江县捐建潘渡大桥。民国《连江县志》载：“明嘉靖二年，寿宁县民黄彦畴募缘重建潘渡桥。”潘渡桥，又名惠政桥、利安桥，位于连江县潘渡乡潘渡村。公路通车前，潘渡大桥是寿宁、福安、霞浦、宁德、罗源等县前往福州的必经之地。潘渡溪流十分宽阔，潘渡木拱廊桥长达七十五丈。民国《连江县志》载：“康熙二十七年，僧月机截手募缘为桥。总制张仲举捐金千两助之。阅三年桥成。”由此可知，黄彦畴当年修建的潘渡大桥，工程是多么浩大，其捐资数额又是何等之巨。

乾隆《福宁府志·人物志·义行》载：“明，黄彦畴，十都人。廉洁好义。人有犯者，弗校。捐修连江县潘渡费不赀。蔡参政旌之，为勒石。”康熙《寿宁县志·善民》载：“黄彦畴，十都人。畏法秉公，敬身修礼，人或有犯，含忍不较；又乐于建修，连江县潘渡桥圮坏，乃捐家资倡造。参政蔡公义之，为之立碑。”《芹洋黄氏宗谱》载：“黄彦畴，义勇大夫黄普耀之子，为人秉公畏法，敬老尊贤，人或有犯含忍弗校，桥梁公署多所建修。连江县潘渡桥潢潦冲圮，行者患之。公以公役省城经过，感怆溺没者多，乃捐家赀变卖庄田一段，价值百金诣其所，倡造成之，功力甚艰。参政蔡公潮嘉其义为，立碑以纪之。后以年老不可冠带，邑侯美称曰‘善民’，当道凌舒旌之，匾曰：‘积善’，用以旌表之。”

黄彦畴，这位五百多年前的寿宁先贤，这个在莽莽大山中成长起来的芹洋汉子，他秉承父亲之美德，用自已无私的义举、超凡的善行，在寿宁和连江人民之间建起了一座永恒的友谊之桥！因此，知县冯梦龙将黄彦畴誉为寿宁县第一大善人，不仅在其亲手修建的彰扬忠孝节义的“旌善亭”中予以褒奖，而且将其载入《寿宁待志》以流芳千古。

根据《八闽通志》《建宁府志》《福宁府志》《寿宁县志》和《连江县志》的记载，“义勇大夫”黄普耀和他的儿子黄彦畴，父子两人捐献资财、变卖田庄，在寿宁、连江两县建造的木拱廊桥达十二座之多。在那工具落后，交通不便的明朝天顺、成化年间，要在溪谷深涧架构十二座木拱廊桥，其费时耗力耗财，艰难困苦可以想见。一家两代捐资建桥十二座，这在寿宁、在闽东、在福建，甚至在全国，都是前无古人，后无来者的善行义举。因此，黄普耀、黄彦畴父子是当之无愧的木拱廊桥之父。

——原载《神奇官台山——寿宁古银硐民间故事集》

镌在《给帖碑志》中的秘密

清康熙二十三年（1684）冬，岁贡、儒学教谕黄锦黼在芹洋家中厅堂心急火燎地踱来踱去，此刻，他正在为村中一件前朝官府文书的丢失而苦恼、发愁。

这份文书对芹洋黄氏族人十分重要。因为有了这份文书，芹洋黄氏族人可以免除一切徭役赋税。这份文书是明朝景泰七年（1456），刚刚设立不久的寿宁县衙颁发给芹洋黄氏族人的，因为芹洋黄昌永父子、叔侄五人配合官军征剿官台山寨有功，所以官府发文赐予芹洋黄氏族人一项优惠政策——蠲免地差，也就是免除芹洋黄氏族人的徭役赋税。

由于族人保管不善，将这么重要的一份官府文书弄丢，致使全村百姓又要承担那已经免除了200多年的徭役赋税，黄氏族人悔之不迭，但又无可奈何。因此，族中长者纷纷恳请贡生、教谕黄锦黼设法弥补损失。

黄锦黼深知此事关系芹洋全村百姓生计，极其重要。但文书已失，岂能复得？因为颁发这份文书的大明王朝早已覆亡，现在当政的清朝官员还会去给你补发前朝发出的文书？一些庸官甚至连前任之事也是能推就推，不予置理，何况如此久远的前朝之事了。族中长者恳请黄锦黼想办法解决的这件事情，是一件希望极其渺茫几乎不可能办成的事情，黄锦黼为此伤透了脑筋。

苦思冥想，别无良法，黄锦黼只好死马当作活马医了。他打起精神，磨墨铺纸，将先祖黄昌永率儿子黄继黑、黄普英、黄普耀及侄儿黄周七响应官府征召，景泰六年剿灭官台山寨，黄家兄弟三人因功敕封“义勇大夫”，奉祀县城“报功祠”，官府发文蠲免芹洋黄氏族人地差徭役之事陈述一番。再将此件文书不慎遗失，以致族人差徭浩繁不堪重负，恳请重新颁文免除芹洋黄氏族人的徭役赋税等等，写成一纸报告，送呈代理寿宁县事的建宁府督粮总捕厅李大人。

谁也没有料到，时过不久，一个天大的喜讯传到了芹洋村——经过核查前朝档案文书，踏勘县城“报功祠”，了解邑内“义勇大夫”后裔蠲免地差徭役等等相关情况，证实黄锦黼的《报告》所言非虚，县衙门同意重新发文，免除芹洋黄氏族人的徭役赋税。

芹洋黄氏族人将县衙门颁发的这份《给帖》视如至宝，为免重蹈覆辙再度遗失，遂将其镌入石碑，以传之千秋万代。碑志全文如下——

给帖碑志

建宁府督粮总捕厅代理寿宁县事李：

为恳恤民苦，豁免地差事。

据贡生黄锦黼具呈前事，内称切思先祖黄普焕、黄继黑、黄普耀兄弟三人，歼灭巨寇，同树奇勋，始建县治，敕立报功祠，所有名家嗣裔均蠲免地差。独黼籍居芹洋，路当孔道，惟应迎候本县父母及驻协防官往还中伙，其余一切地差悉蒙蠲免。续因给帖遗失，致滋差徭浩繁苦当难堪，族众流离，实如悬磬，殊可悲悯。兹本太公祖按临千载奇遇，每思祖泽难以泯灭，合情陈明，伏乞太公祖怜恤民苦，敕赐给帖，准免芹洋地徭，俾不枉寒生际遇等情。

到县据此查得芹洋村黄姓果有乃祖黄普焕等兄弟三人，于昔年间协力歼灭巨寇，因功树勋，遂有蠲免地差文，例相沿已久。今据黄贡生具呈前来，合行给帖。为此帖下居民人等，一面安心乐业，免输正供。嗣后凡一切地徭蠲免，不许再派芹洋地徭地差，如故违许，执帖禀究，均毋违忽。

康熙二十四年正月念九日给

帖 押

右帖下芹洋准此

儒学教谕黄锦黼同众 立

这通珍贵的《给帖碑志》，是寿宁县唯一留存的记载明景泰六年五月初五，朝廷官兵剿灭官台山寨，设立寿宁县以后，对十三位功勋卓著的“义勇大夫”及其后裔予以免除徭役赋税的历史文物。

《给帖碑志》蕴含着丰富的历史信息。透过碑文内容，我们可以从中解读、破译许多已被岁月时光湮佚的历史陈迹——

一、官兵剿灭官台山寨、寿宁建县之后，明朝廷曾对剿寇有功的十三位

“义勇大夫”赐予免除徭役赋税的优惠政策；

二、这项免除徭役赋税的优惠政策不仅惠及十三位“义勇大夫”本人，而且可由十三位“义勇大夫”的后人世世代代沿袭传承；

三、虽然后来政权更替，大明王朝被大清所灭亡，但清政府仍然认可前朝的有关政策规定，而不是一概予以废止；

四、芹洋村位处寿宁县城至建宁府的官道中途，因此该村要负责接待安排途经芹洋的往来官员的伙食；

五、清朝，寿宁百姓承担的徭役赋税十分繁重——“差徭浩繁，苦当难堪，族众流离，实如悬磬，殊可悲悯。”

六、康熙二十四年，寿宁知县一职空缺，代理寿宁县事的是建宁府督粮总捕厅李大人。这位代理寿宁县事的李大人清廉勤政，他在接到黄锦黼的《报告》之后，没有推诿扯皮，没有索取好处，而是立即着手访查事实真相，及时予以合理解决。

七、黄锦黼，在康熙《寿宁县志》中可以查到。康熙《寿宁县志·贡监》载：“黄锦黼，字启猷。十都三图人，康熙癸亥岁贡。”但在《给帖碑志》中的黄锦黼，却有一个“儒学教谕”的官衔。芹洋《黄氏宗谱》也载：黄锦黼为将乐县儒学教谕。平心而论，即使是在“假冒伪劣”十分猖獗的当今天下，料也无人为了显摆，敢在众目睽睽、知根知底的乡亲族人面前，如此高调地将一顶子虚乌有的乌纱帽套在自己的头上。因此，黄锦黼可能在“康熙癸亥（康熙二十二年）”选为“岁贡”之后，被委以“儒学教谕”一职，但康熙《寿宁县志》未予载录。

芹洋《给帖碑志》为红石质地。碑高 1.4 米，宽 0.62 米，厚 0.13 米；碑座高约 0.3 米。碑额阴刻楷书“给帖碑志”四字，石碑通体镌文，个别字迹不清。这块清康熙二十四年（1685）立的政府公文碑，碑文内容与征剿官台山寨、寿宁建县有关，但却未见文献记载，因此有着重要的史料价值。

令人遗憾的是，如此珍稀的历史文物，却一直未能列为文物保护单位。数百年来，《给帖碑刻》一直默默竖立在芹洋村“麒麟墓”前。经年累月的风吹雨打、日晒雨淋，这通古碑现已断为两截，且字迹模糊，尽显沧桑之态。

——原载《神奇官台山——寿宁古银硐民间故事集》

英雄之村——芹洋

人们常说："地灵人杰""一方水土养一方人"。几年前，曾有一精通堪舆的游方人士远眺芹洋，惊叹——此地山水雄奇、藏龙卧虎，当英雄辈出！当你来到芹洋，沿着福宁街，走进义勇巷，慢慢欣赏那一座座土墙黛瓦的古宅民居，细细品读那一页页荡气回肠的英雄故事，你一定会心悦诚服——信哉斯言，芹洋确是一个英雄辈出的村庄！

宋淳祐三年（1243），以经商为业的黄元二来到芹洋，见这里前有双溪汇聚，后有千里来龙，知此地为真龙结穴，遂由政和县澄源暖溪村迁此定居，成为芹洋黄姓肇基之祖。历经770多年的繁衍生息，芹洋发展成为寿宁最大的黄氏血缘聚居之村。

在芹洋村义勇巷的中心位置，有一方圆数百平方米的大坪，建有一座十分壮观的"麒麟墓"，墓主是芹洋黄氏六世祖——黄昌永。墓亭镌联："官台洒热血功在家国，端阳祭英灵德播人间"；"肇建寿宁功勋铭史册，义勇大夫英名镌丰碑"；"为善千秋富贵，积德万载昌隆"。

在麒麟墓旁的流芳碑上，镌刻着中共福建省委原常委黄文麟、福建省逸仙诗词学会会长郑孝禄、福州三山诗社社长郭道鉴、福鼎市诗词学会会长陈承宝、福鼎市诗词学会秘书长刘建清、寿宁诗社社长缪旭照、中华诗词学会会员叶何运等众多名家咏赞黄昌永的诗文。黄昌永一介布衣，为什么有众多名人墨客为其题字赋诗？欲知个中详情，还需从550多年前的那一场官台山烽烟说起。

明景泰六年（1455），闽浙都御使刘广衡奉旨征剿占山为王祸害百姓的官台山寨。黄昌永响应官府征召，率儿子黄继黑、黄普英、黄普耀及侄儿黄周七，端午日配合官兵捣毁官台山贼巢，为寿宁建县立下不朽功勋。激战中，年逾半百的老英雄不幸血洒官台山。闽浙都御使刘广衡亲自为黄昌永主持葬礼，并题联："英雄血洒战场杜鹃红　壮士名垂乡邦青史香。"明王朝嘉奖忠烈，敕封黄继黑、黄普英、黄普耀三兄弟为"义勇大夫"，入祀县城"报功祠"，事迹载入《福宁府志》《寿宁县志》。明清两朝，每年春秋两季，寿宁知县都要亲率僚属前往"报功祠"虔诚祭拜。

清康熙《寿宁县志》高度评价黄昌永诸义士："天地正气，原不择人，人生侠烈，何必居官？士人策名朝右，临难苟免者，何可胜数？而山僻黔首，身未膺一命之荣，职未受升斗之禄，率先讨贼，奋不顾身，或至阵亡，其忠节凛凛，尤人世所极难者!”康熙岁贡、泰宁教谕黄锦黼赋《黄昌永赞》：“喽啰寨踞官台山，劫掠与强奸。率子征剿勇，冲锋陷阵战险关。不擒贼首，除民害，誓不回。深入虎穴决死战，身殉难，贼胆寒，功铭鼎钟间。”

麒麟墓前，竖着一通十分珍稀的红石质地的《给帖碑志》。碑上铭镌的是康熙二十四年正月，官府颁给芹洋黄氏族人的一份《给帖》。这通《给帖碑志》，是寿宁现存的明清两朝官府蠲免芹洋“义勇大夫”——黄继黑、黄普英、黄普耀三兄弟后裔地徭地差的唯一历史证物。从这通《碑志》的字里行间，也可以品读出寿宁建县后的几百年里，明清两朝官府都对征剿官台山寇，为寿宁建县立下不朽功勋的13位“义勇大夫”的子孙后代，给予特殊优待政策。

芹洋村三面环溪，形似半岛。左边的九岭溪、右边的长濑溪，均在村前的金钟山下汇聚。溪流如天堑，阻隔交通。为造福乡梓，方便行旅，打开山门，走向世界，芹洋黄氏族人发奋修路建桥。据《八闽通志》《福建通志》《建宁府志》《福宁府志》《寿宁县志》《连江县志》等记载，明代，芹洋黄氏族人共修建木拱廊桥15座，其中黄普耀7座、黄彦畴4座、黄普焕3座、黄彦荣与黄思聪1座。在这5位建桥人中，黄普焕、黄普耀乃同胞兄弟，黄普耀、黄彦畴系嫡亲父子。在那交通不便、工具落后的明朝天顺至正德年间，黄普焕、黄普耀、黄彦畴一家3人，要在溪谷深涧架构14座津梁，其艰难不亚于今天修建14条高速公路。

黄彦畴，这位明代寿宁县衙中的九品吏员，一生追随父亲行善做公益，不仅在邑内建桥3座，还捐献资财、变卖田庄，在数百里外的连江县建了一座长约250米的潘渡大桥。这一善举，感动得浙江临海人、时任福建右参政的蔡潮，亲自在潘渡桥头为黄彦畴题字立碑；感动得百余年后的寿宁知县冯梦龙，在《寿宁待志》中将黄彦畴列为寿宁第一位大善之人。

一家两代，捐资建造14座木拱廊桥，这样的善行义举，在寿宁、闽东、福建乃至全国，可以说旷古烁今，不仅前无古人，直至目前还无来者。因此，邑人誉称芹洋黄氏为“廊桥世家”；黄普耀为“木拱廊桥之父”，可谓实至名归!

明朝嘉靖年间，闽浙沿海曾有一段不堪回首的历史。那就是区区数万倭寇，竟敢在我神州大地横冲直撞如入无人之境。芸芸众生就像待宰的羔羊，人人谈倭色变。四百多年前的那一场倭寇之患，至今仍是国人心中久久挥之不去的梦魇。

倭寇不仅肆意袭扰沿海州县，甚至连大山深处的寿宁、政和也不能幸免。《政和县志》写道："嘉靖四十一年十二月二十七日，倭寇攻打县城，知县周尚友、县丞徐九经率众坚守40天，援兵未到，城被倭寇攻破。周尚友、徐九经均战死，城中百姓被屠杀殆尽，财物被洗劫一空。"冯梦龙在《寿宁待志·城隘》中也写道："自遭倭残毁，知县戴镗请加增筑，不果。从此日就崩塌，四门荡然，出入不禁。"县城"山高处有平地一片，或指为'鬼窟'。闻倭乱时，居民避此，尽遭屠戮"。

嘉靖四十一年（1562），倭寇攻下寿宁县城之后，又气势汹汹地杀向芹洋。这群目空一切的凶残倭寇，没想到却在小河沟里翻了船。因为他们遇见了"义勇大夫"黄普焕的曾孙——黄世亮。芹洋《黄氏宗谱》载："黄世亮，明嘉靖十五年（1536）生，身长八尺（身高约2.43米），腰大十把（腰围约208厘米），乡人称大汉。兄弟六人，排行第四。万历三十年（1602）卒，墓葬丰谷村口九岭溪畔。"

黄大汉以超凡的胆略，过人之智慧，在芹洋村前的洋头亭上演了一幕精彩的古代版"智斗"，将妄图血洗芹洋的一群倭寇，吓得不敢进村灰溜溜原路退回。黄大汉洋头亭智退倭寇，保芹洋一境免遭烧杀奸淫的故事，在寿宁家喻户晓、代代相传，并载入《中国民间故事集成》《闽东名人故居》《宁德晚报》《乡土寿宁》等报刊。

青山有幸埋忠骨。黄大汉墓园坐落在芹洋村旁的九岭溪畔，墓左一座英雄亭，墓右一道悬索桥，构成芹洋村一道亮丽风景，每天都有游人在墓园驻足流连。墓前矗立三通石碑。中间一碑镌县方志委主任黄立云的《黄大汉墓志铭》——

黄公世亮，字士镜，邑人尊称"黄大汉"，寿宁县芹洋村人。《芹洋黄氏宗谱》载："世亮公身长八尺，腰大十把，兄弟六人，排行第四，为芹洋黄氏第十世祖。

公一门英豪，彪炳史册。《寿宁县志》载：明景泰六年（1455），曾祖黄普英兄弟响应闽浙都御使刘广衡征召，端午日剿灭祸害一方的官台山寨，为寿宁建县立下不朽功勋。朝廷敕封黄继黑、黄普英、黄普耀三兄弟“义勇大夫”，奉祀县城报功祠，千秋祭奠。

公一生传奇，名闻遐迩。茗坑村一显神力，扛千斤桥石；洋头亭智退倭寇，保一境平安；建宁府拒贿拓街，播廉士美名；金銮殿皇帝褒奖，传千载佳话。

公一代人杰，万古流芳。四百多年来，黄大汉的故事代代相传家喻户晓。《中国民间故事集成》《闽东名人故居》《乡土寿宁》和《宁德晚报》均刊载世亮公之传奇事迹。

为缅怀先贤，激励后昆，二〇〇八年二月，墓下裔孙重修世亮公墓园。值此安碑良辰，谨怀崇敬之情，虔诚焚香拜撰。

二〇〇八年九月九日

左右二通石碑，分别铭镌县文联主席雷云凌的《黄大汉赞歌》：千古论英豪，浩气如虹贯九霄。龙伞冈前真好汉，昭昭，逸事传奇浮想遥。智勇退倭枭，力拔山兮扛石桥，朝圣金銮廉洁誉，骄骄，世亮当年胆色骁。县诗社社长缪旭照的《读黄大汉墓志铭》：亭外拒倭钦智勇，府前拓路仰清廉。逸闻今日流传广，读罢油然敬意添。邑人缪万春的《芹洋黄氏英豪赞》：丰谷旗山见证，金钟九岭扬名。黄宗代代出豪英，四面高山仰敬！鞋大吓跑倭寇，街直漫步黎民。桥石举架重千斤，浩气流芳子胤。

翻开明王朝那一页倭寇为患的历史，人们既为黄大汉智退倭寇的胆识而喝彩，更为嘉靖王朝的昏聩而叹息。在那国家危急一将难求之际，勇冠三军的黄大汉竟不为朝廷所用，无缘效命疆场斩将杀敌建功立业。传说，前来祭拜这位民间草根英雄的人们，只要在九岭溪畔的黄大汉墓园点燃三炷清香，天地之间就会隐约回荡着诗人龚自珍——“我劝天公重抖擞，不拘一格降人才”的呼唤！

黄大汉故居坐落在芹洋村义勇巷32号，大门朝东，青石门槛，门框青砖砌筑，为免斜雨侵袭，门额上用青砖做雨披以遮挡雨水。为防火御盗，整座房子的墙体都高过屋顶，寿宁俗称“火墙包栋”。

黄世亮故居厅堂进深7米、宽4.5米，面积32平方米。厅尾两侧架有楼梯，左为暗梯，右为明梯。大厅房间窗雕为“花”形。间隔前厅与后厅的过道屏风也有镂空窗雕。黄大汉故居最具特色的是厅堂的正宫壁和两边厅堂壁上的横枋都雕着精美的寓意富贵的牡丹、蝙蝠图案，这在寿宁民居中绝无仅有。

在二层大厅的楼阁里，一双硕大无朋的布鞋，400 多年一直被黄大汉后人珍藏着。这双鞋子，见证着一段真实的历史。那是嘉靖四十一年，黄世亮扛着锄头到山上看田水，像往常一样走到洋头亭，将脚上那双像“秧盆”一样的大鞋脱在亭门口，就上山了。不久，一队提刀弄枪的倭寇来到洋头亭，看到地上的鞋子，吃了一惊——世上竟有这般长大的鞋子!？正惊疑间，来了一个砍柴的村民，倭寇把刀一伸，拦住去路，指着鞋子问：“这是什么?”村民说：“是鞋。”“谁的?”“黄大汉的。”“鞋子这么大，那人有多大?”“像庙里的金刚一样。”“那他力气大不大？武功好不好?”“力气大极了。茗坑村前一千多斤重的石桥板就是他一个人扛来的。”倭寇和村民正问答着，黄大汉回来了。

黄大汉远远看见亭里一伙人舞刀弄枪，心想，近日听说倭寇在城里杀人放火，不知是不是这帮人，该怎么办？那帮倭寇也看见一个大汉朝亭子走来，忙上前仰头探问：“你是黄大汉?”“是啊。”黄大汉回答。“哇，真高大！真高大！真是一条大汉!”倭寇们惊叹着。这时，黄大汉急中生智，只见他不屑地撇撇嘴：“我算什么大汉？我家兄弟十人，他们一个个都比我高大，武功也比我了得，只有我最小，功夫也最差，所以被他们打发来山上看田水。”倭寇们一听，吓了一跳，这芹洋村英雄好汉众多，我们不是对手。幸好刚才没有冒冒失失地闯进去，要不然脑袋早没了。倭寇头儿赶紧一声令下，全队人马原路退回。

那砍柴村民回村，将黄大汉在洋头亭智退倭寇的场景绘声绘色一说，一传十，十传百，黄大汉洋头亭智退倭寇的故事就在寿宁传开了。可惜的是，黄大汉那双大鞋，在“文化大革命”“破四旧”时，被红卫兵从楼阁里搜出一把火烧掉了。

沿着义勇巷继续往前约百余米，就是“义勇大夫”三兄弟的故居——义勇巷 59 号。“义勇大夫”故居的大门门槛用青石雕成，木质门框。厅堂房间窗雕以葵花图案为主，窗户上的横额为牡丹、葵花图案。厅堂宽 4.3 米、深 7.6 米，面积 32 平方米。每年农历五月初四日，芹洋黄氏后人都要在厅堂包粽子、摆香案、供斋果，燃香点烛祭祀为寿宁建县立下汗马功劳的英雄祖先。

芹洋黄氏提前在五月初四过端午节，渊源于距今 560 多年前那场攻打官台山的烽火硝烟。明景泰六年（1455），督理福建和浙江两省军事的都御使刘广衡，传令福建按察副使沈讷率领大军对官台山寇进行全面征剿。官府向周边村庄征召义勇民壮协同官军作战。芹洋村黄氏第六世黄昌永带领儿子黄继黑、黄普焕、黄普耀和侄儿黄周七到刘广衡军营效命。为了出其不意，攻敌不备，经过周密谋划，全体官兵在农历五月初四日提前过端午节，大家吃饱喝足，养精蓄锐。次日，黄昌永率领装扮成村民的地方乡勇，挑着酒肉混入官台山寨，乘贼寇酒醉之际里应外合。五月初五日，沈讷率大军从偏僻山道悄悄逼近山寨，黄昌永指挥黄继黑、黄普焕、黄普耀、黄周七等混入山寨的乡勇在寨中四处放火，贼寇大乱。经过一场血腥恶战，贼首郑怀茂被杀死，余寇四处逃窜悉数被歼。官兵荡平山寨，救出被掳妇女 270 多人，令家人领回。

同年八月，朝廷批准划出政和县南里十都，北里十一都、十二都，东里十三都、十四都、十五都和福安县平溪里十一至十四都设置寿宁县，隶属建宁府，首任知县陈醇，县治设杨梅村。乾隆版《福宁府志》载："报功祠在县治西，祀都宪刘广衡、副使沈讷，二人开辟县治有功。附祀义士黄继黑、黄普焕、黄普耀等一十三人。"寿宁建县后，为了纪念这些攻夺官台山寨的英雄，邑人就将原来五月初五过端午节改为五月初四，以祭奠英雄在天之灵。从此，初四日过端午节在寿宁相沿成习，560 多年来一直延续至今。

每一次来到芹洋，每一次走进义勇巷，每一次在这些英雄故居中流连，苏东坡"人生到处知何似，应似飞鸿踏雪泥"的诗句，常会无由地涌上心头。自从《左传》提出人生"三不朽"，从此"立德立功立言"便成为中国历代士大夫至高无上的人生追求。但春夏秋冬四季轮回的岁月，就像芹洋村前生生不息的长溪之水，尘世间的荣华富贵，大多都会被岁月的流水冲洗得了无痕迹，能登顶"不朽"之峰者，寥若晨星。

黄昌永、黄继黑、黄普焕、黄普耀、黄彦畴、黄世亮这些民间草根，虽然没有骄人的学历，也未执掌一方权柄，但他们以一颗纯朴之心，秉持造福一方的善念，用一腔热血、无私奉献，赢得生前口碑载道，身后青史留名。他们以一生践行的善行美德为阶梯，攀上了人生的"不朽"之巅！这些流芳千古的英雄，就像芹洋村中那座像旌旗一样迎风招展的巍巍旗山，永远在寿宁大地上高高飘扬！

——原载《寿宁古村落》（略有增删）

世外桃源尤溪村

寿宁，有一个像桃花源一样美丽富足的村庄——尤溪。村中小桥流水、古宅大院；四野茶园青翠、橙香飘逸。这个村庄，不仅拥有众多的木拱廊桥，造物主还赐予她一道娴雅如处子，一道呼啸似烈马的瀑布。尤溪，就像一幅铺展在芹洋西南大地上的山水画卷，就像一位养在深闺人未识的清纯村姑，静静地在那里屹立千年。让我们从县城出发，沿着寿政二级公路，驱车 20 多分钟去零距离地欣赏她那未加雕饰的天然秀色。

传说，很久以前村中溪畔石穴流出的黑水可以点灯照明，因此这里得名“油溪”。后来黑油断流，“油溪”也就改为“尤溪”。村中那条流过“黑水”的溪流，宽约 10 米，全长约 5 千米。沿溪两岸散落着上尤溪、中村、尤溪三个村庄。其中，上尤溪 118 户，660 人；中村 6 户，28 人；尤溪 305 户，1580 人。一条水泥村道沿着哗哗流淌的小溪修筑，将三个村庄串成一个大大的“丰”形。

尤溪村历史悠久。早在宋代，政和县往官台山银场的古道就从尤溪村穿过。明景泰六年（1455）寿宁建县，尤溪成为寿宁通往建宁府的必经官道，官府在尤溪设尤溪铺。当年，官员、衙吏经常在尤溪铺往来，村旁那条通往平溪、政和的山岭，因此得名“官岭”。

悠悠古道，人来人往。地沃土肥，民风淳朴的尤溪吸引着周边村民来此谋生。元明年间，郭姓就在尤溪肇基。数百年的风吹雨打，郭氏老宅早已人去楼空，现仅余残基碎瓦。清康熙、乾隆、道光年间，杨、蔡、周等姓氏相继迁往尤溪肇基。现定居尤溪的除了杨、蔡、周之外，还有吴、黄、陈、许、朱、王、李、沈、张等姓氏。尤溪周姓肇基之祖周尚寿“倾囊修祖墓”的佳话，至今仍在族内流传。说的是道光元年（1821），周尚寿倾尽家资修建祖墓后，孑然一身由平溪移迁尤溪。后娶夏氏为妻，生 4 子、9 孙、27 曾孙。从此，周姓繁衍为尤溪第一望族。

尤溪村中，那一座座年代悠远的青砖黛瓦，古宅深院；那高高的粉墙，深深的巷道，似乎在向过往的人们诉说着往日的富足与文明。村主任吴开春介绍，村中老宅大厝大多归属周姓族人。当年，仅周尚寿儿孙一脉便在村中建了 9 座高墙大院。信步走进长坪路 1 号，这座周宅大厝进深 35 米，宽 15 米，占地面积

525平方米。结构依天井、前厅、后堂、内天井、后伙房布局，显得宽敞明亮。里外天井的井沿都用重数百斤的条石铺砌。为适应风水朝向，大门开在左侧。大门有内外二重，外门门框为木质，里门门框用砖砌。

相距不远的长坪路5号，这座周家老宅气派更为恢宏。那高高的外墙全部刷成粉红色，成为名副其实的“粉墙包栋”，虽历经百年风雨，至今基本完好。为适应风水朝向，大门也斜斜地开在左侧。大门的条石门框、门槛均精工打磨。门上横额彩色泥塑“江右风月”四个大字，横额左右配以彩色泥塑壁画。大门两边的四字泥塑楹联，“文革”时被红卫兵用三合土涂抹的难以辨识。长坪路5号周宅与长坪路1号的布局相似，都是由天井、前厅、后堂、内天井、后伙房构成。不同的是天井前方的照壁上，彩色泥塑“尧天舜日”四个大字，两侧配饰彩色泥塑壁画。照壁上方的马头墙彩塑成书卷状并题字，在左右两侧马头墙的翘角飞檐之下，各悬塑着一只栩栩如生的小鹿。上述泥塑、壁画，让这座古宅增添了些许文化气息。

尤溪是著名的木拱廊桥之村。据历代省府县志记载，义勇大夫黄普焕（谱名黄普英）、黄普耀兄弟和黄普耀之子黄彦畴，一家三人乐善好施共建木拱廊桥14座，其中建在尤溪流域的就有5座，分别名为公正桥、里仁桥、文明桥、尤溪桥、丹溪桥。

有关黄普焕、黄普耀、黄彦畴在尤溪捐资建桥的坊间传说，我们在明朝弘治二年的《八闽通志》和《建宁府志》《福宁府志》中找到了确切的记载，现将有关文字摘抄如下——

一、清康熙《建宁府志》载：“公正桥，在尤溪铺，黄普耀等建”。

二、清康熙《建宁府志》载：“里仁桥，在尤溪，黄彦畴等建。”

三、清康熙《建宁府志》载：“文明桥，在尤溪上村，黄彦畴等建。”

四、明弘治二年《八闽通志》载：“尤溪桥，天顺七年义民黄普焕建。”

五、民国《福建通志》载：“丹溪桥，在政和里，明天顺间邑人黄普焕建”。

丹溪桥原在芹洋江瑶村前的丹溪之上。因芹洋方言“丹溪”与“张坑”音相近，后人讹为“张坑桥”。2006年，牛头山水库蓄水，丹溪桥移迁尤溪村下游重建。

2013年11月，村民刘万春等为首筹集善款，又在上尤溪新建一座木拱廊桥。桥长 20 米，宽 4.5 米，双坡顶四柱九檩穿斗式构架，7 开间 32 柱。

除了上述令人瞩目的木拱廊桥外，这个美丽的江南水乡还有 3 座小巧玲珑的石拱桥，一座十分罕见却极具时代特色的水泥电杆桥和一座水泥公路桥。2016 年竣工的寿政二级公路在尤溪村旁穿过，让人丁兴旺的尤溪桥梁家族又增添了一位年轻壮硕的新成员。

尤溪是寿宁产粮大村。1953～1983 年，尤溪每年要交纳征购粮 2800 担，相当于一个竹管垄公社的征购粮。当年，大寨因完成征购粮 2400 担而名噪全国，尤溪农民的贡献远超大寨却鲜为人知。

尤溪是盛产茶叶之村。早在民国年间，尤溪就盛产茶叶。20 世纪 80 年代，尤溪人大力垦荒种茶，漫山遍野的茶园青翠欲滴，年产茶青数十万斤。每逢茶季，四处茶贩会不约而同地在这里集结，背着茶篓挑着茶青的村姑农妇，每天傍晚在村口用采摘的茶青换来茶贩手中的人民币。

尤溪是知名脐橙之村。跨入 21 世纪，尤溪青年男女纷纷南下北上经商打工，山上田园日渐荒芜。留守家园的男女老幼，用勤劳的双手种植脐橙 2300 多亩，年产量达 3 万多担，尤溪成为名闻全县的脐橙之村。脐橙，不仅丰盈了尤溪人的钱袋；脐橙，更美化了尤溪的生态。春天，脐橙花开时节，尤溪氤氲在遍野橙香之中，令人心旷神怡。秋天，脐橙红果满枝，尤溪呈现出一派丰收景象，令人赏心悦目。

由于日照充足，土壤肥沃，尤溪出产的脐橙果大汁多味甜，为消费者所青睐。金秋时节，成熟的脐橙像灯笼一样挂满枝头，脐橙园里弥漫着令人陶醉的淡淡橙香。一拨一拨的城里人像采蜜的蜂群，为幽幽橙香所诱惑，呼朋邀友，携妻挈子来到这里欣赏橙园的美丽，品尝脐橙的甘甜，分享果农丰收的喜悦，放飞自己快乐的心情。

尤溪还是全县闻名的超市之村。20 世纪 90 年代后期，尤溪人走出大山，从小小便利店起家，滚雪球似地在全国开办了百多家大小超市，闯出了一条山区农民的致富之路。现在的尤溪，几乎家家都拥有资产数百万元，许多人还在城市买车、购房。

现在，留守家园的只有老人和孩子，陪伴他们的是溪中悠游的鹅群，漫山遍野的茶、橙，还有那不甘寂寞的瀑布。村边，天真的孩子在无忧无虑地游戏，把童年的欢乐撒进里巷深处；溪畔，垂暮的老人在悠闲地垂钓，和雀跃欢唱的流水一起分享晚年的恬淡与闲逸。尤溪，就像陶渊明在《桃花源记》中所描述的“土地平旷，屋舍俨然，有良田美池桑竹之属。阡陌交通，鸡犬相闻”，令人心向神往。

时值金秋，遍野的脐橙已经像红灯笼一样挂满了枝头。朋友，让我们邀集朋友、携带妻儿，循着那诱人的橙香，沿着那远古的廊桥，去寻访陶渊明老先生笔下远离喧嚣、如诗如画的世外桃源——尤溪。

——原载《寿宁古村落》（略有增删）

第十二章　人物春秋

明知县钱亮在《科贡题名记》中写道："有非常之山川，必有非常之间气；有非常之间气，必有非常之人才。"芹洋山水雄奇，历代英才辈出。古有黄昌永、黄继黑、黄普焕、黄普耀、黄彦畴、黄世亮等英雄豪杰；今有蔡昌华、吴明忠、黄德修、朱开昌等革命英模以及一大批社会各界精英。

一、明朝人物

黄昌永　芹洋村人，永乐初年生。景泰六年（1455），黄昌永与儿子黄继黑、黄普焕、黄普耀、侄儿黄周七响应都御史刘广衡征召，协助官军攻打官台山寨。端午日，黄昌永率众壮士以给官台山寨送礼贺节为名，进入山寨里应外合剿灭官台山匪寇，不幸血洒战场。刘广衡亲自主持葬礼，并题联："英雄血洒战场杜鹃红　壮士名垂乡邦青史香"。出殡之日，全体参战官兵为黄昌永戴孝举哀。黄昌永墓葬官台山麒麟峰下。2013 年，移葬芹洋村中麒麟墓。

黄继黑　芹洋村人，宣德初年生。景泰六年（1455）端午日，黄继黑协助官军剿灭官台山寨，立下赫赫战功，皇帝敕封"义勇大夫"。成化二十年（1484），为纪念征剿官台山寨、寿宁建县的有功之臣，朝廷在寿宁县城敕建"报功祠"，将都御史刘广衡、福建按察副使沈讷及黄继黑等 13 位"义勇大夫"，塑像奉祀报功祠，每年春秋二祭。黄继黑史迹载康熙《寿宁县志》和《寿宁寺庙志》。

黄普焕　又名黄普英，芹洋村人，宣德年间生。景泰六年（1455）端午日，黄普焕协助官军剿灭官台山寨，立下赫赫战功，皇帝敕封"义勇大夫"。成化二十年（1484），为纪念征剿官台山寨、寿宁建县的有功之臣，朝廷在寿宁县城敕建“报功祠”，将都御史刘广衡、福建按察副使沈讷及黄普焕等 13 位“义勇大夫”，塑像奉祀报功祠，每年春秋二祭。天顺七年（1463），黄普焕捐资建造尤溪桥、天顺间捐资建造政和里丹溪桥等 3 座木拱廊桥。史迹载弘治《八闽通志》、嘉靖《建宁府志》、康熙《寿宁县志》、民国《福建通志》和《寿宁寺庙志》。墓葬斜滩村下游二里的黄虎山“虎墓”。

黄普耀 芹洋村人，宣德年间生。景泰六年（1455）端午日，黄普耀协助官军剿灭官台山寨，立下赫赫战功，皇帝敕封“义勇大夫”。成化二十年（1484），为纪念征剿官台山寨、寿宁建县的有功之臣，朝廷在寿宁县城敕建“报功祠”，将都御史刘广衡、福建按察副使沈讷及黄普耀等13 位“义勇大夫”，塑像奉祀报功祠，每年春秋二祭。天顺七年（1463），黄普耀捐资建造芹洋九岭下的飞虹桥、天顺间捐资建造托溪荣济桥、芹洋岭下的瑞星桥、政和里丹溪桥、尤溪铺公正桥、芹洋仙山下的通济桥等 7 座木拱廊桥。史迹载弘治《八闽通志》、嘉靖《建宁府志》、康熙《建宁府志》、康熙《寿宁县志》、民国《福建通志》和《寿宁寺庙志》。

黄彦畴 芹洋村人，成化年间生，弘治、正德、嘉靖年间寿宁县衙九品吏员。黄彦畴捐资建造九岭下的飞虹桥、尤溪里仁桥、尤溪上村文明桥、连江县潘渡桥等 4 座木拱廊桥。名字载入冯梦龙《寿宁待志》，史迹载康熙《建宁府志》、康熙《寿宁县志》、民国《连江县志》和《康熙寿宁县志注辑》。

黄世亮 字士镜，邑人尊称“黄大汉”，明嘉靖十五年（1536）生，系芹洋义勇大夫黄普焕曾孙。黄世亮兄弟六人，排行第四。身长八尺（身高约 2.43 米），腰大十把（腰围约 208 厘米），乡人称大汉。黄世亮力大如神，曾力扛千斤桥石建成茗坑石板桥；洋头亭智退倭寇，保一境平安；建宁府拒贿拓街，播廉士美名；金銮殿皇帝褒奖，传千载佳话。万历三十年（1602）卒，享年 66 岁，墓葬丰谷村口九岭溪畔。事迹载入《中国民间故事集成》《闽东名人故居》《乡土寿宁》《宁德晚报》等报刊。

黄文俊 芹洋村人，明正统年间生。成化二年（1466）岁贡，选儒学正堂。

黄郑四 芹洋村人，明成化年间生。弘治年间，任直隶庐州府城县三沟驿丞。

李 璲 讳学亮，万历三十年（1602）生，庠生。自幼勤读诗书，性纯谨厚。每逢凶年，常以粮谷济贫，捐银修路建桥不知其数。善持门户，凡县衙吏卒到门，不问是非饮食待之，皆得其欢。常语子孙曰："积善家之命脉。"乡民租税粮科每为官吏所索，璲均施以饮食始得平安。平生从不与人辩曲直，村人有欺其良善时，笑之；有强横临门时，拂袖退之，终生无祸辱。清康熙八年（1669）卒，享年69岁。

张为姬　讳光辉，字兆国，国学生。九岁失父，赖节母周氏、黄氏抚育成人。张为姬乐善好施，自建岭根之亭，独修尤溪官岭之路。其他还有捐修桥梁、寺庙，施衣衾舍药材济贫穷，施棺木掩尸骸等善举。

朱　奎　字文辉，广地村人。成化三十年（1484）甲辰科贡生，任江西乐安县主簿，后升广东南海知县（录自广地《朱氏族谱》）。

朱　炘　广地村人，江西南丰知县（录自广地《朱氏族谱》）。

朱积思　广地村人，江苏句容知县（录自广地《朱氏族谱》）。

李泰九　阜莽村人，万历年间生，崇祯年间卒。任卫千总，勇猛可敌万夫。曾任处州府左营千总。

二、清朝人物

苏　旺　字兴，阜莽村山面自然村人，顺治年间，任湖广永定府副将。清乾隆《福宁府志·人物志·武功》载："苏旺，由将才授陕西汉中府守备，升湖广永定府副将。"

黄锦黼　字启犹，号嘉庵，芹洋村人，明崇祯十年（1637）生。妻李兰妹，育三子四女。黄锦黼16岁入邑庠生，24岁补廪膳生，48岁补岁进士。康熙四十三年（1704），选福建邵武府泰宁县教谕。生前镌《给帖碑志》碑，为寿宁留下一珍贵历史文物。康熙四十六年（1707）正月初四日卒，享年70岁。

黄超玉　芹洋村人，乾隆五十一年十一月（1786）生，恩授八品冠带。道光二十八年（1848）宗师彭蕴章旌匾："善心益寿"；宗师黄赞汤旌匾："耆德可风"。

黄辛九　广地村人，通判。

黄辛十　广地村人，仓官。

黄二四　广地村人，朝奉大夫。

刘永盘 字乂新，芹洋村人。康熙十五年（1676），王师入闽，首先迎复。由生员札授义旅佥事。

吴玉衡 名为光，字德玑，溪源村人，乾隆四十年（1775）十月初四巳时生。嘉庆二年（1797），宗师陈嗣龙取入邑庠生；嘉庆三年（1798），按院汪志伊取中式举人48名。妻李月使，长溪人，乾隆五十一年（1785）生。吴玉衡寿81岁，墓葬上党村水尾桥头，形取“回龙顾祖”。

李宣庠 字长芬，阜莽村人，清道光年间生，咸丰九年（1859）乙未科武举。

张恒泰 字士清，溪源村人，清道光年间生，道光年间任卫千总。

陈　宁 字文通，芹洋村人。清光绪十四年（1888）贡生，任直隶清河训导。

蔡联儒 芹洋村人。由吏员任广东始兴县典史。备寇有功，迁北京守备。

三、民国人物

李之华 阜莽村人。民国31年（1942），任国民党寿宁县党部书记长。

张邦禄 讳鹏、字祖腾，溪源村人，清光绪十五年（1889）生。辛亥革命时，任国民革命军陆军第十四师参谋。民国15年（1926）11月，任寿宁县长。

张帮达 溪源村人，清光绪年间生。民国18年（1929），任福建省警务处副处长。

张梅芳 字尉南，溪源村人，清光绪三十三年（1897）生。福州师范学校毕业，历任督学、鳌阳小学校长。民国16年（1927），政和县民团到溪源村劫掠，张梅芳闻讯日夜兼程赶回溪源了解情况。旋即前往政和县政府控告，匪首宋□□被捕获押解寿宁县，途中畏罪自杀。民国27年（1938）病逝，时年42岁。

四、当代人物

（一）功勋人物

蔡昌华 原名蔡孟发，上修竹村岔头坂自然村人，民国13年（1924）8月生。1944年，蔡昌华被国民党抓壮丁。1947年，参加（新四军）华东野战军一纵三师七团。

1947～1950年，蔡昌华先后三渡黄河，参加豫东战役、淮海战役、上海战役。荣获“人民功臣”“战斗英雄”等军功章。1950～1953年，分别在公安师、华东公安总队、华东财经公安总队工作，期间荣立一等功一次、三等功4次。

1953年，公安师全师官兵转业地方工作，蔡昌华任上海百货采购供应站总务科支部书记。1958年，任上海黄浦区副食品公司党总支书记、经理。时值三年困难时期，油、粮、肉、菜等各类副食品采购均凭票证，供应很紧张。1959年，到中共上海市委党校学习党的理论知识与政治经济学。1960年，任黄浦区饮食公司党委书记、经理。公司由国营、合营、私营等饮食企业组成，有8000多名干部员工。

“文化大革命”期间，蔡昌华被批斗迫害，开除党籍。十一届三中全会后，平反并恢复党籍，在黄浦区商业口工作至1986年离休。

注：上述文字系根据蔡昌华侄儿蔡贵清提供的资料整理。

黄德修 字守业，葛藤岔村人，民国8年（1919）生。民国21年（1932）3月，13岁的黄德修和村中3个小伙伴一起到茶山采茶，途中遇到一队过路的红军（游击队）动员他们一起参军。黄德修比3个小伙伴大一岁，4人商量了一下，另外3人怕家中父母担心不敢贸然入伍。黄德修说：“你们不去，我去!”将手中茶箩交给小伙伴，说：“带回家交给我妈，告诉她我当兵去了。”

就这样，黄德修跟上部队走了。晚上，领导问他名叫什么？他说：“冯德修”。因为领导听不懂方言，将“冯德修”写成了“黄德修”。他从没上过学，不认识“冯”“黄”二字，因此也不知道自己的姓被人写错了。从此，“黄德修”这个名字，跟着他南北转战一辈子。

13岁的黄德修比步枪略高些，是部队中的“红小鬼”。部队半夜三更悄悄地摸到财主的高墙大院外面，瘦小的黄德修就从大门旁的狗洞钻进去，打开大门。红军（游击队）一拥而进，将财主的财产全部没收，带不走的粮食、衣被等浮财就分给贫苦百姓。从1932年3月到1937年3月，黄德修整整当了6年的“小鬼班长”。黄德修在战火中不断成长，也犯过一次错误。1937年，被关禁闭14天。

1938 年 11 月，经过战火洗礼的黄德修到延安“抗大”学习一个月，任班长。“抗大”学习结束后，黄德修到部队任连长。1942 年 2 月，黄德修在苏北黄桥战役中立功，奖品有军装一套、日记本、牙膏、毛巾、手套等物品。1942 年 3 月到 1943 年 2 月，黄德修在一师司令部任副科长、科长。1943 年 4 月到 1944 年 9 月，黄德修在七团三营任营长。1944 年 10 月到 1945 年 11 月，黄德修在三团一营任营长。此后，黄德修又一次进入“抗大”学习，任队长，时间为 1945 年 12 月到 1946 年 7 月。

1946 年 8 月到 1948 年 5 月，黄德修任副队长、科长。1948 年 6 月到 1949 年 7 月，黄德修任兵站站长。1949 年 11 月到 1950 年 5 月，多处负伤的黄德修到卫生队休养，任副队长。1950 年 6 月到 1950 年 8 月，黄德修在福建省船营处任股长。

从 13 岁参加红军（游击队）到 31 岁转业到地方工作，黄德修在战火纷飞的战场上南征北战 18 年，身上 9 次负伤，评为二等一级残废军人。1950 年 9 月，黄德修因身体健康原因转业到福州市粮食局任副局长。

注：上述文字系根据黄德修 1950 年的《干部登记表》档案资料整理而成。

朱开昌　广地村人，民国 12 年（1923）生。家有 5 亩地、半头牛、房子 13 间，有祖父、祖母、父、母、妻、子、兄、弟等 9 口人，1952 年评为中农成份。

1947 年 4 月，朱开昌在山东孟良崮战役中被解放军解放，加入中国人民解放军 26 军 77 师 229 团 2 营 4 连。1949 年 9 月 5 日在上海大庄加入中国共产党，介绍人王同志、丁玉银。入党候补期 3 个月，1949 年 12 月转为正式党员。

朱开昌加入解放军后，任副班长，先后参加解放上海等重大战役 8 次。荣立二等功 3 次，其中两次为战斗立功，一次为艰苦立功。行政受奖 3 次，奖品有衣服一套、袜子、手巾、肥皂、牙膏、钢笔、学习本等物品。1948 年 6 月，在开封战斗中被评为战斗模范。1951 年，在东山医院休养，评为模范。后在福建省革命残废军人速成中学学习，1953 年 10 月 8 日以中学文化程度结业。

在枪林弹雨的激烈战斗中，朱开昌两次负伤，被评为三等甲级残废，要求退伍回家。他在《回乡转业建设军人登记表》的“本人对回乡转业的态度或意见”一栏中写道：“个人有病不能坚持学习，而家中缺乏劳力，自愿返乡生产，遵守政府法令服从领导和群众打成一片，绝不找政府麻烦。”

1952年9月，福建省人民政府民政厅批准朱开昌退伍。退伍时，政府发给布16尺、鞋袜各一双、肥皂、毛巾各一条。生产资助金297万元、医疗补助费190万元。合计发给现款237万元（旧币）。

注：上述文字系根据朱开昌1953年的《回乡转业建设军人登记表》档案资料和2006年寿宁县人民武装部153号《证明》材料整理而成。

吴明忠 尤溪村上尤溪自然村人，1923年11月生。1947年6月，吴明忠被国民党抓丁入伍，任东北军49军81师236团1营新兵连副班长。目睹国民党军队的黑暗，吴明忠寻机逃出兵营，在辽宁省新民县李马村给一个贫穷农民当儿子。不久又被捉回，在整编部队当青年兵。

1948年9月16日，吴明忠在东北锦州加入中国人民解放军，先后参加了解放天津、北京、汉口等战役，获“华北解放纪念章”。在转战大西南期间，吴明忠曾两次立功。

1950年，吴明忠任中国人民志愿军第38军113师338团1营2连3班副班长。10月22日，首批开赴朝鲜抗击以美国为首的联合国军，在朝鲜战场浴血奋战4个春秋，参加7次战斗，立下赫赫战功。

1951年1月，吴明忠被志愿军338团政治处授予个人三等功。7月16日，在朝鲜渔塘里经班长符显惠、副班长王长贵介绍入党。1953年6月，在朝鲜中线守备战中再次荣立三等战斗功。12月25日，志愿军司令部、政治部授予吴明忠个人一等功，并荣获彭德怀总司令亲笔题名的一等功“嘉奖证书”。志愿军司令部还向其胞弟吴明洪报喜，英雄事迹轰动了家乡。1954年4月23日，吴明忠所在的志愿军338团1营因战功卓著，全营被授予集体一等功。

1955年4月，吴明忠光荣转业任芹洋乡党支部书记。1956年4月，县委组织部安排吴明忠到中共福安地委党校学习，被评为“先进工作者”。此后，吴明忠先后在托溪区、城关建筑社、坑底小东纸厂、南阳铁场卫星厂、寿宁公路建设指挥部、芹洋公社、县百货公司、饮食服务公司、食品公司等单位工作。1964年10月，被组织抽调到“社会主义运动教育办公室”，先后到斜滩公社以及连江、霞浦、福安等地搞“社教”。1978年5月调至寿宁县医药公司工作，

1983年7月离休。

注：上述文字系根据吴明忠《军人登记表》、《113师复员人员登记表》、1957年《职工登记表》及寿宁县党史办主任王光华、副主任周明兴提供的文字资料整理而成。

（二）厅级人士

徐开濯 广地村野坑自然村人，1978年9月被北京大学录取。1983年毕业分配水利部，历任水利部监察室副主任、主任，水利部直属机关党委纪委书记、副书记；2014年4月，调任中纪委驻教育部纪检组副组长、监察局局长；2015年7月，调任东方航空集团公司党组成员、党组纪检组组长。

李章岩 阜莽村人，1932年生，中央团校毕业。历任中共寿宁县委副书记、革命委员会副主任，周宁县委副书记、县长，古田县委书记、宁德地区中级人民法院院长。

黄立鹏 芹洋村人，1947年7月生，历任浙江省庆元县副县长，县委常委、宣传部部长，政协主席、党组书记；2001～2005年，任宁波服装学院党委副书记；2005～2007年，任浙江纺织服装职业技术学院党委副书记（副厅级）。

周 武 尤溪村人，1964年生，历史学博士。1989年华东师范大学毕业后入上海社会科学院历史研究所工作，2000年晋升研究员。2006年入选首批上海市领军人才。现任上海社会科学院研究员、博士生导师，近代上海史创新型学科首席专家，《上海学》主编，兼任世界中国学研究所副所长，华东师范大学博士生导师等职。

蔡敏勇 上修竹村岔头坂自然村人，1956年生。历任上海五洲药厂党委书记、厂长，上海五洲赫司特制药有限公司（中德合资）董事长，上海九州物业发展有限公司（沪港合资）董事长，上海先锋药业公司党委书记、总经理，上海先锋安替比尔制药有限公司（中意合资）董事长，上海市委组织部企业干部管理办公室副主任，上海市高新技术成果转化服务中心主任，上海技术产权交易所总裁。2003年12月任上海产权联合交易所党委书记、总裁（正厅）；2006年3月，任伦敦亚洲资本集团董事会荣誉顾问；2011年2月，当选中国企业国有产权交易机构协会会长，同时兼任上海科学技术开发交流中心主任，上海金融业联合会副理事长，上海市经济学会副会长，上海国际商会、上海世界贸易中心协会副会长，长江流域产权交易共同市场理事长，中国国际经济贸易仲裁委员会仲裁员。

（三）芹洋乡历任党委、政府、大大主要负责人名录

1. 芹洋历任（区、公社、乡）党委主要负责人名录

姓　名	性别	籍　贯	职　务	任　期
范大金	男	寿　宁	区委书记	1956. 02 ~ 1957. 02
申德贵	男		区委书记	1957. 02 ~ 1958. 07
狄超荣	男	垣曲县	区委书记	1958. 09 ~ 1959. 03
狄超荣	男	垣曲县	公社第一书记	1959. 03 ~ 1960. 07
刘得时	男	寿　宁	公社第一书记	1960. 07 ~ 1960. 11
刘得时	男	寿　宁	公社书记	1961. 08 ~ 1963. 05
狄超荣	男	垣曲县	公社书记	1963. 09 ~ 1964. 10
刘得时	男	寿　宁	公社书记	1964. 10 ~ 1965. 07
叶明荣	男	浙　江	公社书记	1965. 07 ~ 1968. 04
叶明荣	男	浙　江	革命领导小组组长	1968. 05 ~ 1971. 10
冯兴隆	男	清　源	公社书记	1971. 10 ~ 1975. 01
叶孚旺	男	坑　底	公社书记	1975. 01 ~ 1978. 09
李奶兴	男	斜　滩	公社书记	1978. 09 ~ 1980. 02
王运定	男	平　溪	公社书记	1980. 02 ~ 1983. 08
李启何	男	平　溪	公社副书记（主持工作）	1983. 09 ~ 1984. 04
龚纯淮	男	南　阳	公社书记	1984. 04 ~ 1984. 09
龚纯淮	男	南　阳	乡党委书记	1984. 09 ~ 1986. 07
周祖南	男	平　溪	乡党委书记	1986. 07 ~ 1987. 07
蔡鲁廷	男	托　溪	乡党委书记	1987. 07 ~ 1988. 12
肖维长	男	凤　阳	乡党委书记	1988. 12 ~ 1991. 07
蔡运东	男	鳌　阳	乡党委书记	1991. 07 ~ 1994. 02
张恒光	男	清　源	乡党委书记	1994. 02 ~ 1996. 09

续表

姓　名	性别	籍　贯	职　务	任　期
范延绪	男	南　阳	乡党委书记	1996. 09 ~ 1998. 04
肖长余	男	斜　滩	乡党委书记	1998. 04 ~ 2002. 04
周明东	男	平　溪	乡党委书记	2002. 04 ~ 2006. 05
叶少华	男	斜　滩	乡党委书记	2006. 05 ~ 2011. 05
张益林	男	斜　滩	乡党委书记	2011. 05 ~ 2015. 10
何林清	女	斜　滩	乡长主持党委工作	2014. 07 ~ 2015. 06
何林清	女	斜　滩	乡党委书记	2015. 10 至今

2. 芹洋历任（区、公社、乡）政府主要负责人名录

姓　名	性别	籍　贯	职　务	任　期
卢　鸳	男	寿　宁	区公所区长	1956. 02 ~ 1956. 07
王奕城	男	平　溪	区公所区长	1957. 02 ~ 1958. 07
（无）	—	—	区公所区长	1958. 08 ~ 1959. 03
范大金	男	寿　宁	公社社长	1959. 06 ~ 1960. 04
刘先茂	男	寿　宁	公社社长	1960. 04 ~ 1960. 11
毛兆丰	男	平　溪	公社社长	1961. 05 ~ 1963. 05
李章岩	男	芹　洋	区公所区长	1963. 05 ~ 1965. 07
毛兆丰	男	平　溪	公社社长	1965. 07 ~ 1968. 04
叶明荣	男	浙　江	公社革委会主任	1968. 04 ~ 1971. 02
冯兴隆	男	清　源	公社革委会主任	1971. 02 ~ 1975. 01
叶孚旺	男	坑　底	公社革委会主任	1975. 01 ~ 1978. 09
李奶兴	男	斜　滩	公社革委会主任	1978. 09 ~ 1980. 02
张高贵	男	南　阳	公社革委会主任	1980. 02 ~ 1980. 11
张高贵	男	南　阳	公社管委会主任	1980. 11 ~ 1983. 07
周祖南	男	平　溪	公社管委会主任	1984. 04 ~ 1984. 09
周祖南	男	平　溪	乡　长	1984. 09 ~ 1986. 10
肖维长	男	凤　阳	乡　长	1987. 06 ~ 1988. 12

续表

姓　名	性别	籍　贯	职　务	任　期
胡石德	男	斜　滩	乡　长	1989. 01 ~ 1990. 04
叶明彭	男	斜　滩	乡　长	1990. 04 ~ 1993. 05
卢进玲	男	武　曲	乡　长	1993. 05 ~ 1996. 03
范延绪	男	南　阳	乡　长	1996. 03 ~ 1996. 09
肖长余	男	斜　滩	乡　长	1996. 09 ~ 1998. 04
雷云凌	男	武　曲	乡　长	1998. 04 ~ 2002. 04
江锦清	男	南　阳	乡　长	2002. 04 ~ 2006. 06
王登振	男	凤　阳	乡　长	2006. 06 ~ 2008. 01
刘新秀	女	清　源	乡　长	2008. 01 ~ 2011. 10
何林清	女	斜　滩	乡　长	2011. 10 ~ 2015. 09
范世朗	男	大　安	乡　长	2015. 09 至今

3. 芹洋乡历任人大主席名录

姓　名	性别	籍　贯	职　务	任　期
李乃山	男	芹　洋	主　席	1987. 03 ~ 1993. 03
许仕斌	男	竹管垄	主　席	1993. 03 ~ 1999. 09
郑新平	男	鳌　阳	主　席	1999. 10 ~ 2005. 03
李少玉	女	平　溪	主　席	2005. 05 ~ 2007. 12
叶再福	男	坑　底	主　席	2008. 01 ~ 2010. 10
叶增丰	男	斜　滩	主　席	2010. 12 ~ 2011. 10
王光华	男	芹　洋	主　席	2011. 10 ~ 2016. 05
陈明忠	男	南　阳	主　席	2016. 05 至今

跋

丁酉年夏，几位朋友为传承乡邦文化，邀我以芹洋为主题写一本翔实记载境内山水人文、民俗风情、资源特产之书。对朋友们的信任、抬举，我心存感激。邑内擅长文字、著书撰文者众，朋友们之所以邀我撰著《田园芹洋》一书，我想原因大概有二。

一是寻宗溯源，芹洋系我祖地。清光绪年间，我的高祖黄高瑞就由芹洋迁往平溪定居。但落叶归根，高祖、曾祖及祖父漂泊的灵魂，最终都长眠在芹洋这方土地上。正是这种打断骨头联着筋的血脉之情，冥冥中让出生成长在平溪的我，对芹洋怀有一种血浓于水的归属认同感。

二是我曾在县方志部门工作过，先后出版了 5 本有关寿宁地方历史的书籍。为编修新一轮《寿宁县志》，还多次攀过九岭，到芹洋乡的山头、底洋、广地、阜莽、茗坑、溪源、尤溪、修竹、九岭、可观、上修竹、官路洋等村做过田野调查，因此对芹洋的前世今生有较为全面的了解。

其实，我对芹洋的了解，还可以追溯到少年、青年时代。因为我奶奶吴丹梅是尤溪人，自小我就听奶奶说过“九岭”“旗山”“黄大汉”“圣旨牌”“义勇大夫”“初四过端午”等故事；高中毕业回乡务农期间，我在平溪公社电影队工作了近两年时光。当年，芹洋公社约半数村庄也归属平溪电影队巡演，因此我常在芹洋的乡村古道跋涉，常与世居山野的乡亲们同吃同宿，同在银幕下度过一个又一个难忘的山村之夜。这一段在青山绿水间奔波的苦乐年华，让我对芹洋的感悟更为深刻，也永远难以忘怀。

人生的履痕，犹如树木的圈圈年轮。正是这些岁月人生的累积沉淀，让我在撰著《田园芹洋》时能轻车熟路得心应手。新书付梓，对作者而言就像十月怀胎一朝分娩。我殷殷期冀《田园芹洋》的出版，能有助芹洋乡土文化的传承与弘扬。

《田园芹洋》是有史以来第一本专门记载芹洋山水人文的专著。《田园芹洋》的出版，凝结着众多芹洋乡贤的心血。荣膺“上海市领军人才”的上海社会科学院研究员、博士生导师，近代上海史创新型学科首席专家，《上海学》主编，世界中国学研究所副所长周武先生，在百忙中拨冗为《田园芹洋》一书写序；荣膺福建省“文化名家”的著名音乐家、福州市音乐家协会主席、福建省青年音乐家协会会长李式耀先生，饱含深情地为《芹洋之歌》谱曲；还有众多乡贤与热心人士为《田园芹洋》一书提供相关的资料、信息。《田园芹洋》的出版，也要感谢邑内摄影名家张培基、张翰斌、卓仕慰、龚健、袁晓昊、柳德甫等拍摄的一幅幅精美照片，让《田园芹洋》一书得以锦上添花。在此，谨向各位尊敬的领导、乡贤、朋友们致以深深的敬意和衷心的感谢！

由于水平有限，再加《田园芹洋》记载的人、事、物等年代跨越久远，且境内大量人员外出务工经商或移迁他乡，故书中难免缺漏讹误，诚祈读者谅解并请不吝指教。

黄立云

2018年9月17日